DUDEN
**Moderne Geschäftsbriefe –
leicht gemacht**

DUDEN

Moderne Geschäftsbriefe – leicht gemacht

Bearbeitet von der Dudenredaktion

DUDENVERLAG
Mannheim · Leipzig · Wien · Zürich

Redaktionelle Bearbeitung Marlies Herweg
unter Mitwirkung von Dr. Sylvia Schmitt-Ackermann und Christian Stang

Typografie Farnschläder & Mahlstedt Typografie, Hamburg
Umschlaggestaltung Hans Helfersdorfer, Heidelberg
Herstellung Monika Schoch

Die **Duden-Sprachberatung** beantwortet Ihre Fragen
zu Rechtschreibung, Zeichensetzung, Grammatik u. Ä.
montags bis freitags zwischen 8.00 und 18.00 Uhr.
Aus Deutschland: **0190 8 70098** oder **09001 870098**
(1,86 € pro Minute aus dem Festnetz)
Aus Österreich: **0900 844144** (1,80 € pro Minute aus dem Festnetz)
Aus der Schweiz: **0900 383360** (3,13 CHF pro Minute aus dem Festnetz)
Unter www.duden-suche.de können Sie mit einem Online-Abo auch
per Internet in ausgewählten Dudenwerken nachschlagen.

Bibliografische Information der Deutschen Bibliothek
Die Deutsche Bibliothek verzeichnet diese Publikation in
der Deutschen Nationalbibliografie; detaillierte bibliografische
Daten sind im Internet über http://dnb.ddb.de abrufbar.

Druck und Bindearbeiten Druckerei Parzeller, Fulda
Printed in Germany
ISBN 3-411-72221-5

Vorwort

Geschäftsbriefe schaffen nicht nur Rechtssicherheit, sondern sind auch Teil der Darstellung eines Unternehmens nach außen. Sie knüpfen oder erhalten geschäftliche und persönliche Beziehungen und tragen damit entscheidend zum Erfolg jedes Unternehmens bei. Viele Menschen, die Geschäftsbriefe schreiben wollen oder müssen, fühlen sich auf diesem Gebiet unsicher. Während ihnen die mündliche Abwicklung von Geschäftsvorgängen vergleichsweise leicht fällt, tun sie sich mit dem Abfassen schriftlicher Angebote, Bestellungen, Reklamationen, Mahnungen u. Ä. schwer. Sie haben Angst, inhaltliche, formale, stilistische, orthografische oder grammatische Fehler zu machen, zweifeln, ob sie den richtigen Ton treffen.

Dieses Buch ist ein Ratgeber für alle, die korrekte moderne Geschäftsbriefe und E-Mails verfassen wollen.

Praxisbezogene Ausführungen zu Stil, Form und Inhalt von Geschäftsbriefen bilden den ersten Teil dieses Bürohelfers. Das kleine 1 × 1 der geschäftlichen Korrespondenz gibt grundsätzliche Empfehlungen hinsichtlich Anschrift, Datumsangabe, Betreff, Anrede, Briefschluss und Anlagenvermerk. Im Anschluss finden sich Antworten auf Fragen, die erfahrungsgemäß besondere Schwierigkeiten bereiten: Wie ist die Adresse zu gestalten, wenn ein Brief nur vom Empfänger persönlich, nicht aber von einem anderen Mitarbeiter der Firma geöffnet und gelesen werden soll? Welche Grußformeln sind zeitgemäß? Verständliche Erläuterungen und zahlreiche Musterbriefe für wichtige Geschäftsvorgänge mit Formulierungsvorschlägen helfen beim Abfassen der alltäglichen geschäftlichen Korrespondenz. Hinweise zum Schreiben von E-Mails schließen den ersten Teil des Ratgebers ab.

Die Tipps zum korrekten Aufbau von Briefen basieren auf DIN 5008. Diese Schreib- und Gestaltungsregeln für die Textverarbeitung wurden vom „Deutschen Institut für Normung" erarbeitet und veröffentlicht und sollten in der geschäftlichen Korrespondenz beachtet werden. In der Praxis können Geschäftsbriefe allerdings aufgrund unternehmenseigener Vorgaben oder ästhetisch-gestalterischer Erwägungen durchaus gelegentlich von diesen Empfehlungen abweichen. Auch Beispiele hierfür finden sich in den verschiedenen Briefmustern.

Da korrekte Rechtschreibung und Grammatik für professionelle Geschäftskorrespondenz unabdingbar sind, sind die wesentlichen Regeln der deutschen Rechtschreibung und Zeichensetzung sowie eine leicht verständliche Kurzgrammatik in diesem Ratgeber ebenfalls enthalten. Informationen zur Korrespondenz auf Englisch runden den Band ab.

Mannheim, im Juli 2005   Die Dudenredaktion

Inhalt

Deutsche Rechtschreibung und Zeichensetzung im Überblick

Deutsche Grammatik im Überblick

Schreibanleitungen und Musterbriefe

Einleitung

Vom Sprechen und Schreiben

Das Sprichwort sagt: »Reden ist Silber, Schweigen ist Gold«. »Schreiben ist schwierig«, sagen die meisten. Es gibt sehr viele Menschen, die sich wunderbar unterhalten können, die Geschichten so vortrefflich erzählen, dass man ihnen gern zuhört, oder die Naturtalente beim Anpreisen einer Ware sind – die aber nie eine Weihnachtskarte schreiben und lieber zehnmal anrufen, als einmal zu schreiben. Ist das Schreiben wirklich so schwer?

Warum fällt Schreiben oft schwerer als Sprechen?

Und was ist eigentlich der Unterschied zwischen Sprechen und Schreiben? Schreiben ist ein Vorgang, der nur eine Person betrifft; beim Sprechen sind es dagegen in der Regel mindestens zwei. Wenn diese beiden nun miteinander sprechen – oder der eine redet, der andere hört zu –, können sie unmittelbar aufeinander reagieren: Der eine sagt etwas, der andere schüttelt den Kopf oder nickt, widerspricht oder stimmt zu, blickt zweifelnd, fragend oder zustimmend. Der Sprecher kann erkennen, ob der Gesprächspartner die Aussage verstanden hat und wie er sie aufnimmt.

Diese »Rückmeldung« des Partners entfällt beim Schreiben. Der Schreiber ist deshalb gezwungen, wichtige nichtsprachliche Mittel der gesprochenen Sprache – dazu gehören Satzmelodie, Betonung, aber eben auch Mimik, Gestik und anderes – durch sprachliche Mittel auszudrücken. Dies ist nicht ganz einfach.

Weitere Unterschiede zwischen Sprechen und Schreiben sind:

Schreiben ist weniger spontan als Sprechen.

- Schreiben ist weniger spontan, ist meist unpersönlicher.
- Geschriebene Texte sind meist überlegt aufgebaut, die einzelnen Teile sind besser miteinander verknüpft.
- Geschriebene Texte weisen eine größere Ausdrucksvielfalt, eine größere Genauigkeit in der Wortwahl auf.
- Die Sätze in der geschriebenen Sprache sind ausformuliert und vollständig; Nebensätze kommen häufiger vor.

Und jetzt wird vielleicht klar, warum viele vor dem Schreiben zurückschrecken: Der Schreiber muss alle diese Punkte beachten. Man erwartet von ihm einen überlegt aufgebauten, ausformulierten Text mit wohlgeformten Sätzen und Abwechslung in der Wortwahl. Der Empfänger kann kontrollieren, ob der Schreiber das leisten konnte; er kann seine – eventuell negativen – Schlüsse ziehen. Außerdem: Beim Schreiben kann man Rechtschreibfehler machen und grammatische Fehler sind auch auffälliger als beim Sprechen.

Abgesehen von diesen Fehlerquellen ist es außerdem oft schwierig, den richtigen Ton für einen bestimmten Anlass zu treffen.

Der Vorteil des Schreibens: Sie haben mehr Zeit, zu überlegen!

Man könnte jetzt den Eindruck gewonnen haben: Schreiben ist schwer, weil man viele Fehler machen kann. Das Schreiben hat aber auch große Vorteile: Man hat Zeit zum Formulieren, kann sich ungestört erst einmal ein Konzept ausdenken, kann auch mal nachschlagen, wenn man etwas nicht genau weiß, kann seine Worte in Ruhe wählen, darüber nachdenken, sie verwerfen oder gutheißen. Man kann den Text planen und seine Wirkung genau überlegen. Das geht beim Gespräch nicht. Schnell sagt man da etwas Ungeschicktes und eine Korrektur ist kaum noch möglich.

Wer schreibt wem warum?

In der heutigen Gesellschaft kommt dem Geschriebenen eine große Bedeutung zu.

Wenn es darum geht, geschäftliche Vorgänge klar, unmissverständlich und rechtsverbindlich festzuhalten, kann man sich weder als Privatperson noch im beruflichen Alltag der Aufgabe entziehen, Briefe zu schreiben. Egal ob es sich um schriftliche Schadensmeldungen, Änderungsmitteilungen an Versicherungen, Beanstandungen fehlerhafter Abrechnungen, Angebote, Bestellungen, Mahnungen u. Ä. handelt: Hier werden relevante Sachverhalte schwarz auf weiß festgehalten. Neben formalen und inhaltlichen Kriterien muss die geschäftliche Korrespondenz auch sprachlichen Anforderungen genügen. Neben Rechtschreibung, Zeichensetzung und Grammatik entscheidet nicht zuletzt der Stil eines Geschäftsbriefes darüber, wie er auf den Empfänger wirkt.

Was ist »guter Stil«?

Die Unterschiede im persönlichen Schreib- und Redestil jedes Einzelnen lassen sich dabei nicht aufheben und sollen auch gar nicht beseitigt werden. Jedem gebührt seine eigene »Handschrift«, an der man ihn wieder erkennt. Persönliche Vorlieben und Eigenheiten braucht man nicht zu verleugnen, sie sollten sich aber nicht aufdrängen. Die landschaftlichen Besonderheiten in Wortwahl und Satzbau sind liebenswert. Doch je weiter man aus dem Privaten hinaustritt, umso weniger sollten sie die Ausdrucksweise bestimmen. Die Beherrschung der Hochsprache ist nun einmal für gutes Schreiben unerlässlich, Abweichungen davon sind nur als »Farbtupfer« zugelassen.

Bevor man zu schreiben beginnt, sollte man sich zuerst über bestimmte Dinge im Klaren sein: Warum schreibe ich? Was ist der Zweck, was will ich erreichen? Dann sollte man sich den Empfänger des Briefes vorstellen: Wer ist es und wie wird er auf meinen Brief reagieren? Was will er wissen? Was weiß er schon? Was ist für ihn wichtig?

Überlegen Sie im Vorhinein: Warum, was und an wen schreiben Sie?

Wenn man also schreiben will, muss man seinen Stil anpassen – und zwar anpassen an den Empfänger und an den Anlass des Schreibens. Es ist klar, dass man an eine langjährige Kundin anders schreibt als an das Finanzamt, dass eine Beschwerde in einem anderen Stil verfasst ist als ein Glückwunsch. Deswegen kann man auch nicht von dem Stil in Briefen reden – es gibt viele. Für fast jeden Anlass wählt man bewusst oder unbewusst eine andere Art zu schreiben, einen anderen Stil.

Doch wie soll man nun schreiben? Dafür gibt es keine Faustregel, aber fest steht, dass ein Brief in lockerem Ton oft besser ankommt als ein Brief in gedrechseltem Deutsch.

Festzustellen ist: Nicht ein einzelnes Wort entscheidet über den Stil und den Ton eines Briefes, sondern der Gesamteindruck. Der Stil wird von vielen Faktoren bestimmt, z. B. von der Wortwahl, vom Satzbau, vom Textaufbau, am stärksten aber vom Schreiber und vom Adressaten. Es kommt also darauf an, wer schreibt und an wen er schreibt. Deshalb: Bewusst und mit Bedacht schreiben, das ist die wichtigste Stilregel. Dass man sich klar und genau ausdrücken sollte, ist eine Forderung, die eigentlich selbstverständlich ist und immer gilt. Suchen Sie nicht nach irgendwelchen Floskeln, sondern bleiben Sie lieber bei Ihren eigenen Worten, und versuchen Sie, eine möglichst unverkrampfte, aber doch einwandfreie Sprache zu gebrauchen. Sie kann dabei ruhig der gesprochenen Sprache angenähert sein. Denn wenn man die heutige Schreibsprache mit derjenigen vergangener Jahrhunderte vergleicht, kann man feststellen, dass eine Annäherung an die gesprochene Umgangssprache sowieso stattgefunden hat. Und diese Entwicklung geht weiter! Das heißt, dass der Unterschied zwischen gesprochener und geschriebener Sprache heute nicht mehr so groß ist wie früher. Unterschiede bestehen aber trotzdem noch – das konnten Sie ja bereits im Abschnitt »Vom Sprechen und Schreiben« nachlesen. Da sich jedoch die geltenden Normen ständig wandeln, gehen die Meinungen darüber, ob eine Äußerung sprachlich gut oder schlecht ist, oft auseinander. Die Grenzen zwischen

Schreiben Sie bewusst und mit Bedacht.

Versuchen Sie, Floskeln zu vermeiden.

»gut« und »schlecht« sind fließend. Wäre es anders, würde unsere Sprache viel von ihrer Farbigkeit und Lebendigkeit einbüßen. Dies bedeutet aber auch, dass Sie auf den folgenden Seiten Ratschläge finden können, zu denen Sie vielleicht eine andere Meinung haben; vielleicht gefallen Ihnen bestimmte Ausdrücke nicht. Trotzdem kann beim Formulieren gar nichts schief gehen, wenn Sie die folgenden Tipps beachten. Vor allem sollen sie Ihnen Mut zum Schreiben machen!

Bewusst formulieren

Höflich schreiben – wie sieht das aus?

Manche Schreiber, die besonders höflich sein wollen, begehen den Fehler, in einer überhöhten Ausdrucksweise zu schreiben. Bei dem krampfhaften Bemühen um eine überhöhte Sprache verwenden sie Ausdrücke, die unnatürlich wirken oder veraltet sind, oder nennen eine einfache Sache nicht bei ihrem eigentlichen Namen. So etwas wirkt nicht höflich, sondern eher lächerlich. Ganz allgemein lässt sich sagen, dass sich die Umgangsformen im gesellschaftlichen wie im sprachlichen Verkehr gegenüber früher gelockert haben. Steife Förmlichkeiten sind weitgehend aufgehoben und durch ungezwungenere Verhaltensweisen ersetzt. Die Tendenz geht dahin, bloß förmliche Ausdrucksweisen aufzugeben, die nur auf die gesellschaftliche Stellung Rücksicht nehmen. Denn die Suche nach dem ungewöhnlichen Ausdruck für Gewöhnliches führt zwangsläufig auf Abwege. Die Neigung, unnatürliche Förmlichkeiten durch normalsprachliche Wendungen zu ersetzen, hat zweifellos zur allgemeinen Verbesserung des Stils beigetragen. Mit Sätzen wie:

Vermeiden Sie unnatürliche Förmlichkeiten – bleiben Sie ungezwungen.

> Ihr Geschätztes vom … in Händen haltend, erlaube ich mir, dazu höflichst zu bemerken, dass wir in einigen Punkten Ihren werten Vorschlägen nicht zuzustimmen vermögen.
>
> Wir wären Ihnen zu tiefstem Dank verbunden, wenn Sie die Freundlichkeit hätten, uns die Unterlagen bis zum Monatsende zurückzuschicken.

macht man sich heute eher lächerlich. Wie viel angenehmer lesen sich diese Sätze:

> Wir danken Ihnen für Ihren Brief vom ... In einigen Punkten können wir Ihren
> Vorschlägen leider nicht zustimmen.
>
> Bitte schicken Sie uns die Unterlagen bis zum Monatsende wieder zurück.

Ähnliches ist auch für den Gruß festzustellen. Solche Formeln wie *Mit* — Höfliche
vorzüglicher Hochachtung oder *Wir hoffen, Ihnen hiermit gedient zu ha-* — Grußformeln
ben, und verbleiben ... sind steif und wirken veraltet. Besser sind neutrale Formulierungen wie *Mit freundlichen Grüßen* oder *Mit besten Emp-*
fehlungen, die in Geschäftsbriefen und auch bei Briefen im öffentlichen
Bereich angebracht sind. Kennt man den Adressaten näher, kann man
hier etwas persönlicher werden durch *Mit herzlichen Grüßen* oder einen
Zusatz, z. B. *Mit freundlichen Grüßen nach München.* Auch ein einfaches
Ihr ... unter einem Schlusssatz wirkt sympathisch und nicht gekünstelt.

Ruhige, sachliche Formulierung ist die höflichste Art der Mitteilung. — Vorreiter
Dazu bedarf es im Grunde auch keiner »Vorreiter«. Mit dem Wort *Vor-*
reiter bezeichnet man Satzanfänge, die keine Aussage enthalten. Man
findet diese Vorreiter häufig in Geschäftsbriefen:

> Wir teilen Ihnen mit, dass ...
>
> Hierdurch erlauben wir uns, Ihnen ...
>
> Antwortlich Ihres Briefes vom 30.03.2005 nehmen wir
> wie folgt Stellung.

Solche Einleitungen können Sie weglassen, denn sie sind unnötig; der
Leser sieht ja, dass Sie ihm etwas mitteilen. Dass sie nicht nötig sind,
heißt aber andererseits nicht, dass man sie weglassen muss. Vieles, was
nicht unbedingt nötig ist, kann trotzdem einen guten Eindruck machen. Und: Nicht alle Einleitungen sind Vorreiter. Der Schreiber kann
den Empfänger z. B. auf etwas aufmerksam machen wollen:

> Beachten Sie bitte, dass ...
>
> Ihre besondere Aufmerksamkeit verdient, dass ...
>
> Wichtig für Sie: ...
>
> Dies ist für Sie sicher interessant: ...

Verwendung
von *mögen*
oder *dürfen*
Als Ausdruck höflicher Zurückhaltung verwendet man manchmal die Erweiterung der Satzaussage um *mögen* oder *dürfen*.

> Dazu darf ich mitteilen, dass wir die erste Lieferung
> bereits gestern abgesandt haben.
>
> Für Ihre weitere berufliche Zukunft möchte ich Ihnen alles Gute wünschen.

Ein strenger Logiker wird unwillkürlich fragen: »Wer hat denn die Erlaubnis erteilt?« Und: »Wenn er mir etwas wünschen möchte, warum tut er es nicht?« So ist es natürlich nicht gemeint. Bezeichnenderweise treten die Erweiterungen mit *mögen* und *dürfen* am häufigsten bei Zeitwörtern des Mitteilens oder Sichäußerns auf (*ich möchte/darf sagen, mitteilen, aussprechen, darauf hinweisen, gratulieren, wünschen* usw.), das heißt dort, wo der Schreiber sich selbst als Sprechenden in den Text einführt. Er hat offenbar das Gefühl, dass *Ich teile Ihnen mit* oder *Ich weise darauf hin* und ähnliche Wendungen zu direkt seien, dass er sich damit zu sehr in den Vordergrund schiebe. Gewiss sind *Ich möchte* und *Ich darf* in diesem Zusammenhang überflüssig, doch sind sie ein Bestandteil höflicher oder wenigstens höflich gemeinter Umgangsformen.

Ich würde sagen ...
Ganz ähnlich ist es bei der Wendung *Ich würde sagen,* die man sprachkritisch beurteilen kann. Hier soll *würde* nur höfliche Zurückhaltung ausdrücken. Ob sie ehrlich gemeint ist oder nicht, spielt für die stilistische Beurteilung der Form dagegen keine Rolle.

Im Amtsdeutsch steht hin und wieder die Erweiterung durch *wollen:*

> Sie wollen sich am Mittwoch, dem 15.02., um 15 Uhr
> im Arbeitsgericht einfinden.
>
> Die Unterlagen wollen Sie bitte möglichst bald abholen.

Diese Form empfinden die meisten Sprecher heute nicht mehr als Höflichkeitsform, sondern als eine Variante des Befehls *Sie haben sich einzufinden, Sie haben abzuholen.*

Von Floskeln, Füll- und Papierwörtern

Floskeln
Was sind Floskeln im Brief? Alles das, was »man« so schreibt, und alles, was »schon immer« so geschrieben wurde. Dazu zählen auch die üblichen Einleitungs- und Schlusssätze:

Sehr geehrter Herr Förster,

auf Ihr Schreiben vom 11.04.2005 Bezug nehmend, teilen wir Ihnen mit,
dass wir mit Ihren Vorschlägen einverstanden sind.

In Erwartung der erforderlichen Unterlagen verbleiben wir
mit freundlichen Grüßen

Das »Schreiben vom 11.04.2005« steht besser in der Betreffzeile und der
Vorreiter »teilen wir Ihnen mit« ist überflüssig. Auch der zweite Absatz
enthält Floskeln: »in Erwartung« und »verbleiben wir«. Die Anrede und
die Grußformel sind eigentlich auch Floskeln, aber sie gehören zur allgemeinen Form eines Briefes; man kann sie kaum ändern und nur sehr
selten ganz weglassen.

Jetzt lautet die Neufassung des Briefes:

Ihr Schreiben vom 11.04.2005

Sehr geehrter Herr Förster,

wir danken Ihnen für Ihren Brief. Mit Ihren Vorschlägen sind wir einverstanden.

Bitte schicken Sie uns die Unterlagen zu.

Mit freundlichen Grüßen

Ist Ihnen der Brief jetzt zu kurz? Wenn ja, müssten Sie sich fragen, warum. Sind längere Briefe höflicher als kurze? Wohl kaum, denn bei längeren Briefen muss der Briefpartner mehr lesen, ohne mehr zu erfahren,
und was er da liest, ist nicht so interessant, dass es ihm besonderes Ver-
gnügen bereitet. Im Gespräch wäre man auch nicht so umständlich,
sondern würde nur sagen: »Ihre Vorschläge sind gut. Jetzt brauche ich
nur noch die Unterlagen.«

Auch andere Wörter sind nicht unbedingt nötig: »Na, wie gehts Ihnen denn so? Ich hab Sie ja doch lange nicht mehr gesehen.«

Tagtäglich spricht und hört man solche Sätze. Hier könnte man aber
verzichten auf: *na, denn, so, ja, doch.* Das Urteil über diese kleinen Ein-
schiebsel fällt daher manchmal nicht freundlich aus. Füllwörter und

Sind Füllwörter grundsätzlich abzulehnen?

Flickwörter nennt man sie, denn die Mitteilung käme bequem auch ohne sie aus. Die Frage ist nur, ob es stets auf die »nackte« Nachricht ankommt.

Es haben sich daher auch Stimmen *für* diese Wörter erhoben. Sie geben nämlich der Rede Würze, indem sie der schalen Mitteilung – um im Bild zu bleiben – je nachdem eine Prise Ungeduld, Unsicherheit, Mitgefühl, Misstrauen, entschiedene Zustimmung oder Ablehnung beimengen, und sie verraten, wie jemand innerlich zu einer Sache steht. In der Sprachwissenschaft spricht man daher von Modal- oder Abtönungspartikeln.

> Warum sagst du *denn* nichts?
> Wie lange soll ich *denn eigentlich* warten?!
> Ich bin *doch wohl* hier richtig?
> Es ist *nun mal* so.
> *Nun,* das ist es *ja eben gerade!*
> Ich bin *gerade noch mal* davongekommen.
> Du bist doch nicht *etwa* krank?
> Das kommt *ja überhaupt* nicht infrage!
> Sie haben *doch wohl* nichts dagegen, dass ich das Fenster öffne?

Die Kunst besteht hier wie beim Kochen darin, mit Fingerspitzengefühl die richtige Menge der Würze zu treffen. Sobald man die Gesprächsebene verlässt, gilt es vorsichtig mit diesen Wörtern umzugehen. Am besten hebt man sie sich für jene Stellen auf, wo die innere Anteilnahme zutage tritt, wo man die Aussage abtönen möchte oder wo Vorsicht und Höflichkeit erfordern, das Anliegen etwas einzukleiden.

Vermeiden Sie Papierwörter.

Ein weiterer Schritt auf dem Weg zum besseren Stil ist, Papierwörter zu vermeiden. Papierwörter sind Wörter, die man schreibt, aber nur selten oder nie spricht. Sie machen Texte »bürokratisch« und können oft gegen lebendigere Wörter ausgetauscht werden. Zum Papierdeutsch gehören u. a.:

antwortlich	Zuhilfenahme
betreffs	verbleiben
Bezug nehmend	beinhalten
diesbezüglich	in Abzug fallen
nebst	in Wegfall kommen
Außerachtlassung	baldmöglichst

Fremdwörter und fremde Wörter

Viele meinen, Fremdwörter seien ein Hindernis für die Verständlichkeit.
Dabei kann man leicht feststellen, dass es beim Verständnis grundsätzlich mehr darauf ankommt, ob jemandem ein Wort vertraut oder un-
vertraut ist, als darauf, ob es heimischen oder fremden Ursprungs ist.
Man sollte also Fremdwörter nicht generell ablehnen. Fremdwörter
können die Verständigung durchaus erleichtern, sie sind immer dann
gut und nützlich, wenn man sich damit kürzer und deutlicher ausdrücken kann. Sie können aber auch Angeberei sein, je nachdem, wann und
wo man sie anwendet, und das Verständnis unnötig erschweren.

> Fremdwörter sind
> nicht generell
> abzulehnen.

Die Bedeutung des Begriffes »*Fremd*wort« sollte man deshalb erwei-
tern, indem man »fremde Wörter« sagt: Fremde Wörter sind alle Wörter, die für den Empfänger »fremd« sind, und das können auch deutsche
Wörter oder Abkürzungen sein.

> Wir stellen Ihnen anheim, ggf. den Vertrag aufzulösen, und erklären unter
> Hintanstellung erheblicher Bedenken im Vorhinein unser Einverständnis.

Kein einziges Fremdwort, und doch ist dieser Satz schwer verständlich
durch die für den Normalleser unbekannten Wörter »anheim stellen«,
»ggf.« (= gegebenenfalls), »Hintanstellung« und »im Vorhinein«. Nach
der »Übersetzung« ist die Sache klarer:

> Sie können den Vertrag auflösen. Obwohl wir erhebliche Bedenken haben,
> erklären wir Ihnen jetzt schon unser Einverständnis.

Es gilt also auch hier wieder die oberste Stilregel: Bewusst für den Empfänger des Briefes schreiben! Kennt er die Wörter, die dem Schreiber vertraut sind, oder sollte man besser andere, allgemein gebräuchliche benutzen? Ganz besonders sollte man sich diese Frage bei Abkürzungen
stellen. Testen Sie einmal Ihre Kenntnisse: *bzgl., dergl., u. E., u. U., wg.*

> Abkürzungen –
> auch hier
> entscheidet die
> Verständlichkeit.

Haben Sie alle gekannt? Dann sind Sie im Umgang mit Geschäftskorrespondenz erfahren. Gerade dann müssen Sie bei Ihren Briefen besonders aufpassen, damit Sie das Verständnis mit Abkürzungen und
fremden Wörtern nicht erschweren oder unmöglich machen.

Vom Wechseln oder Wiederholen des Ausdrucks

Sollte man Wiederholungen um jeden Preis vermeiden?

»Variatio delectat.« Dieser lateinische Spruch bedeutet »Abwechslung erfreut« und Lehrer legen ihn, bezogen auf die Sprache, ihren Schülern oft recht bedenkenlos ans Herz. Doch sie tun ihren Schülern keinen Gefallen damit, wenn sie nicht gleichzeitig davor warnen. Denn so einfach, wie es der Spruch vorgibt, ist es mit der Sprache leider nicht. Wiederholungen sind nämlich in der Sprache unausweichlich – denken Sie nur an Wörter wie *haben, sein, werden, und, der, die* usw., die gar nicht zu ersetzen sind. Deshalb ist ein allgemeines Verbot von Wiederholungen – auch von unmittelbar aufeinander folgenden Wiederholungen – unsinnig.

In fachlichen Texten hat die Forderung nach Abwechslung im Ausdruck sogar manchmal negative Folgen. Da beginnt jemand mit klaren Worten, die genau definiert sind, und lässt sich dann aus stilistischen Gründen dazu verleiten, im Ausdruck zu wechseln und andere Wörter dafür einzusetzen, die er womöglich an anderer Stelle der Arbeit in ganz speziellem Sinne gebraucht. Das Ergebnis ist, dass man nicht mehr weiß, welche Bedeutung ein Wort an einer bestimmten Stelle hat. Genauigkeit gehört aber zum fachlichen Sprachgebrauch. Daraus lässt sich schließen, dass Fachausdrücke, die eine festgelegte, genau umschriebene Bedeutung haben, nicht ohne Weiteres durch andere Wörter ersetzbar sind. Die Wiederholung von Fachwörtern ist nicht nur erlaubt, sondern sie ist notwendig.

Auf der Grenze zwischen stilistisch »gut« und »schlecht« stehen Wiederholungen der folgenden Art: *Mein Freund,* **der der** *Frau in den Mantel half, … Erscheinungen, auf* **die die** *Aufmerksamkeit gerichtet war, … Wer Kinder* **hat, hat** *auch Sorgen.*

Aber lassen sie sich vermeiden? Wenn dies ohne große Mühe möglich ist, sollte man den Satz ruhig ändern. Hierzu ein Beispiel: In dem Satz *Wie viel geschichtlicher Kern in der Sache ist, ist nicht zu sagen* lässt sich das zweifache *ist* leicht umgehen. Man braucht nur anstelle des ersten *ist* das Wort *steckt* einzusetzen, oder man ersetzt *ist nicht zu sagen* durch *lässt sich nicht sagen.* In all den Fällen jedoch, in denen eine Wiederholung nicht so leicht zu umgehen ist, sollte man sie lieber stehen lassen.

Pleonasmen und Tautologien

Eine besondere Art der Wiederholung bilden die Formen, die man als Pleonasmen (= Häufung sinngleicher Ausdrücke) oder Tautologien (= doppelte Ausdrucksweise) bezeichnet.

Tautologien sind z. B.:

einzig und allein   immer und ewig
voll und ganz   Hilfe und Beistand
nie und nimmer   im Großen und Ganzen
stets und ständig

Hier sind jeweils zwei bedeutungsähnliche Wörter zu einer »festen Formel« miteinander verbunden. Diese Art formelhafter Verdoppelungen sind fester Bestandteil der Sprache. Sie können eine Aussage nachdrücklicher machen. Sie sind also ein Stilmittel und nicht zu kritisieren.

Auch ohne auf vorgeprägte Formeln zurückzugreifen, kann man jederzeit Verdoppelungen vornehmen. So z. B. in dem Satz:

Die Wissenschaftler hatten alles gründlich *erwogen und bedacht.*

Die Doppelaussage stellt eindringlich vor Augen, dass lange überlegt und diskutiert worden ist. Gewiss kann man auf die Wiederholung auch verzichten – vor allem in geschriebener Sprache, wo man eine Formulierung immer wieder nachlesen kann –, man kann sie aber auch – mit Bedacht – als Mittel der Steigerung verwenden. Mit bloßer Häufung sinnähnlicher Wörter ist es dagegen nicht getan. Dafür ein Beispiel:

Tautologien mit Bedacht wählen

Wir werden Ihren Vorschlag dabei *in Betracht ziehen und berücksichtigen.*

Bei dieser sachlichen Mitteilung besteht gar kein Anlass, etwas nachdrücklich hervorzuheben. Überdies enthalten *in Betracht ziehen* und *berücksichtigen* einen Widerspruch. *Wir werden Ihren Vorschlag in Betracht ziehen* heißt so viel wie: »Wir werden darüber nachdenken«; *Wir werden Ihren Vorschlag berücksichtigen* dagegen gibt zu verstehen, dass man auf den Vorschlag eingehen, ihn ganz oder teilweise aufgreifen wird. Die beiden Ausdrücke sind keine Doppelung, sie ergänzen sich auch nicht. In Wahrheit ist hier zweierlei gesagt, das aber nicht recht zusammenpasst.

Die zweite Gruppe bilden die **Pleonasmen,** zu denen z. B. der *weiße Schimmel* zählt. Diese »überflüssige« Erwähnung von Selbstverständlichem wird häufig verurteilt. Natürlich ist ein Schimmel immer weiß, ein Greis alt, ein Zwerg klein usw. Das ist richtig – aber mit Einschränkungen.

Pleonasmen als Mittel der Verstärkung

Denn ist es nicht eher so, dass man das überflüssige Beiwort gerade deshalb hinzufügt, weil das Merkmal, auf das es ankommt, in der Bedeutung des Hauptwortes eben nur mitenthalten, mitgedacht, aber nicht eigens genannt ist? Dieser Hang zur Verdeutlichung lässt sich besonders gut dort beobachten, wo der genaue Sinn eines Wortes nicht immer mit Sicherheit bekannt ist: nämlich beim Fremdwort. Daraus erklären sich viele pleonastische Wendungen wie:

bisheriger Status quo (Status quo = bisheriger Stand, Zustand)
vorläufig suspendieren (suspendieren = vorläufig, befristet befreien)
heiße Thermalquellen (Thermalquellen = heiße Quellen)
neu renovieren (renovieren = neu machen)
aufoktroyieren (oktroyieren = auferlegen, aufzwingen)
einsuggerieren (suggerieren = einflößen)
hinzuaddieren (addieren = hinzufügen, -zählen)
Einzelindividuen (Individuum = der Einzelne)
Zukunftsprognosen (Prognosen sind Voraussagen, also immer auf die Zukunft gerichtet; vielleicht wird *Prognosen* hier mit *Aussichten* verwechselt.)

Noch etwas ist zu bedenken: Erweiterungen wie *der tiefe Abgrund* wählt man meist bewusst. Sie dienen der Verstärkung, der nachdrücklichen Hervorhebung. Wie viel eindringlicher ist »Das habe ich *mit diesen meinen Augen* gesehen!« oder umgangssprachlich »Das habe ich *mit meinen eigenen Augen* gesehen!« als »Das habe ich *selbst* gesehen!«.

Solche »überflüssigen« Ausdrucksweisen entstehen also nicht zufällig. Das heißt aber nicht, dass sie in jedem Falle auch zum guten Schreibstil gehörten. Man stößt des Öfteren auf Pleonasmen, die nicht mit Bedacht – also um etwas z. B. besonders zu betonen – gewählt wurden, sondern die eher unbedacht »reingerutscht« sind.

Überflüssige
Erweiterungen

Dies können Sie am folgenden Beispiel nachvollziehen. Streichen Sie bitte alle Wörter, die in diesem Text überflüssig sind:

> Ihre bisher gemachten Erfahrungen mit unserem Hotel haben Ihnen gezeigt und vor Augen geführt, dass wir uns immer und stets bemühen, unseren bei uns weilenden Gästen einen besonderen Extraservice zu bieten.

Vielleicht haben Sie mehr oder weniger gestrichen, aber alle »Abspeckungskuren« werden auf eine Fassung hinauslaufen, die diesem Satz sehr nahe kommt:

> Ihre Erfahrungen mit unserem Hotel haben Ihnen gezeigt, dass wir uns immer bemühen, unseren Gästen einen besonderen Service zu bieten.

Der einfache Ausdruck ist also stets vorzuziehen, wenn nicht besondere Gründe für die Erweiterung sprechen. Prüfen Sie daher jede Stelle genau, die der überflüssigen Erweiterung verdächtig ist, und lassen Sie sie nur dann unverändert, wenn das einfache Wort tatsächlich nicht genügt! Wer diese Regel beherrscht, darf auch einmal gegen sie verstoßen – weil es in der Sprache nicht allein auf logische Richtigkeit ankommt. Ausdruckswille und Ausdruckskraft sind genauso wichtig und eine überdeutliche Ausdrucksweise ist deshalb nicht in jedem Fall ein Fehler.

Die Forderung nach Abwechslung im Ausdruck ist auch berechtigt, und zwar dort, wo Wiederholung allein auf mangelhaftem Sprachvermögen beruht. Das einleuchtendste Beispiel für ungeschickte Wiederholung ist das kindliche Festhalten an gleichen Fügungen:

> Und da gingen wir immer tiefer in den Wald. Und da war es ganz dunkel. Und da kamen wir an ein Haus …

Solche Wiederholungen sind vermeidbar. Manchmal braucht man die fraglichen Wörter nur wegzustreichen, manchmal muss man sie durch andere ersetzen.

Im Ausdruck kann man durch so genannte Synonyme abwechseln. Das sind Wörter, die in ihrer Bedeutung gleich oder ähnlich sind, die man daher in bestimmten Texten – unter bestimmten Voraussetzungen – gegeneinander austauschen kann. Gruppen solcher »sinnverwandten« Wörter werden Wortfelder genannt. Beispiele hierfür sind etwa:

Mit Synonymen für Abwechslung sorgen

Schreiben: Brief, Schrieb (umgangssprachlich), Wisch (abwertend), Zuschrift, Zeilen, Epistel (ironisch).

schwierig: schwer, diffizil, heikel, gefährlich, kitzlig (umgangssprachlich), kompliziert, subtil, problematisch, verwickelt, langwierig, knifflig (umgangssprachlich), verzwickt (umgangssprachlich), vertrackt (umgangssprachlich), prekär, nicht leicht, nicht mühelos; beschwerlich, brisant.

Beachten Sie beim Austausch eines Wortes durch ein anderes, dass Sie dabei die gegebene Stilebene nicht verlassen. Sie sollten daher ein Wort, das der gehobenen Sprache oder der Normalsprache angehört, nicht aus Gründen der Variation durch ein Wort der Umgangssprache und damit durch einen salopperen Ausdruck ersetzen. Ein »Schreiben« könnte man also nicht ohne Weiteres als »Wisch« bezeichnen, es sei denn, man hätte die Absicht, es auf diese Weise herabzusetzen.

Sie müssen sich also überlegen: Was ist das treffendste Wort – d. h. das Wort, das am besten wiedergibt, was man ausdrücken möchte? Es hat keinen Sinn, in der Wortwahl nur aus stilistischen Gründen abzuwechseln und dabei zu übersehen, dass man sich immer mehr von der eigentlichen Bedeutung entfernt.

Zu viele Hauptwörter

Ein besonders im Amtsdeutsch gebräuchlicher Schreibstil ist der so genannte Hauptwortstil (Nominalstil). Damit Sie sofort sehen, worum es hier geht, ein Beispiel:

> Auch wenn die Dauer Ihrer Arbeitslosigkeit über diesen Termin hinaus gegeben sein sollte, kann der Versicherungsvertrag durch Weiterzahlung der Prämien durch Sie selbst fortgesetzt werden.

Besser wäre dagegen:

> Auch wenn Sie über diesen Termin hinaus arbeitslos sein sollten, können Sie den Versicherungsvertrag fortsetzen, indem Sie die Prämien selbst weiterzahlen.

Ein Text mit vielen Hauptwörtern wirkt schwerfällig und bürokratisch.

»Arbeitslosigkeit gegeben sein sollte«, »Weiterzahlung der Prämien«, das sind zwei Formulierungen, die man problemlos umwandeln kann. Dann wird der Stil lebendiger und weniger bürokratisch.

Unter Hauptwortstil versteht man also eine Ausdrucksweise, die dadurch gekennzeichnet ist, dass gehäuft Hauptwörter (Nomen) erscheinen. Dies wirkt stilistisch unschön. Charakteristisch für den Hauptwortstil ist auch, dass übermäßig viele schwerfällige Bildungen wie *Inanspruchnahme, Hintansetzung, Nichtbefolgung, Zurverfügungstellung* gebraucht werden. Der Satz *Wegen Außerachtlassung aller Sicherheitsmaßnahmen und Nichtbefolgung der Betriebsvorschriften wurden bei der Tieferlegung der Rohre drei Arbeiter verletzt* kann besser etwa so lauten: *Drei Arbeiter wurden verletzt, als sie die Rohre tiefer legten. Sie hatten die Sicherheitsmaßnahmen außer Acht gelassen und die Betriebs-*

vorschriften nicht befolgt. Diese Ausdrucksweise ist lebendiger und auch leichter verständlich.

Zum Hauptwortstil zählt man auch die so genannten Streckformen (Funktionsverbgefüge) wie *zur Aufstellung bringen* (statt *aufstellen*) oder *in Wegfall kommen* (statt *wegfallen*). Bei diesen Streckformen handelt es sich oft lediglich um unnötig Aufgeblähtes, dem die einfachen Zeitwörter vorzuziehen sind, also *durchführen* statt *die Durchführung vornehmen, anrechnen* statt *in Anrechnung bringen, anwenden* statt *zur Anwendung kommen lassen, vorschlagen* statt *in Vorschlag bringen.*

Zu häufiger Gebrauch des Passivs und ähnlicher Formen

Was einen Brief gleichfalls »bürokratisch« macht, ist die übertriebene Verwendung des Passivs (der Leideform) oder anderer Konstruktionen, die eine ähnliche Bedeutung wie dieses haben. Passivische Sätze sind typisch für Geschäftsbriefe und amtliche Schreiben. Meist lassen sie sich ganz leicht vermeiden. Schöner als *Es wird von den Teilnehmern erwartet, dass ...* klingt *Wir erwarten von den Teilnehmern, dass ...* Besser als *Die Untersuchung der Schäden kann termingerecht durchgeführt werden* ist *Wir können die Schäden termingerecht untersuchen.* Persönlicher als der Satz *Diese Unterlagen sind mitzubringen* wirkt die Aufforderung *Bringen Sie diese Unterlagen mit.*

In manchen Fällen jedoch ist das Passiv angebracht, nämlich dann, wenn man im Satzbau abwechseln will und wenn es unwichtig ist, wer der Handelnde ist.

> **Das Messegelände wird um 9 Uhr geöffnet.**

Und nicht:

> **Der Pförtner öffnet um 9 Uhr das Messegelände.**

Unterteilen des Satzes

Manchmal ist es schwierig, einen Satz zu verstehen, weil er schlecht oder gar nicht gegliedert ist. Mit nur wenig Aufwand kann man da oft abhelfen, z. B. durch einen Punkt. Dies ist im Grunde die einfachste Möglichkeit, lange Sätze aufzulösen, und doch wird sie oft nicht genutzt.

Machen Sie aus einem langen Satz zwei kurze Sätze!

Ein Beispiel:

> Bei dieser Sachlage besteht kein Anspruch auf eine Entschädigungsleistung aus dem Unfallversicherungsvertrag, da nach § 3 Ziffer 4 der Allgemeinen Unfallversicherungsbedingungen Unfälle infolge von Bewusstseinsstörungen, auch soweit diese durch Trunkenheit verursacht wurden, ausgeschlossen sind.

Dafür besser:

> Bei dieser Sachlage besteht kein Anspruch auf eine Entschädigungsleistung aus dem Unfallversicherungsvertrag. Nach § 3 Ziffer 4 der Allgemeinen Unfallversicherungsbedingungen sind nämlich Unfälle infolge von Bewusstseinsstörungen, auch wenn diese durch Trunkenheit verursacht wurden, ausgeschlossen.

Klammern helfen, Sätze übersichtlich zu gestalten. Der Satz lässt sich noch weiter verbessern. Der Hinweis auf die Paragrafen ist sicher wichtig, aber er muss nicht am Satzanfang stehen. Der nächste Abschnitt zeigt, dass man mithilfe von Klammern hier weiterkommt:

> Bei dieser Sachlage besteht kein Anspruch auf eine Entschädigungsleistung aus dem Unfallversicherungsvertrag. Unfälle infolge von Bewusstseinsstörungen, auch wenn diese durch Trunkenheit verursacht wurden, sind nämlich ausgeschlossen (§ 3 Ziffer 4 der Allgemeinen Unfallversicherungsbedingungen).

Klammern sind angebracht, wenn Sie Ihrem Briefpartner Hinweise geben wollen, die in dem Satz eigentlich Nebensache sind. In der gesprochenen Sprache, einer Rede zum Beispiel, würde diese zusätzliche Information etwas leiser gesprochen.

Noch ein Beispiel:

> Unsere neuen Hubstapler sind gerade für Ihren Einsatzbereich interessant (Seite 2 im Prospekt).

Auch mit Gedankenstrichen kann man Sätze sehr gut gliedern:

Gedankenstriche heben Einschübe besonders hervor.

> Bei dieser Sachlage besteht kein Anspruch auf eine Entschädigungsleistung aus dem Unfallversicherungsvertrag. Unfälle infolge von Bewusstseinsstörungen – auch wenn diese durch Trunkenheit verursacht wurden – sind nämlich ausgeschlossen. Vergleichen Sie dazu bitte § 3 Ziffer 4 der Allgemeinen Unfallversicherungsbedingungen.

Ihnen ist sicher sofort aufgefallen, dass jetzt die Klammern fehlen: Aus dem Hinweis auf den Paragraphen ist ein vollständiger Satz geworden. Warum? Weil ein Satz durch zu viele Einschübe (»Parenthesen« genannt) unübersichtlich werden kann, und gerade das sollte man vermeiden. Man nutzt die Gedankenstriche, um einen Zwischengedanken in den Satz einzuschalten. Vor und hinter einem solchen Einschub könnten auch Kommas stehen, aber durch die Gedankenstriche fällt der Einschub mehr auf.

Zwischen Punkt und Komma steht das Semikolon (der Strichpunkt). Der Punkt trennt stärker als das Semikolon; das Komma trennt schwächer als das Semikolon. Damit ist seine Bedeutung im Satz schon erfasst: Wenn zwei Aussagen zusammengehören, aber doch aus bestimmten Gründen etwas getrennt werden sollen – zum Beispiel, damit jede ihr Gewicht behält –, dann wählt man das Semikolon:

Das Semikolon: weniger als ein Punkt und mehr als ein Komma

> Die Stellung der Werbeabteilung im Organisationsplan ist in den einzelnen Unternehmen verschieden; sie richtet sich nach den Anforderungen, die an die Werbung gestellt werden.

Ein weiteres Mittel zur Gliederung ist der Doppelpunkt. Normalerweise steht der Doppelpunkt nach Ankündigungen: vor der wörtlichen Rede und vor Aufzählungen. Hier schafft er Klarheit und Übersichtlichkeit. Aber auch in anderen Sätzen ist er nützlich:

Der Doppelpunkt schafft Klarheit und Übersichtlichkeit.

> Wir weisen darauf hin, dass ab 1. Juli die neue Preisliste gilt.
>
> Denken Sie bitte daran: Ab 1. Juli gilt unsere neue Preisliste.
>
> Durch die großen Schutzbleche wird das Spritzwasser abgehalten und die Kleidung bleibt sauber.
>
> Große Schutzbleche halten das Spritzwasser ab:
> Verschmutzte Kleidung ist deshalb kein Thema mehr.

Reihenfolge und Wortstellung

Nicht nur was man schreibt, auch in welcher Reihenfolge man schreibt, kann entscheidend sein.

Aufmerksamkeit
wecken

Um die Aufmerksamkeit des Lesers zu wecken, bedarf es nur eines kleinen Tricks: Sagen Sie ihm einfach, dass jetzt etwas Wichtiges kommt:

> Dies ist für Sie besonders wichtig: ...
>
> Was heißt das in Ihrem Fall? ...
>
> Und das bedeutet für Sie, dass ...
>
> Wegen der Reifen: ...
>
> Und dann noch eines: ...
>
> Der Grund dafür ist einfach: ...

Sortieren

Gleichfalls wichtig: Was zusammengehört, soll beim Schreiben nicht auseinander gerissen werden. Das ist wichtig für das Verständnis eines Textes:

> Bei einer Übernahme der Zahlung durch Sie ab 1. Januar nächsten Jahres wird die Vermögensbildungsversicherung unter Beibehaltung der Versicherungssumme sowie der Monatsprämie, allerdings mit einer geringfügigen Reduzierung der Gewinnbeteiligung, an unseren Normaltarif angepasst.

Was gehört zusammen? Sortieren Sie: Die Vermögensbildungsversicherung wird an den Normaltarif angepasst, gleich bleiben die Versicherungssumme und die Monatsprämie, die Gewinnbeteiligung sinkt. Jetzt ist zu überlegen, was nach vorn kommt, was in die Mitte und was nach hinten im Satz. Am besten steht am Anfang die Voraussetzung für alles, und das ist die Anpassung an den Normaltarif, dann kommt die Reduzierung der Gewinnbeteiligung, und die letzte Aussage, die dem Leser besonders gut im Gedächtnis bleibt, steht am Schluss.

Nebenbei sollte man auch noch die »Übernahme der Zahlung durch Sie« ändern – das ist vermeidbarer Hauptwortstil:

> Wenn Sie ab 1. Januar nächsten Jahres die Beiträge selbst zahlen, wird die Vermögensbildungsversicherung an den Normaltarif angepasst. Dabei reduziert sich geringfügig die Gewinnbeteiligung; die Versicherungssumme und die Monatsprämie bleiben gleich.

Schließlich haben Sie auch beim Schreiben die Möglichkeit, einzelne Wörter besonders zu betonen: Je nachdem, wo ein Wort oder eine Wortgruppe im Satz steht, ist sie mehr oder weniger betont.

Betonung einzelner Wörter

Der Anfang des Satzes ist die Stelle, die am aufmerksamsten gelesen wird. Vergleichen Sie bitte diese beiden Sätze:

> Wir haben Sie schon zweimal an die Rechnung erinnert.

> Schon zweimal haben wir Sie an die Rechnung erinnert.

Der zweite Satz wirkt drängender. Die wichtige Aussage *schon zweimal* soll auffallen und steht deshalb an erster Stelle im Satz.

Nicht nur der Satzanfang, auch das Satzende ist eine auffällige Position für die betonten Aussagen:

> Wir haben Sie an die Rechnung schon zweimal erinnert.

Oder noch deutlicher mit der Rechnung am Anfang:

> An die Rechnung haben wir Sie schon zweimal erinnert.

Vielleicht überlegen Sie jetzt: »Man kann doch nicht an jedem Satz so lange herumbasteln. Die Zeit ist kostbar.« Dieser Einwand ist berechtigt. Selbstverständlich lässt sich das nicht mit jedem Satz machen. Aber man muss wissen, was alles möglich ist und wie man den Leser geschickt auf die wichtigsten Aussagen hinweist.

Es gibt noch eine Möglichkeit, die Wirkung Ihrer Sätze zu steigern: die gezielte Ansprache. Angenommen, ein Briefschreiber will den Empfänger um die rechtzeitige Zusendung von Formularen bitten:

Gezielte Ansprache des Lesers

1. Der Schreiber spricht von sich:

> Wir erwarten die Formulare bis zum 23.03.2005.
>
> Wir benötigen die Formulare spätestens am 23.03.2005.
>
> Wir können auf die Formulare nur bis zum 23.03.2005 warten.

2. Der Schreiber spricht den Empfänger an:

> Bitte senden Sie die Formulare spätestens am 20.03.2005 ab, damit sie bis zum 23.03.2005 bei uns eintreffen.
>
> Senden Sie uns die Formulare bitte bis zum 23.03.2005 zu.
>
> Sorgen Sie bitte dafür, dass uns die Formulare spätestens am 23.03.2005 vorliegen.

3. Der Schreiber spricht nur von der Sache:

> Die Formulare müssen bis zum 20.03.2005 zurückgeschickt werden.
>
> Bis zum 23.03.2005 müssen uns die Formulare vorliegen.

Die beste Form ist die zweite, denn der Leser wird direkt angesprochen und aufgefordert, tätig zu werden. Wenn es möglich ist, sollten Sie deshalb diese Form wählen.

Mit dem Satzbau hat sich jeder Schreiber immer wieder auseinander zu setzen, auch wenn er über sehr viel Erfahrung verfügt. Entscheidend sind aber zwei Dinge: Er muss in der Lage sein zu erkennen, wann ein Satz oder Text verbessert werden sollte, und er muss die Mittel kennen, mit denen er das schnell und leicht erreicht.

Das kleine 1×1
der geschäftlichen Korrespondenz

Anschrift

Anschriften auf Postsendungen werden nicht mehr durch Leerzeilen untergliedert. Bitte beachten Sie, dass die Postleitzahl nicht ausgerückt und der Bestimmungsort nicht unterstrichen wird. Inlands-anschriften

Zusätze und Vermerke	Einschreiben
Anrede/Amtsbezeichnung	Herrn
[Firmen]name	Helmut Schildmann
Postfach oder Straße und Hausnummer	Jenaer Straße 18 a
Postleitzahl, Bestimmungsort	68167 Mannheim

Bei Postsendungen ins Ausland werden Bestimmungsort und Bestimmungsland ohne vorangehende Leerzeile in Großbuchstaben geschrieben. Das früher übliche Voranstellen des Landeskennzeichens vor die Postleitzahl (z. B. A- für Österreich, CH- für die Schweiz) gilt heute nicht mehr als korrekt. Auslands-anschriften

Zusätze und Vermerke	Einschreiben
Anrede/Amtsbezeichnung	Herrn
[Firmen]name	Prof. Dr. Martin Baeren
Postfach oder Straße und Hausnummer	Hohle Gasse 8
Postleitzahl, Bestimmungsort	1121 WIEN
Bestimmungsland	ÖSTERREICH

Die Anschrift steht heute gewöhnlich im Wenfall (Akkusativ). Bei Anschriften, die einer oder mehreren Personen gelten, wird heute auf *An, An den/die/das* verzichtet. Bei Anschriften, die einem Amt, einer Institution und dergleichen gelten, setzt man dagegen noch häufiger *An den/die/das.* Auch wenn *An* heute vielfach wegfällt, sollten Sie in Deutschland und Österreich die Form *Herrn* verwenden, in der Schweiz gilt allerdings mittlerweile auch die Form *Herr* als zulässig. An, An den/die/das

Herr oder *Herrn*

Herrn
Werner Müller
Prokurist

Firma
Hesselbach GmbH

An das
Finanzamt Mitte
Kassenabteilung

Wenn Sie ein Ehepaar anschreiben Schwierigkeiten bereitet oft die Anschrift von Ehepaaren. Die allgemein üblichen Formen sind im Folgenden aufgelistet. Dabei ist grundsätzlich zu beachten: Wenn Sie es als unhöflich empfinden, den Mann vor der Frau zu nennen, können Sie auch zuerst die Frau nennen (*Frau Eva und Herrn Hans Richter* usw.):

Hans und Eva Richter

Herrn Hans und
Frau Eva Richter

Herrn Hans Richter
Frau [Dr.] Eva Richter

Herrn und Frau
Hans Richter und Eva Richter

Die Anrede »Eheleute« wird heute kaum noch verwendet.

Doppelnamen Trägt einer der Ehepartner einen Doppelnamen, können Sie schreiben:

Herrn Hans Richter und
Frau Eva Hansen-Richter

Haben die Eheleute keinen Familiennamen vereinbart, so ist auch die folgende Anschrift möglich:

> Herrn und Frau
> Hans Richter und Eva Lose

Die folgenden Formen werden heute zwar noch vereinzelt gebraucht, gelten aber als unhöflich, da die Frau nur als »Anhängsel« ihres Mannes erscheint:

Darf man noch »Gemahlin« verwenden?

> Herrn
> Hans Richter und Frau
>
> Herrn
> Dr. Hans Gerster
> und [Frau] Gemahlin

Wenn Sie einen Brief an eine Familie mit mehreren Mitgliedern richten, können Sie die Anschrift folgendermaßen gestalten:

Briefe an eine Familie

> Familie
> Hans [und Eva] Richter
>
> Familie
> Hans, Eva, Michael und Sonja Richter

Müssen Sie mehrere Personen gleichzeitig anschreiben, die nicht zu einer Familie gehören, z. B. Rechtsanwältinnen und Rechtsanwälte in einer Kanzlei, kann dies entweder über den Kanzleinamen geschehen oder indem die Namen der Rechtsanwältinnen/Rechtsanwälte einzeln aufgeführt werden:

Briefe an mehrere Personen (z. B. Rechtsanwälte usw.)

> Kanzlei Meier und Schulze
> *oder:*
> Herren Rechtsanwälte
> Dres. H. Meier und M. Schulze
> *oder:*
> Frau Vera Vogel
> Frau Dr. Inge Schubert
> Rechtsanwältinnen

Firmenanschriften

Firma in der Anschrift

Bei Firmenanschriften kann das Wort *Firma* fehlen, wenn diese Information aus dem Namen selbst hervorgeht.

> Adam Müller AG
> Schlossstraße 2
> 56068 Koblenz

Wer darf den Brief öffnen?

Immer wieder für Unsicherheit sorgt die Frage, wie die Adresse zu gestalten ist, wenn der Brief nur vom Empfänger persönlich, nicht aber von einem anderen Mitarbeiter der Firma (z. B. in der Poststelle oder im Sekretariat) geöffnet und gelesen werden soll. Prinzipiell gilt hier der Grundsatz, dass das betreffende Schreiben dann von anderen Firmenangehörigen geöffnet werden darf, wenn der Personenname (mit oder ohne den Zusatz *z. H.*, *z. Hd.*) **nach** der Firmenadresse steht. Durch die Voranstellung des Personennamens wird dies verhindert. Wenn Sie befürchten, dass die Reihenfolge Personenname – Firmenname allein noch nicht eindeutig genug ist, können Sie noch den Vermerk »persönlich« oder »vertraulich« hinzufügen:

> Persönlich
> Herrn
> Ewald Schuster
> Reisebüro Hansen

c/o, *i. H.*, *i. Fa.*

Die Abkürzungen *c/o* (= care of, »wohnhaft bei«), *i. H.* (= im Hause) und *i. Fa.* (= in der Firma) werden heute noch bisweilen verwendet, wenn im Anschriftenfeld zuerst der persönliche Empfänger und dann die Institution genannt wird, bei der er/sie beschäftigt ist.

> Herrn Bankdirektor
> Diplom-Kfm. Wolfgang Berger
> i. H. (i. Fa., c/o) Regionalbank AG

z. H., *z. Hd.*

Da viele diese Abkürzungen heute als überflüssig empfinden, wird häufig von ihrer Verwendung abgeraten. Gleiches gilt übrigens auch für die Abkürzung *z. H./z. Hd.* Mit ihr kann man die Angabe des persönlichen Empfängers eines Briefes einleiten, wenn man zuerst die Firma und dann erst die Person nennt:

> Ortmann & Philipp KG
> [z. H./z. Hd] Frau Dr. Erika Müller

Datumsangabe

Die Datumsangabe kann folgende Formen haben:

> 2005-04-19
> 19.04.2005
> 19. April 2005

Nach den Zahlen für Tag und Monat setzt man einen Punkt; bei internationaler Datumsangabe sind Jahr, Monat und Tag durch Bindestriche verbunden. Ein Schlusspunkt wird nicht gesetzt.

Betreff

Der Betreff ist eine stichwortartige Inhaltsangabe, die in Geschäftsbriefen u. Ä. über der Anrede steht. Das Leitwort *Betreff* ist heute im Schriftverkehr in Wirtschaft und Verwaltung nicht mehr üblich. Das erste Wort der Betreffzeile wird großgeschrieben, ein Schlusspunkt wird nach dem Betreff nicht gesetzt. Um den Betreff besonders hervorzuheben, wird er heute häufig durch Fettschrift, manchmal auch (zusätzlich) durch Farbe hervorgehoben. In der Betreffzeile des Schreibens sollte ein eindeutiger Hinweis auf den Briefinhalt stehen:

Das Wort *Betreff* wird heute nicht mehr geschrieben.

> Ihre Bestellung vom 11. Januar 2005
> Unser Gespräch vom 14. März 2005

Anrede

Nach der Anrede steht heute üblicherweise ein Komma, nicht mehr ein Ausrufezeichen. Das erste Wort der folgenden Zeile schreibt man nach dem Komma klein, sofern es sich nicht um ein Substantiv handelt; nach dem Ausrufezeichen schreibt man groß.

Komma oder Ausrufezeichen?

Den Empfänger oder die Empfängerin sollten Sie wenn möglich direkt anschreiben, auch wenn er/sie einer Institution angehört. Wenn Sie den Namen der Person nicht kennen, sollten Sie ihn erfragen, damit Sie Anschrift und Anrede entsprechend formulieren können.

Briefe an einen
unbestimmten
Empfänger

Ist der Brief nicht an eine bestimmte Person gerichtet, schreibt man

Sehr geehrte Damen und Herren,

Sehr geehrte Damen,

oder:

Sehr geehrte Herren,

Anreden von
Einzelpersonen

Richtet sich das Schreiben an eine Einzelperson, sind als Anreden das neutrale *Sehr geehrte[r]* und das vertrauliche *Liebe[r]* am gebräuchlichsten. Die Anrede *Sehr verehrte[r]* sollten Sie nur verwenden, wenn Sie den Adressaten persönlich kennen und ihm gegenüber besonders ehrerbietig sein möchten. Besonders üblich sind heute die folgenden Anreden:

Sehr geehrte Frau Müller,

Sehr verehrter Herr Huber,

Guten Tag, Frau Kleinschmied,

Lieber Herr Wolters,

Hallo, Petra,

Akademische
Titel und Berufs-
bezeichnungen

Schwierigkeiten bereitet oft auch die Anrede von Personen, die ein Amt bekleiden, etwa von Senator(inn)en, Direktor(inn)en oder Präsident(inn)en. Hier gilt: Gebraucht man die Amts-/Berufsbezeichnung, so wird der Name meist weggelassen:

Sehr geehrte Frau Präsidentin,

Sehr geehrter Herr Senator,

Lediglich bei der Anrede eines Professors wird der Name oft mit genannt:

Sehr verehrter Herr Professor,

oder:

Sehr geehrter Herr Professor Singer,

Den Titel – Senator, Direktorin, Minister, Präsidentin usw. – kürzt man nicht ab. Doch auch hier gibt es wieder eine Ausnahme: den Doktorgrad. Er wird gewöhnlich abgekürzt vor den Familiennamen gesetzt.

Anrede von
Ehepaaren

Bei Ehepaaren redet man jeden Ehepartner einzeln an:

Sehr geehrte Frau [Dr.] Schulze,

sehr geehrter Herr Schulze,

Briefschluss

Als Grußformel verwendet man im Geschäftsbereich vielfach *Mit freundlichen Grüßen*. Üblich ist auch *Mit freundlichem Gruß, Mit verbindlichen Grüßen* und *Freundliche Grüße*. *Hochachtungsvoll* wirkt in jedem Fall distanzierter, wird heute jedoch nur selten verwendet, da es von vielen als veraltet empfunden wird.

Heute übliche Grußformeln

Daneben können Sie im Briefschluss auch weniger förmliche Varianten verwenden, Sie sollten dann aber sichergehen, dass der Empfänger Ihres Schreibens dies nicht als unangemessen empfindet. Infrage kommen etwa:

> Mit den besten Grüßen
> Beste Grüße aus Mannheim
> Grüße aus dem verschneiten Heidelberg
> Herzliche Grüße
> Herzlichst
> Es grüßt Sie

Kopfzerbrechen bereitet vielen auch die Frage der Zeichensetzung am Ende des Briefes. Nicht selten sieht man, dass nach *Mit freundlichen Grüßen* noch ein Komma gesetzt wird. Dies ist jedoch nicht korrekt: Die Grußformel steht ohne Punkt, Komma oder Ausrufezeichen.

Zeichensetzung und Rechtschreibung

> Mit freundlichen Grüßen
> [Handschriftliche Unterschrift]

Der Anfangsbuchstabe der Grußformel wird in der Regel großgeschrieben. Wird sie jedoch in den Satz einbezogen, gilt die reguläre Groß- und Kleinschreibung:

> Ich hoffe[,] Ihnen hiermit gedient zu haben[,] und verbleibe
>
> mit freundlichen Grüßen
> [Handschriftliche Unterschrift]

Falsche Einsparungen

Besonders häufig kommt es im Gruß zu Grammatikfehlern, vor allem, wenn mehrere Personen unterschreiben. Aus Unachtsamkeit oder um Platz zu sparen, werden gern Fürwörter weggelassen. Anstatt korrekt: *Ihre Eva Müller und Ihr Max Müller* heißt es dann fälschlich *Ihre Eva Müller und Max Müller*. Solche falschen Einsparungen sollten Sie vermeiden.

... wünscht Ihnen Fritz Müller und Familie?

Bilden Schlusssatz und Unterschrift[en] eine grammatische Einheit, müssen Sie darauf achten, dass Subjekt und Prädikat im Numerus übereinstimmen:

> Ein gutes neues Jahr wünscht Ihnen
> Fritz Müller mit Frau und Tochter
>
> Ein gutes neues Jahr wünschen Ihnen
> Eva Müller und Familie

Besonderheiten beim Briefschluss

Bezeichnung des Unternehmens bzw. der Behörde

Schreiben Sie für die Firma oder die Behörde, in der Sie angestellt sind, einen Brief, sind beim Briefschluss einige Regeln zu beachten. Bei vielen Unternehmen und Behörden ist es beispielsweise üblich, den Namen der Firma bzw. die Bezeichnung der Behörde zu wiederholen.

Wird die Firmenbezeichnung in den Briefschluss aufgenommen, steht sie mit einer Leerzeile Abstand unterhalb der Grußformel. Bei Bedarf kann die Bezeichnung auf mehrere Zeilen verteilt werden:

> Mit freundlichen Grüßen
>
> Süßwarenvertrieb
> Die Naschkatze GmbH & Co. KG
>
> *Petra Tanner*
> Petra Tanner

Wo stehen Zustände wie i. A., i. V. oder ppa.?

Zusätze wie *i. A.* (*im Auftrag* – der/die Unterzeichnende hat für diesen Brief, den er/sie unterschreibt, eine Vollmacht), *i. V.* (*in Vollmacht* bzw. in Vertretung – der/die Unterzeichnende hat vom Inhaber eine allgemeine Handlungsvollmacht erhalten) oder *ppa.* (*per procura* – der/die

Unterzeichnende hat Prokura/ist Prokurist/-in) können entweder vor der handschriftlichen Namenszeichnung oder vor der maschinenschriftlichen Wiedergabe des Namens stehen. Der Ranghöhere unterzeichnet links.

Freundliche Grüße

Karl Meier GmbH

claudia Walter   *schneider*

ppa. Claudia Walter   i. V. Peter Schneider

6 Anlagen

oder:

Mit freundlichem Gruß

PRINTA
Druckerei und Verlagshaus KG

i. A.   *Schulze*

Manfred Schulze

Anlage

Die Abkürzung für *im Auftrag* schreibt man mit kleinem *i*, wenn sie der Bezeichnung einer Behörde, Firma u. dgl. folgt:

i. A. oder I. A.

Der Oberbürgermeister
i. A. Meyer

Sie wird mit großem *I* geschrieben, wenn sie nach einem abgeschlossenen Text (allein vor einer Unterschrift) steht:

Ihre Unterlagen erhalten Sie mit gleicher Post zurück.
I. A. Meyer

i. V. oder *I. V.*   Diese Abkürzung für »in Vertretung« oder »in Vollmacht« schreibt man mit kleinem *i*, wenn sie der Bezeichnung einer Behörde, Firma u. dgl. folgt:

> Mit freundlichen Grüßen
> Karl Meyer GmbH
> i. V. Schneider

Sie wird mit großem *I* geschrieben, wenn sie nach einem abgeschlossenen Text (allein vor einer Unterschrift) steht:

> Herr Müller wird Sie nach seiner Rückkehr sofort anrufen.
> I. V. Schneider

im Auftrag
oder *i. A.*

Neben der Abkürzung *i. A.* begegnet Ihnen immer wieder auch die ausgeschriebene Form *im Auftrag*. Allerdings haben Sie nicht die freie Wahl, ob Sie die Abkürzung oder die ausgeschriebene Form wählen. Der in der öffentlichen Verwaltung verwendete Zusatz *im Auftrag* hat eine andere rechtliche Bedeutung als die im kaufmännischen Verkehr verwendete Abkürzung *i. A.* Im öffentlichen Dienst sollten Sie auf die Verwendung der Abkürzung deshalb besser verzichten.

nach Diktat
verreist

Der Zusatz *nach Diktat verreist* (in Verbindung mit der Abkürzung *gez.*) wird in der modernen Korrespondenz immer seltener gebraucht.

Vielfach verwendet werden heute stattdessen Zusätze wie *in Abwesenheit von ...*, *auf Anweisung von ...* oder *für ...*:

> Mit freundlichen Grüßen
>
> Buchhandlung
> Thekla Schiller
>
> für Thekla Schiller, Geschäftsführerin
> Sonja Rosenbaum, Sekretariat
>
> i. A. *Sonja Rosenbaum*
>
> Sonja Rosenbaum

Möchten Sie (oder Ihr Chef/Ihre Chefin) dennoch bei der alten Schreibweise bleiben, hat der Briefschluss folgende Form:

> Mit freundlichem Gruß
>
> Buchhandlung
> Thekla Schiller
>
> gez. Dr. Dr. Thekla Schiller
> (nach Diktat verreist)
>
> i. A.   *Sonja Rosenbaum*
>
> Sonja Rosenbaum
> (Sekretärin)

Anlagenvermerk

Der Anlagenvermerk steht mit mindestens drei Leerzeilen Abstand unter dem Gruß oder der Firmenbezeichnung. Wenn man genauer spezifizieren will, führt man die einzelnen Posten auf:

> **Anlagen**
> 3 Formulare
> 1 Lichtbild

Dabei ist es empfehlenswert, das Wort *Anlage[n]* durch Fettdruck hervorzuheben, wenn danach eine Aufzählung der beigelegten Dinge folgt. Schreibt man dagegen nur *Anlage[n]* (ohne eine folgende Aufzählung), kann die Hervorhebung ausbleiben. Das Unterstreichen des Wortes *Anlage[n]*, wie es früher üblich war, wird nach der aktuellen DIN 5008 nicht empfohlen.

Nach diesen allgemeinen Vorbemerkungen finden Sie im Folgenden spezielle Formen der Anrede.

Die richtige Anrede – kein Problem

Adelstitel

Ist der Empfänger eines Briefes Träger eines Adelstitels (z. B. *Ritter, Freifrau, Herzogin, Prinz*), dann bereitet die Anrede häufig Kopfzerbrechen. Im Zweifel ist die Kombination von *Herr* oder *Frau* mit Titel und vollem Namen richtig. Dabei steht in der gesetzlich geregelten Schreibweise – sie ist für Behörden verbindlich – der Titel hinter dem Vornamen:

> Herrn Gustav Baron von Wiesental

Wählen Sie diese Form der Anrede in Ihrem Brief, liegen Sie – formal gesehen – in jedem Falle richtig. Gesellschaftlich üblich sind jedoch oft andere Schreibweisen, die von der gesetzlich (durch das BGB) geregelten oft erheblich abweichen und sich von Titel zu Titel unterscheiden. Beide Varianten sollen im Folgenden für die wichtigsten Ränge des Adels dargestellt werden.

Die gesetzlich geregelte Anrede weicht häufig von der gesellschaftlich üblichen ab!

Nicht titulierter Adel

Unter »nicht tituliertem Adel« versteht man Adlige, deren Namen keinen Adelstitel enthalten. Zum nicht titulierten Adel werden auch die so genannten Edlen gezählt, da das Prädikat *Edle[r]* nicht als Titel, sondern nur als Adelsnuance gilt. Ähnliches gilt auch für *Ritter*:

Anschrift	Anrede	
gesetzlich: Herrn Peter von Hansen **gesellschaftlich:** Herrn Peter von Hansen	**gesetzlich:** Sehr geehrter Herr von Hansen **gesellschaftlich:** Sehr geehrter Herr v. Hansen	Herr von Y/ Frau von Y
gesetzlich: Frau Rita Edle von Märklenstadt **gesellschaftlich:** Edle Rita von Märklenstadt	**gesetzlich:** Sehr geehrte Frau Edle von Märklenstadt **gesellschaftlich:** Sehr geehrte Edle v. Märklenstadt *oder:* Sehr geehrte Frau v. Märklenstadt	Edle/-r

Ritter

| gesetzlich:
Herrn
Peter Ritter von Haunstein

gesellschaftlich:
Ritter
Peter von Haunstein | gesetzlich:
Sehr geehrter Herr Ritter von Haunstein

gesellschaftlich:
Sehr geehrter Ritter v. Haunstein
oder:
Sehr geehrter Herr v. Haunstein |

Titulierter Adel

Allgemeinere Aussagen, wie Angehörige des titulierten Adels angesprochen werden, lassen sich nur für die Mitglieder des niederen Adels (Grafen, Freiherrn, Barone) machen. Für die Anrede von Fürsten, Herzögen, Prinzen, Königen und Kaisern gibt es dagegen keine allgemein gültige Anredeform. Jeder, der es genau nehmen will, muss sich in solchen Fällen im Fürstenband des »Genealogischen Handbuchs des Adels« bei der jeweiligen Familie und für die jeweilige Person die richtige Titelführung anschauen: Oft werden schon innerhalb einer Familie unterschiedliche Titel geführt!

	Anschrift	Anrede
Baron/Baronin/ Baronesse (= Tochter)	gesetzlich: Herrn Baron Knut von Helfenstein gesellschaftlich: Baron Knut von Helfenstein	gesetzlich: Sehr geehrter Herr Baron von Helfenstein gesellschaftlich: Sehr geehrter Baron Helfenstein *oder:* Sehr geehrter Baron v. Helfenstein
Freiherr/Freifrau	gesetzlich: Frau Hetty Freifrau von Stein gesellschaftlich: Freifrau Hetty v. Stein	gesetzlich: Sehr geehrte Frau Freifrau von Stein gesellschaftlich: Sehr geehrte Freifrau v. Stein *oder:* Sehr geehrte Frau v. Stein *oder (vor allem in Süddeutschland):* Sehr geehrte Frau Baronin Stein
Graf/Gräfin	gesetzlich: Herrn Wolfgang Graf von Niebelfels gesellschaftlich: Graf Wolfgang v. Niebelfels	gesetzlich: Sehr geehrter Herr Graf von Niebelfels gesellschaftlich: Sehr geehrter Graf Niebelfels *oder:* Sehr geehrter Graf v. Niebelfels

Besitzt der oder die Adlige zugleich einen akademischen Grad, so wird dieser grundsätzlich an den Anfang gesetzt, egal ob es sich um die gesetzliche oder die gesellschaftliche Anrede handelt:

> **gesetzlich:** Sehr geehrter Herr Dr. Graf von Niebelfels
> **gesellschaftlich:** Sehr geehrter Dr. Graf von Niebelfels

Akademische Grade

Professor/Professorin

Eine Änderung in DIN 5008 sieht nun vor, dass im Anschriftfeld jetzt immer »Prof.« unmittelbar vor den Namen geschrieben wird.

In der Anrede wird »Professor« nach wie vor ausgeschrieben.

Professor oder Prof.?

Anschrift: Herrn
Prof. Dr. Hans Meyer
XY-Universität
oder:
XY-Universität
Herrn Prof. Dr. Hans Meyer

Anrede: Sehr geehrter Herr Professor
oder:
Sehr geehrter Herr Professor Meyer

Eine Professorin wird als *Frau Professor* oder als *Frau Professorin* angesprochen:

Frau Professor oder Frau Professorin?

Anschrift: Frau
Prof. Dr. Claudia Kaminski

Anrede: Sehr geehrte Frau Professor
oder:
Sehr geehrte Frau Professorin Kaminski

Durch Beschluss einer Landesregierung oder eines Kultusministers/ einer Kultusministerin kann der Professorentitel als Ehrentitel sogar an Nichtakademiker verliehen werden. Äußerlich bleibt aber (im Unterschied zum Doktor h. c.) die Ehrenbeleihung nicht erkennbar:

Professor h. c.

Anschrift:	Herrn
	Prof. Felix Ravensburg

Anrede:	Sehr geehrter Herr Professor
	oder:
	Sehr geehrter Herr Professor Ravensburg

Rektor/Rektorin

Anschrift Die Anschrift in einem Schreiben an einen Rektor/eine Rektorin lautet folgendermaßen:

Anschrift:	An den	An die
	Rektor der XY-Universität	Rektorin der XY-Universität
	Herrn Prof. Dr. Peter Winter	Frau Prof. Dr. Petra Müller

Anrede In der Anrede sind verschiedene Formen möglich. *Magnifizenz* wird heute nur noch bei hochoffiziellen Ansprachen und auf ausdrücklichen Wunsch hin verwendet.

Anrede:	Sehr geehrter Herr Professor
	oder:
	Sehr geehrter Herr Professor Winter
	oder:
	Sehr geehrter Herr Rektor
	Sehr geehrte Frau Professorin
	oder:
	Sehr geehrte Frau Professorin Müller
	oder:
	Sehr geehrte Frau Rektorin

Doktor

Den Doktortitel sollten Sie nicht unterschlagen. Den Doktortitel sollte man in Anschrift und Anrede nicht weglassen, es sei denn, man kennt den Empfänger gut und weiß, dass er keinen Wert auf Förmlichkeiten legt. Man verwendet ihn in der abgekürzten Form *(Dr.)* mit Namen:

Anschrift: Herrn
             Dr. M. Müller

Anrede: Sehr geehrter Herr Dr. Müller

Anschrift: Frau
             Dr. S. Steinbach

Anrede: Sehr geehrte Frau Dr. Steinbach

Möchten Sie mehrere Doktorinnen und Doktoren (z. B. in einer Gemeinschaftspraxis) anschreiben, lautet die Anrede *Sehr geehrte Damen und Herren Doktoren,* handelt es sich nur um Männer, heißt die Anrede *Sehr geehrte Herren Doktoren.*

Anrede mehrerer Doktoren

Ist eine Person Inhaber mehrerer Doktortitel, führt man diese in der Anschrift auf. Die Doktortitel werden hintereinander ohne Komma geschrieben: *Dr. phil. Dr. med. Helga Berner.* In der Anrede wird der Doktortitel nur noch einmal genannt: *Sehr geehrte Frau Dr. Berner.*

Umgangssprachlich gebrauchen viele Sprecher die Anrede *Doktor* ohne Namen als Berufsbezeichnung für den Arzt *(Sehr geehrter Herr Doktor).* Das sollten Sie im Brief jedoch vermeiden.

Diplomtitel

Für Diplomtitel gilt das unter »Doktor« Gesagte. Die Berufsbezeichnung *Ingenieur* ist gesetzlich geschützt. Der *Ing. grad.* wird nicht mehr erteilt. Dafür lautet die heutige Form: *Dipl.-Ing. (FH).*

In der Anschrift stets mit *Dipl.*

Anschrift: Herrn
             Dipl.-Ing. Karl Meister

             Frau
             Dipl.-Ing. Elke Raddenhaus

In der Anrede lässt man den Diplomtitel im Gegensatz zum Doktortitel dagegen weg:

In der Anrede ohne *Dipl.*

Anrede: Sehr geehrter Herr Meister
             Sehr geehrte Frau Raddenhaus

Bundesregierung und Landesregierungen

Man nennt zuerst die Funktionsbezeichnung und setzt den Namen samt Titel in eine neue Zeile. Häufig ist es hier sinnvoll, die Anschrift mit *An die/den* zu beginnen.

Bundespräsident/Bundespräsidentin

Anschrift   Frau/Herrn Bundespräsident/-in
             (nur im internationalen Schriftverkehr mit dem Zusatz:)
             der Bundesrepublik Deutschland
             Vorname, Zuname
             Schloss Bellevue
             Spreeweg 1
             10557 Berlin

Anrede   Sehr geehrte Frau Bundespräsidentin/
             Sehr geehrter Herr Bundespräsident

Bundeskanzler/Bundeskanzlerin

Anschrift   Frau/Herrn Bundeskanzler/-in
             (nur im internationalen Schriftverkehr mit dem Zusatz:)
             der Bundesrepublik Deutschland
             Vorname, Zuname
             Willy-Brandt-Str. 1
             10557 Berlin

Anrede   Sehr geehrte Frau Bundeskanzlerin/
             Sehr geehrter Herr Bundeskanzler

Weitere Mitglieder des Bundesrats, des Bundestags und der Länderparlamente

Anschrift	Anrede
An die/An den Präsidentin/Präsidenten des Deutschen Bundestags Vorname, Zuname	Sehr geehrte Frau Bundestagspräsidentin/Sehr geehrter Herr Bundestagspräsident
An die/An den Präsidentin/Präsidenten des Landtags Vorname, Zuname	Sehr geehrte Frau Präsidentin/ Sehr geehrter Herr Präsident
An die/An den Präsidentin/Präsidenten des Bundesrats Vorname, Zuname	Sehr geehrte Frau Präsidentin/ Sehr geehrter Herr Präsident
An die/An den Präsidentin/Präsidenten des Ältestenrats Vorname, Zuname	Sehr geehrte Frau Präsidentin des Ältestenrats/Sehr geehrter Herr Präsident des Ältestenrats
Frau/Herrn Vorname, Zuname M.d.B. oder andere Bezeichnung	Sehr geehrte Frau Abgeordnete Sehr geehrter Herr Abgeordneter

Wenn ein Abgeordneter zugleich Minister ist, werden Anschrift und Anrede gewählt, wie sie unter Bundesminister aufgeführt sind.

Bundesminister/Bundesministerin

Es ist zwischen der allgemein gebräuchlichen Bezeichnung und der offiziellen Amtsbezeichnung zu unterscheiden. In der Anschrift sollte man
die Amtsbezeichnung des Ministers oder der Ministerin verwenden:

Gebräuchliche Bezeichnung	Amtsbezeichnung
Arbeitsminister/-in	Bundesminister/-in für Wirtschaft und Arbeit
Außenminister/-in	Bundesminister/-in des Auswärtigen
Bauminister/-in	Bundesminister/-in für Verkehr, Bau- und Wohnungswesen
Bildungsminister/-in	Bundesminister/-in für Bildung und Forschung
Entwicklungshilfeminister/-in	Bundesminister/-in für wirtschaftliche Zusammenarbeit und Entwicklung
Familienminister/-in	Bundesminister/-in für Familie, Senioren, Frauen und Jugend
Finanzminister/-in	Bundesminister/-in der Finanzen
Gesundheitsminister/-in	Bundesminister/-in für Gesundheit und Soziale Sicherung
Innenminister/-in	Bundesminister/-in des Innern
Justizminister/-in	Bundesminister/-in der Justiz
Umweltminister/-in	Bundesminister/-in für Umwelt, Naturschutz und Reaktorsicherheit
Verbraucherschutzminister/-in	Bundesminister/-in für Verbraucherschutz, Ernährung und Landwirtschaft
Verkehrsminister/-in	Bundesminister/-in für Verkehr, Bau- und Wohnungswesen (s. Bauminister)
Verteidigungsminister/-in	Bundesminister/-in der Verteidigung
Wirtschaftsminister/-in	Bundesminister/-in für Wirtschaft und Arbeit (s. Arbeitsminister)
aber: Kanzleramtsminister/-in	Bundeskanzleramt Bundesminister/-in für besondere Aufgaben

Anschrift und Anrede für einen Bundesminister/eine Bundesministerin sehen dann so aus:

Anschrift: Herrn/Frau
Vorname, Zuname
Bundesminister/-in der Justiz

Anrede: Sehr geehrter Herr Bundesminister
oder:
Sehr geehrter Herr Minister

Sehr geehrte Frau Bundesministerin
oder:
Sehr geehrte Frau Ministerin

Ministerpräsident/Ministerpräsidentin

Die Ministerpräsident(inn)en der Länder und mit ihnen die Landesminister/-innen und Länderbehörden haben ihren Sitz in der jeweiligen Landeshauptstadt:

Sitz der Ministerpräsident(inn)en

Baden-Württemberg	Stuttgart
Bayern	München
Berlin	Berlin
Brandenburg	Potsdam
Bremen	Bremen
Hamburg	Hamburg
Hessen	Wiesbaden
Mecklenburg-Vorpommern	Schwerin
Niedersachsen	Hannover
Nordrhein-Westfalen	Düsseldorf
Rheinland-Pfalz	Mainz
Saarland	Saarbrücken
Sachsen	Dresden
Sachsen-Anhalt	Magdeburg
Schleswig-Holstein	Kiel
Thüringen	Erfurt

Anschrift und
Anrede ...

In Berlin heißt der Chef der Landesregierung *Regierender Bürgermeister,* in Hamburg *Erster Bürgermeister,* in Bremen *Präsident des Senats,* in allen anderen Bundesländern *Ministerpräsident.*

... der Minister-
präsidenten

Anschrift: Herrn/Frau
Vorname, Zuname
Ministerpräsident/Ministerpräsidentin des Landes ...

Anrede: Sehr geehrter Herr Ministerpräsident/
Sehr geehrte Frau Ministerpräsidentin

... der Bürger-
meister in Berlin
und Hamburg

Anschrift: Herrn/Frau
Vorname, Zuname
Regierender Bürgermeister/Regierende Bürgermeisterin
der Stadt Berlin

Herrn/Frau
Vorname, Zuname
Erster Bürgermeister/Erste Bürgermeisterin
der Freien und Hansestadt Hamburg

Anrede: Sehr geehrter Herr Bürgermeister/
Sehr geehrte Frau Bürgermeisterin

... des Senats-
präsidenten in
Bremen

Anschrift: Herrn/Frau
Vorname, Zuname
Präsident/Präsidentin des Senats
der Freien Hansestadt Bremen

Anrede: Sehr geehrter Herr Präsident/
Sehr geehrte Frau Präsidentin

Minister/-innen
der Bundesländer

Die Minister bzw. Ministerinnen eines Bundeslandes redet man ebenfalls mit *Sehr geehrter Herr Minister* oder *Sehr geehrte Frau Ministerin* an. Die Bezeichnung Landesminister/Landesministerin gibt es nicht. Der Titel der Minister/Ministerinnen in Berlin, Bremen und Hamburg ist Senator bzw. Senatorin.

Anschrift: Herrn/Frau
              Vorname, Zuname
              Justizministerium

Anrede: Sehr geehrter Herr Minister/
              Sehr geehrte Frau Ministerin

Diplomaten/Diplomatinnen

Vertreter ausländischer Botschaften redet man mit *Exzellenz* an. Dieses Wort ist die Anrede für

Vertreter
ausländischer
Botschaften

- Botschafter/-innen, Konsuln/Konsulinnen und Gesandte anderer Länder in der Bundesrepublik
- die Gesandten (Nuntien, Einzahl Nuntius) und die Prälaten der römisch-katholischen Kirche (Primas, Erzbischof, Bischof, Weihbischof). (Bitte lesen Sie dazu auch unter »Kirchliche Ämter« nach.)

Im diplomatischen Schriftverkehr hat sich bei bestimmten Ehrentiteln der sonst nicht mehr übliche Dativ (Wemfall) in der Anschrift erhalten; der Akkusativ ist jedoch ebenfalls korrekt:

Anschrift: Seiner Exzellenz *(oder:)* Seine Exzellenz
              Herrn Vorname, Zuname
              Botschafter von .../der .../ .../des (Land)

              Ihrer Exzellenz *(oder:)* Ihre Exzellenz
              Frau Vorname, Zuname
              Botschafterin von .../der .../ .../des (Land)

Anrede: Euer Exzellenz
              oder:
              Sehr geehrter Herr Botschafter/
              Sehr geehrte Frau Botschafterin

Deutsche Botschafter und hohe Beamte des Auswärtigen Dienstes

Deutsche Botschafter/Botschafterinnen werden hingegen nicht mehr mit *Exzellenz* angesprochen; seit der Abschaffung des Prädikats *Exzellenz* im Jahre 1919 gilt für Deutsche die Regel, dass hohe Beamte des Auswärtigen Dienstes mit ihrer Amtsbezeichnung anzusprechen sind:

Anschrift: Herrn
Vorname, Zuname
Botschafter

Frau
Vorname, Zuname
Botschafterin

Anrede: Sehr geehrter Herr Botschafter/
Sehr geehrte Frau Botschafterin

Bei allen anderen wichtigen Angehörigen einer Botschaft (z. B. Botschaftsräten, Generalkonsuln, Konsuln) verfährt man nach diesen Mustern, also zuerst Vorname und Name und danach die Amtsbezeichnung.

Funk und Fernsehen

Die Bezeichnungen für die höheren Positionen bei Funk und Fernsehen kann man in Anschrift und Anrede aufnehmen: Vorsitzende/-r des Rundfunkrates, Vorsitzende/-r des Verwaltungsrates, Intendant/-in, Programmdirektor/-in, Technischer Direktor/Technische Direktorin usw. Sie alle werden nach folgendem Muster geschrieben:

Anschrift: Herrn
Vorname, Zuname
Intendant des … Rundfunks

Frau
Vorname, Zuname
Intendantin des … Rundfunks

Anrede: Sehr geehrter Herr Intendant/
Sehr geehrte Frau Intendantin

Justiz

Bei allen Gerichtspräsidenten, allen hohen Richtern und Anwälten verwendet man die Amtsbezeichnung in Anschrift und Anrede, z. B.

Anschrift:	Frau Vorname, Zuname Oberbundesanwältin	Oberbundes- anwalt/ Oberbundes- anwältin
Anrede:	Sehr geehrte Frau Oberbundesanwältin	

Anschrift:	Herrn Vorname, Zuname Oberstaatsanwalt	Oberstaatsanwalt/ Oberstaats- anwältin
Anrede:	Sehr geehrter Herr Oberstaatsanwalt	

Anschrift:	Frau Vorname, Zuname Rechtsanwältin	Rechtsanwalt/ Rechtsanwältin
Anrede:	Sehr geehrte Frau Rechtsanwältin *oder:* Sehr geehrte Frau Rechtsanwältin + Zuname	

Mehrere Rechtsanwältinnen oder Rechtsanwälte können Sie in der Anschrift einzeln aufführen, Sie können sie aber auch über den Kanzleinamen anschreiben. Die Anrede hingegen sollte keine Sammelanrede sein, da hier Einzelpersonen direkt angesprochen werden:

Mehrere
Rechtsanwälte

Anschrift:	Kanzlei Wagner, Müller und Schmitt
Anrede:	Sehr geehrte Frau Wagner, Sehr geehrter Herr Müller, Sehr geehrte Frau Schmitt

Kirchliche Ämter

Römisch-katholische Kirche

Offizielle und vereinfachte Formen

In der römisch-katholischen Kirche sind die herkömmlichen Titel und Anreden noch gebräuchlich. Dennoch wird ein Kardinal die einfache Anredeform *Sehr geehrter Herr Kardinal ...* sicher nicht übel nehmen – viele geistliche Würdenträger bitten sogar darum, die gehobenen Anreden, die Sie im Folgenden finden, nicht mehr zu benutzen.

Die offiziellen Anreden lauten:

	Anschrift	Anrede
Papst	Seiner Heiligkeit Papst + Name	Euer Heiligkeit *oder:* Heiliger Vater
Kardinal	Seiner Eminenz dem Hochwürdigsten Herrn Vorname Kardinal Zuname	Euer Eminenz
Erzbischof, Bischof, Weihbischof	Seiner Exzellenz dem Hochwürdigsten Herrn Erzbischof/Bischof/Weihbischof von ... Vorname, Zuname	Euer Exzellenz
Prälat	Seiner Gnaden dem Hochwürdigsten Herrn Prälaten Vorname, Zuname	Euer Gnaden *oder:* Sehr geehrter Herr Prälat
Dekan/Dechant	H. H. [= Hochwürden Herrn] Dekan/Dechant Vorname, Zuname	Euer Hochwürden
Pfarrer	H. H. Pfarrer Vorname, Zuname	Sehr geehrter Herr Pfarrer
Vikar	H. H. Vikar Vorname, Zuname	Sehr geehrter Herr Vikar
Abt	Sr. Gnaden dem Hochwürdigen Abt von ... Vorname, Zuname	Euer Gnaden
Äbtissin	Wohlehrwürdige Frau Äbtissin (Name des Klosters)	Wohlehrwürdige Frau Äbtissin

Evangelische Kirche

Die Amtsbezeichnung wird in der Anschrift vor den Vornamen und Zunamen gesetzt. In der Anrede benutzt man für Bischof/Bischöfin, Landesbischof/Landesbischöfin, Kirchenpräsidenten/Kirchenpräsidentin, Präses, Landesintendenten/Landesintendentin, Pfarrer/-in bis zum Vikar/zur Vikarin die Amtsbezeichnung nach folgendem Muster:

Muster für Anschrift und Anrede evangelischer Geistlicher

Anschrift: Herrn Bischof
            Vorname, Zuname

Anrede: Sehr geehrter Herr Bischof

Landkreisverwaltung und Stadtverwaltung

Bei den höheren Rängen sollte man die Amtsbezeichnung hinzusetzen, also: Oberkreisdirektor/-in, Kreisdirektor/-in, Landrat/Landrätin, Oberbürgermeister/-in, Bezirksbürgermeister/-in, Bürgermeister/-in, Oberstadtdirektor/-in, Stadtdirektor/-in, Gemeindedirektor/-in. In der Anschrift kann man die Amtsbezeichnung vor oder auch hinter den Namen schreiben. Sie finden hier die Schreibweise am Beispiel eines Landrats und einer Bürgermeisterin:

Bei höheren Rängen sollte man die Amtsbezeichnung hinzusetzen.

Anschrift: Herrn
            Vorname, Zuname
            Landrat des Landkreises ...
            oder:
            Herrn Landrat
            Vorname, Zuname

Beispiele

Anrede: Sehr geehrter Herr Landrat

Anschrift: Frau
            Vorname, Zuname
            Bürgermeisterin der Stadt ...
            oder:
            Frau Bürgermeisterin
            Vorname, Zuname

Anrede: Sehr geehrte Frau Bürgermeisterin

Parteien

Für alle Parteien gilt, dass nur Parteivorsitzende und Generalsekretäre mit Nennung ihres Ranges angesprochen werden. Bei allen anderen Mitgliedern (wie z.B. auch Vorsitzenden von Ortsgruppen und Ortsvereinen, Ausschussvorsitzenden usw.) ist die Anrede *Sehr geehrter Herr ...* bzw. *Sehr geehrte Frau ...* üblich.

Je nach Inhalt ist das Schreiben entweder an den Vorstand oder an den entsprechenden Verband direkt zu senden.

Partei-vorsitzende/-r	**Anschrift:**	(An die) Vorsitzende der ... Partei Frau Vorname, Zuname
	Anrede:	Sehr geehrte Frau Vorsitzende *oder:* Sehr geehrte Frau + Zuname
General-sekretär/-in	**Anschrift:**	(An den) Generalsekretär der ... Partei Herrn Vorname, Zuname
	Anrede:	Sehr geehrter Herr Generalsekretär *oder:* Sehr geehrter Herr + Zuname
Ortsvereins-/ Ortsgruppen-vorsitzende/-r	**Anschrift:**	Frau Vorname, Zuname Vorsitzender des Ortsvereins der ... Partei
	Anrede:	Sehr geehrte Frau + Zuname
Ortsverbände usw.	**Anschrift:**	(An den) Ortsverband/Kreisverband/Landesverband/ Bundesvorstand der ... Partei
	Anrede:	Sehr geehrte Damen und Herren

Polizei und Bundeswehr

Für die Anschrift und Anrede von Angehörigen dieser Einrichtungen gilt: Bei hohen Rängen setzt man die Amtsbezeichnung üblicherweise hinzu. Zu den hohen Rängen gehören Präsidenten, Oberdirektoren und Direktoren sowie höhere Offiziere. Bei allen anderen bleibt es dem persönlichen Empfinden und der Beziehung des Absenders zum Empfänger überlassen, ob er die Amtsbezeichnung hinzusetzen will.

Anschrift	Anrede
Frau Polizeipräsidentin Tanja Maurer	Sehr geehrte Frau Polizeipräsidentin
Herrn Christian Bader Leitender Kriminaldirektor	Sehr geehrter Herr Leitender Kriminaldirektor
Herrn General Johann Winter	Sehr geehrter Herr General Winter
Herrn Generalmajor Christoph Scheurer	Sehr geehrter Herr Generalmajor Scheurer

Schule und Schulverwaltung

Bei allen höheren Beamten der Schule und der Schulverwaltung sollte man die Amtsbezeichnung hinzusetzen. Dies geschieht bei der Anschrift in der Weise, dass zuerst die Amtsbezeichnung genannt wird und dann Vorname und Zuname. Einige Beispiele:

Ob Sie bei Gymnasiallehrern, Realschullehrern, Handelslehrern und allen anderen Lehrern die Amtsbezeichnung hinzusetzen, können Sie frei entscheiden.

	Anschrift	Anrede
Regierungs-schuldirektor/-in	Herrn Regierungsschuldirektor Vorname, Zuname	Sehr geehrter Herr Regierungsschuldirektor
Schulamts-direktor/-in	Frau Schulamtsdirektorin Vorname, Zuname	Sehr geehrte Frau Schulamtsdirektorin
Oberstudien-direktor/-in	Herrn Oberstudiendirektor Vorname, Zuname	Sehr geehrter Herr Oberstudiendirektor
Studien-direktor/-in	Frau Studiendirektorin Vorname, Zuname	Sehr geehrte Frau Studiendirektorin
Realschul-direktor-/in	Herrn Realschuldirektor Vorname, Zuname	Sehr geehrter Herr Realschuldirektor
Rektor/-in	Frau Rektorin Vorname, Zuname	Sehr geehrte Frau Rektorin

Verwaltung allgemein

Anschrift

Beim Schreiben an eine Behörde sollte in der **Anschrift** die Dienststelle genannt werden. Man schreibt die Anschrift in folgender Weise:

Stadtverwaltung Höhenkirchen
Einwohnermeldeamt
Hauptstraße 3
85635 Höhenkirchen

Die in Briefen übliche **Anrede**

Sehr geehrte Frau ... /
Sehr geehrter Herr ... /
Sehr geehrte Damen und Herren

sollten Sie auch in Briefen an Behörden verwenden – selbst dann oder besser gerade dann, wenn die Behörde selbst auf eine Anrede verzichtet hat. Wenn Sie den Namen des Empfängers wissen und es sich um eine Angelegenheit handelt, die nur er bearbeiten kann, nennen Sie ihn in der Anschrift und in der Anrede. Das ist höflich und schafft guten persönlichen Kontakt.

Selbstverständlich können Sie in der Anrede die Amtsbezeichnung vor den Namen des Empfängers schreiben, aber sogar einige Bundesbehörden sehen inzwischen davon ab. Nur bei höheren Rängen – etwa vom Direktor/der Direktorin an – schreibt man *Sehr geehrter Herr Amtsdirektor Schneider.*

In der Anschrift ist die Amtsbezeichnung bei allen Diensträngen gebräuchlich:

Herrn Amtsrat
Josef Dahl

Frau Oberinspektorin
Cornelia Hansen

Wirtschaft

Anschrift	Anrede
Vorsitzende/-r des Aufsichtsrats	
Herrn Vorname, Zuname Vorsitzender des Aufsichtsrats der/des ... (Name des Unternehmens)	Sehr geehrter Herr + Zuname
Vorstandsvorsitzende/-r	
Frau Vorname, Zuname Vorsitzende des Vorstandes der/des ... (Name des Unternehmens)	Sehr geehrte Frau + Zuname
Vorstandsmitglied	
Herrn Vorname, Zuname Vorstandsmitglied der/des ... (Name des Unternehmens) *oder:* Herrn Direktor Vorname, Zuname Vorstandsmitglied der/des ... (Name des Unternehmens)	Sehr geehrter Herr + Zuname *oder:* Sehr geehrter Herr Direktor + Zuname
Direktor/-in	
Frau Direktorin Vorname, Zuname	Sehr geehrte Frau Direktorin
Betriebsratsvorsitzende/-r	
Herrn Vorname, Zuname Betriebsratsvorsitzender	Sehr geehrter Herr + Zuname

Geschäftliche Korrespondenz

Allgemeine Bemerkungen

Im geschäftlichen Bereich ist man heute darum bemüht, klar und kundenfreundlich – d. h. weniger steif und floskelhaft – zu schreiben. Ein Brief lässt immer Rückschlüsse auf den Schreiber zu. Um also einen guten Eindruck zu machen, ist es wichtig, sich inhaltlich und sprachlich einwandfrei auszudrücken und in der Wortwahl zeitgemäß zu sein. Mängel in der Rechtschreibung und in der grammatikalischen Korrektheit könnten z. B. einen potenziellen Kunden negativ beeinflussen. Kundenfreundliches Schreiben

Was die Formalien und die Gestaltung eines Geschäftsbriefes angeht, so gilt hier eine strengere Normierung als im privaten Bereich. Genaue Angaben hierzu finden Sie im Kapitel »Das kleine 1×1 der geschäftlichen Korrespondenz« und in DIN 5008 – Schreib- und Gestaltungsregeln für die Textverarbeitung. Geschäftsbriefe werden heute – sofern die technischen Möglichkeiten es zulassen – häufig im Blocksatz erstellt.

Briefe von Privatkunden an Unternehmen

Sosehr sich Unternehmen um einen reibungslosen Service für ihre Kunden bemühen, kann es doch hin und wieder zu Pannen kommen. In manchen Fällen (z. B. bei der Post oder auf Bahnhöfen) bekommen Sie als Kunde Formulare, die Sie nur noch auszufüllen brauchen. Das erspart beiden Seiten Zeit: Sie müssen nicht umständlich einen Brief aufsetzen und die Bearbeiter sehen sofort, was Sie möchten, und haben alle zur Bearbeitung erforderlichen Unterlagen. Formular oder Brief?

In den meisten Fällen können Sie die Anträge und Aufträge auch frei formulieren. Auf den folgenden Seiten finden Sie Muster für häufiger vorkommende Fälle. Achten Sie bei Ihren Briefen auf genaue Postanschrift und exakte Angaben (Datum, Bearbeitungsnummern, Telefonnummern und Beträge)! Exakte Angaben sind wichtig!

Für individuelle Reklamationen oder Beschwerden gibt es keine Formulare oder Vordrucke – hier müssen Sie selbst zum Stift greifen beziehungsweise sich an Schreibmaschine oder PC setzen. Ein Tipp: Schrei- Individuelle Reklamationen ben Sie nicht im ersten, verständlichen Zorn, denn mit diesem Brief würden Sie Ihrem Herzen Luft machen, aber viel weniger bewirken als mit einem Brief in ruhigem, sachlichem Ton. Beschreiben Sie klar, was vorgefallen ist, und teilen Sie dem Empfänger mit, was Sie erwarten: Ihre Beschwerde oder Reklamation muss ein Ziel haben.

Reklamationen

Reklamationen und Beschwerden am besten schriftlich!

Sie haben entdeckt, dass ein Unternehmen einen Fehler gemacht hat, oder Sie sind der Meinung, ein Angestellter habe sich falsch verhalten. In beiden Fällen empfiehlt es sich, die Reklamation oder Beschwerde schriftlich vorzubringen. Dann haben Sie einen Beleg in der Hand und der andere muss auf jeden Fall auf Ihren Brief antworten.

Schildern Sie im ersten Teil Ihres Briefes genau den Sachverhalt und fügen Sie dann Ihre Wünsche oder Forderungen an. Unter Umständen können Sie noch mitteilen, was Sie tun werden, wenn der reklamierte Mangel nicht innerhalb einer bestimmten Frist abgestellt wird.

Auf den folgenden Seiten finden Sie Musterbriefe. Im ersten Brief wird eine zu hohe Telefonrechnung reklamiert, der zweite Brief enthält eine Beschwerde über das Verhalten einer Reinigungsangestellten. Wenn Ihnen der Betrag auf der Telefonrechnung zu hoch erscheint, begründen Sie dies – am besten mit einem Hinweis auf die Rechnungen der Vormonate oder die Rechnung des Vergleichsmonats im Vorjahr. Noch besser ist es, wenn Sie mithilfe eines Gebührenzählers die tatsächlichen Einheiten den berechneten Gebühren gegenüberstellen können.

Ulla Jakobsen   20.06.05
Lagerstraße 77
21442 Toppenstedt

Deutsche Telekom AG
Buchungsstelle
Hauptallee 10–14
21442 Toppenstedt

Rechnung Juni 2005 vom 17.06.05
Buchungskonto 923000091827

Sehr geehrte Damen und Herren,

vermutlich hat sich in die Junirechnung ein Fehler eingeschlichen. Sie haben 1456
Gebühreneinheiten berechnet. Das sind 987 Einheiten mehr als im Vormonat und sogar
1190 Einheiten mehr als im Juni des Vorjahres.

Durchschnittlich haben wir etwa 500 Einheiten im Monat. Bitte prüfen Sie die Rechnung
und überweisen Sie den irrtümlich abgebuchten Betrag auf unser Konto.

Vielen Dank.

Mit freundlichen Grüßen

Peter Maurer   13.05.05
Römerstr. 13
69126 Heidelberg

Reinigungen Müller GmbH
Czernyring 15
69115 Heidelberg

Beschwerde

Sehr geehrte Frau Müller,

seit über 10 Jahren bin ich Kunde Ihrer Reinigung in Heidelberg. Bisher bin ich von Ihren Angestellten immer gut betreut worden.

Am 10.05.05 um 11:45 Uhr, also kurz vor der Mittagspause, habe ich eine Hose abgegeben. Auf dem Heimweg fiel mir ein, dass ich einen wichtigen Zettel in der Hosentasche vergessen hatte. Als ich wieder beim Laden ankam, war es bereits nach 12 Uhr und die Eingangstür war geschlossen. Durch Klopfen machte ich mich bemerkbar, aber Frau Meurer, die sich im Geschäft aufhielt, machte keine Anstalten, die Tür noch einmal zu öffnen. Ich rief schließlich durch die geschlossene Tür, dass ich nur den Zettel zurückhaben wollte. Frau Meurer rief zurück: »Da können Sie lange klopfen!«

Ich musste bis 15 Uhr warten, um den Zettel zu erhalten. Ein Zeitverlust, den man leicht hätte vermeiden können.

Ihre Reinigungsfirma ist ein modernes Dienstleistungsunternehmen, das mit seiner Kundenfreundlichkeit wirbt – sollte da nicht auch der Umgang mit den Kunden entsprechend sein? Weisen Sie bitte Ihre Mitarbeiter darauf hin, dass es Situationen geben kann, in denen für das Image Ihres Unternehmens ein Entgegenkommen wichtiger ist als die genaue Einhaltung der Mittagspause.

Mit freundlichen Grüßen

Manfred Kühn   29.04.2005
Engelbertstraße 11
68309 Mannheim

Reisegepäckversicherung »Sorglos reisen«
Essener Straße 89
22419 Hamburg

Beschädigtes Gepäckstück

Sehr geehrte Damen und Herren,

bei meiner letzten Reise wurde ein Koffer so beschädigt, dass er unbrauchbar
geworden ist.

Leider konnte ich den Schaden bei der Übergabe nicht sofort feststellen, weil sich der Riss
an der Seite befindet. Vermutlich ist er durch einen scharfen Gegenstand verursacht
worden.

Der Koffer ist aus Leder und hat vor 3 Jahren 289,00 EUR gekostet. Eine Rechnungskopie
und eine Kopie des Gepäckscheins habe ich diesem Brief beigelegt.

Die Reise fand statt am 26.04.2005 mit dem ICE 77 von Mannheim nach Karlsruhe,
Abfahrtszeit 16:43 Uhr.

Ich bitte den entstandenen Schaden zu ersetzen.

Mit freundlichen Grüßen

Anlagen
Rechnungskopie
Gepäckschein

Liselotte Philander   05.05.2005
Marktplatz 56
44141 Dortmund

Stadtverkehr Dortmund SVD
Fundbüro
44137 Dortmund

Verlust eines Gepäckstückes

Sehr geehrte Damen und Herren,

bei meiner Fahrt am 30. April 2005 habe ich in einem Abteil
im vorderen Zugteil einen kleinen Koffer vergessen.

Reisebeginn: 08:39 Uhr in Dortmund (Stadthaus)
Reiseende: 09:08 Uhr in Dortmund (Schützenstraße)

Der Koffer ist aus dunkelbraunem Kunstleder und hat zwei Riemen mit Schnallen.
Er enthält Bücher und Fotokopien.

Falls er bei Ihnen abgegeben wurde, teilen Sie mir bitte mit, wo ich ihn abholen kann.
Die darin befindlichen Unterlagen sind für meine Arbeit sehr wichtig.

Vielen Dank.

Mit freundlichen Grüßen

Briefe an Versicherungen

Mit Versicherungen stehen viele Menschen in Briefkontakt, was nicht ungewöhnlich ist, da es genug Anlässe für Briefwechsel gibt. Der Anlass zum Schreiben kann u. a. eine kurze Änderungsmitteilung sein, z. B. bei Wohnungswechsel, Wechsel der Bankverbindung oder im Bezugsrecht. Oder man meldet seiner Hausratversicherung, der Haftpflichtversicherung usw. einen Schaden und bittet um Kostenerstattung. Schließlich gibt es auch Kündigungsschreiben an Versicherungen.

Beim Schriftverkehr mit Versicherungen ist es sehr wichtig, in der Betreffzeile immer die genaue Bezeichnung der Versicherung und die Versicherungsnummer zu nennen. Nur dann ist eine schnelle Zuordnung Ihres Briefes zu der zuständigen Sachbearbeiterin oder dem Sachbearbeiter möglich. Wenn Sie Ihre Sachbearbeiter kennen, sollten Sie sie in der Anschrift und der Anrede direkt nennen – so ist ein persönlicher Bezug möglich, der die Bearbeitung von Schadensfällen zwischen Versicherer und Versicherungsnehmer unter Umständen erleichtert.

Die Angabe der Versicherungsnummer ist wichtig.

Jutta und Heinz Leistner   25.02.2005
Im Reisig 10
07745 Jena

Securitas Versicherungs AG
Herrn Jost Meier
Lange Straße 17–19
81547 München

Haftpflichtversicherung W-1309-156
Schadensmeldung

Sehr geehrter Herr Meier,

gestern hat unser Sohn Matthias beim Ballspielen im Garten durch einen kräftigen
Ballschuss die rechte Glaswand des Gewächshauses unseres Nachbarn zerstört.
Dadurch ist nicht nur nachbarlicher Ärger, sondern auch ein erheblicher Sachschaden
entstanden, der sich nach einer ersten Schätzung auf etwa 750,00 EUR beläuft.

Bitte nehmen Sie diese Schadensmeldung auf. Sobald wir von unserem Nachbarn
die Reparaturrechnung erhalten, werden wir diese zur Erstattung an Sie weiterleiten.
Vielen Dank für Ihre Hilfe.

Mit freundlichen Grüßen

Sebastian Stocker   13.02.2005
Schillerstraße 55 a
66128 Saarbrücken

Bayerische Rentenanstalt
Versicherungs AG
Postfach 12 50
86152 Augsburg

Lebensversicherung 13/220536/LV
Änderungsmitteilung

Sehr geehrte Damen und Herren,

ich habe geheiratet und möchte aus diesem Grund das Bezugsrecht für meine
Lebensversicherung von meiner Schwester auf meine Frau übertragen.

Bitte nehmen Sie deshalb als Bezugsberechtigte im Todesfall Frau Eva Neuwald-Stocker,
geboren am 17.08.1968, auf.

Vielen Dank für Ihre Bemühungen.

Mit freundlichen Grüßen

Voranfrage

Wenn die Anfrage für den Interessenten sehr aufwendig ist oder wenn die Ausarbeitung des Angebots für den möglichen Anbieter sehr viel Arbeit macht, kann man zunächst eine Voranfrage an verschiedene Anbieter versenden. Damit wird geklärt, welche Anbieter bereit sind, ein Angebot auszuarbeiten.

Was sollte die Voranfrage enthalten?
- Anschrift
- Datum
- Anrede
- Erklärung, wie man auf den Anbieter aufmerksam geworden ist
- Vorstellung des eigenen Unternehmens
- Art und Umfang des bevorstehenden Auftrags
- Art der Ware oder Dienstleistung
- Terminplan: Angebotsabgabe, Liefertermin
- Frage, ob der Anbieter zur Angebotsabgabe bereit ist
- Termin, bis zu dem die Antwort vorliegen muss
- Gruß

Antwort auf Voranfrage

Beantworten Sie die Voranfrage so genau wie möglich.

Mit der Voranfrage klärt der Interessent, welche Anbieter für seine Problemlösung infrage kommen. Damit er sich ein klares Bild von Ihrer Leistungsfähigkeit machen kann, sollten Sie alle Fragen möglichst genau beantworten. Die Antwort auf eine Voranfrage ist Information und Selbstdarstellung zugleich. Gleichgültig, ob die Information positiv oder negativ ist – für einige Worte über das eigene Unternehmen, die Angebotspalette oder die Leistungsfähigkeit ist immer Platz.

Wichtig: Lassen Sie nichts Positives aus, auch wenn Sie den Eindruck haben, es sei nebensächlich, denn der Interessent bekommt viele Antworten auf seine Voranfrage und kann in den meisten Fällen nur auf der Grundlage dieser Briefe entscheiden.

In der folgenden Übersicht sind beide Fälle berücksichtigt: die Zusage und die Absage. Seien Sie in jedem Fall darauf bedacht, Ihre Leistungsbereitschaft und Ihr Interesse an der Zusammenarbeit zu bekunden.

Briefkopf (Form B nach DIN 676)

Feld für Postanschrift des Absenders

Ihr Zeichen:
Ihre Nachricht vom:
Unser Zeichen: Pd-Wa

MORAG CORPORATION
Gartenstraße 4
25776 Schlichting

Telefon: 069 1234-56
Telefax: 069 1234-78
E-Mail: petra.diemel@mueller.de

Datum: 28.05.2005

Voranfrage

Sehr geehrte Damen und Herren,

von einem Geschäftspartner erhielten wir eine Empfehlung für Ihr Unternehmen.
Deshalb bitten wir heute um Ihr Angebot für 12 PCs, die unsere veralteten Geräte
im Kundendienst ersetzen sollen.

Unsere Erwartungen:

– Netzwerklösung für alle PCs (mit DVD-Laufwerken)
– Datensicherungseinrichtung (Streamer)
– Farbbildschirme, 17"
– Laserdrucker
– modernes Betriebssystem mit bedienerfreundlicher Oberfläche
– Textverarbeitungssoftware

Die Schulung unserer Mitarbeiterinnen sollte der Lieferant ebenfalls übernehmen.
Auch hierzu erbitten wir Ihr Angebot.

Bitte geben Sie bei Interesse Ihr Angebot bis zum 10.06.2005 ab.
Für Rückfragen steht Ihnen Frau Weber (Tel. -125) gerne zur Verfügung.

Mit freundlichen Grüßen

Wenn Sie in der Absage nur schreiben: »Wir können zurzeit keine weiteren Aufträge annehmen«, dann ist die Aussicht auf eine zweite Voranfrage sehr gering. Bedauern Sie ausdrücklich, dass Sie in diesem Fall kein Angebot abgeben können, und erklären Sie Ihre Bereitschaft für die Zukunft.

Was sollte die Antwort auf eine Voranfrage enthalten?

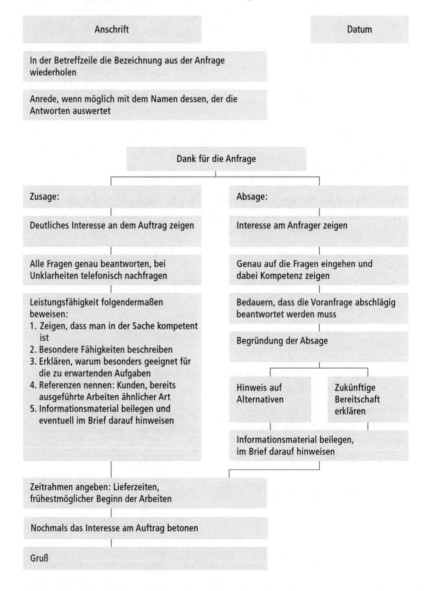

Anschrift   Datum

In der Betreffzeile die Bezeichnung aus der Anfrage wiederholen

Anrede, wenn möglich mit dem Namen dessen, der die Antworten auswertet

Dank für die Anfrage

Zusage:

Deutliches Interesse an dem Auftrag zeigen

Alle Fragen genau beantworten, bei Unklarheiten telefonisch nachfragen

Leistungsfähigkeit folgendermaßen beweisen:
1. Zeigen, dass man in der Sache kompetent ist
2. Besondere Fähigkeiten beschreiben
3. Erklären, warum besonders geeignet für die zu erwartenden Aufgaben
4. Referenzen nennen: Kunden, bereits ausgeführte Arbeiten ähnlicher Art
5. Informationsmaterial beilegen und eventuell im Brief darauf hinweisen

Absage:

Interesse am Anfrager zeigen

Genau auf die Fragen eingehen und dabei Kompetenz zeigen

Bedauern, dass die Voranfrage abschlägig beantwortet werden muss

Begründung der Absage

Hinweis auf Alternativen

Zukünftige Bereitschaft erklären

Informationsmaterial beilegen, im Brief darauf hinweisen

Zeitrahmen angeben: Lieferzeiten, frühestmöglicher Beginn der Arbeiten

Nochmals das Interesse am Auftrag betonen

Gruß

Briefkopf (Form B nach DIN 676)

Feld für Postanschrift des Absenders

Ihr Zeichen: Ga-Di
Ihre Nachricht vom: 12.06.2005
Unser Zeichen: Bo-Wa

Ratofex-Werke
Frau Galaer
Postfach 1 30
87534 Oberstaufen

Name: Horst Bormann
Telefon: 089 2357-148
Telefax: 089 2357-142
E-Mail: Horst.Bormann@skv.de

Datum: 20.06.2005

Ihre Voranfrage vom 12.06.2005

Sehr geehrte Frau Galaer,

für Ihr Interesse an unseren Produkten danken wir Ihnen. Unsere Leistungsfähigkeit
wird Sie bestimmt überzeugen – können wir mit unserer Angebotspalette doch genau
Ihre Anforderungen erfüllen.

Da wir in den nächsten zwei Monaten genügend Kapazitäten frei haben, können wir
Ihren Auftrag zuverlässig und schnell ausführen.

Unser Unternehmen nimmt, obwohl es erst seit 1998 besteht, bereits eine führende
Stellung in der Branche ein: Unsere Kunden schätzen uns wegen unserer Zuverlässigkeit
und Innovationskraft. Wesentliche Neuerungen auf dem Sektor wurden von uns
entwickelt.

Aufträge in einem Umfang, wie Sie ihn ankündigten, haben wir im vergangenen Jahr
mehrfach erfolgreich ausgeführt. Durch unsere neue Fertigungshalle ist eine noch
effektivere und kostengünstigere Fertigung möglich. Ein Vorteil, der uneingeschränkt
unseren Großkunden zugute kommt. Eine Referenzenliste haben wir Ihnen beigelegt.

Haben Sie Interesse an einer Zusammenarbeit? Dann erstellen wir gern unser Angebot
für Sie.

Mit freundlichen Grüßen

Briefkopf (Form B nach DIN 676)

Feld für Postanschrift des Absenders

Ihr Zeichen: sz-ki
Ihre Nachricht vom: 15.06.2005
Unser Zeichen: WB-TL

Hermann Weier & Co.
Herrn Ludger Schulz
Erasmusstraße 34–36
49843 Wielen

Telefon: 05948 9933-56
Telefax: 05948 9933-57
E-Mail: Walter.Baer@Glaserei-Hahn.de

Datum: 21.06.2005

Ihre Voranfrage vom 15.06.2005

Sehr geehrter Herr Schulz,

bevor wir ausführlich auf Ihre Voranfrage eingehen, danken wir Ihnen herzlich für Ihr Interesse. Wir sind gerne bereit, für Sie zu arbeiten.

Seit 6 Jahren stellen wir Verbundsicherheitsglas her. Die Qualität unseres Glases übertrifft sogar die Anforderungen der DIN EN 356 für die Widerstandskraft gegen Durchwurf, Durchbruch und Durchschuss.
Zudem ist es schallschluckend und durch den Wärmeschutz energiesparend.

Wir fertigen das Glas in jeder gewünschten Größe bis 4 × 4 Meter. Auf dem Bausektor haben wir uns mit rationellen, kostengünstigen und pfiffigen Lösungen für die Altbausanierung im privaten und gewerblichen Bereich einen Namen gemacht. Einige Fotos von ausgeführten Aufträgen der letzten Monate liegen diesem Brief bei. Sie sehen darin, dass gerade die individuellen Arbeiten unsere Spezialität sind.

Selbstverständlich können Sie die Sicherheitsgläser mit einer Alarmanlage verbinden: Drahteinlagen oder eingebrannte Schleifen, je nach Ihren Wünschen und den Gegebenheiten der Anlage, lösen den Alarm aus.

Bitte senden Sie uns Ihre detaillierte Anfrage – wir erstellen Ihnen umgehend ein interessantes Angebot.

Mit freundlichen Grüßen

Briefkopf (Form B nach DIN 676)

Feld für Postanschrift des Absenders

Klackler Werke KG
Herrn Bernd Schieferdecker
Humpertallee 300–310
63796 Kahl am Main

Ihr Zeichen:
Ihre Nachricht vom: 22.01.05
Unser Zeichen: Ro-Hn

Name: Peter Rost
Telefon: 069 7475-76
Telefax: 069 7475-77
E-Mail: Peter.Rost@Synthetics.de

Datum: 31.01.05

Ihre Voranfrage vom 22.01.2005

Sehr geehrter Herr Schieferdecker,

vielen Dank für Ihre Voranfrage. Die Ausweitung der Geschäftsbeziehungen mit Ihnen ist uns wichtig. Wir hätten Ihnen auch gerne ein Angebot über 1000 m^2 Kunstrasen erstellt, aber wir arbeiten mit unserem bisherigen Lieferanten nicht mehr zusammen, weil die Güte des Materials nicht mehr unseren Vorstellungen entspricht.

Sie sind von uns gute Qualität gewohnt und aus diesem Grund könnten wir es nicht verantworten, Sie mit einem weniger strapazierfähigen Produkt zu beliefern. Wir stehen jedoch bereits in Verhandlung mit einem anderen Anbieter.

Sobald die Materialprüfung und die Preisgespräche abgeschlossen sind – Termin ist voraussichtlich Frühjahr 2005 – und die Ergebnisse positiv sind, stehen wir Ihnen für Aufträge gerne wieder zur Verfügung.

Vielleicht hören wir schon bald von Ihnen?

Mit freundlichen Grüßen

Anfrage

Anfragen versendet man, um Angebote zu erhalten und auf dieser Grundlage aus einer großen Zahl von Anbietern einige geeignete auszuwählen. Zu unterscheiden ist zwischen allgemeinen Anfragen und bestimmten Anfragen.

Allgemeine Anfrage

Mit der allgemeinen Anfrage verschafft man sich einen ersten Überblick über die Waren oder Leistungen des Anbieters: Man bittet um Prospekte, Kataloge oder Vertreterbesuch.

Was sollte die allgemeine Anfrage enthalten?
- Anschrift
- Datum
- [In der Betreffzeile:] *Anfrage*
- Anrede
- Information, wie man auf diesen Anbieter aufmerksam geworden ist
- Bitte um Katalog/Prospekte/Informationsmaterial, Preisliste, Preisstaffel, Verkaufs- und Lieferbedingungen, d.h. die vollständigen Verkaufsunterlagen
- Hinweis auf längerfristige Zusammenarbeit
- Dank im Voraus
- Gruß

Bestimmte Anfrage

Mit der bestimmten Anfrage informiert man sich über eine bestimmte Ware oder Dienstleistung. Um möglichst genaue und somit vergleichbare Angebote zu erhalten, muss man die Anfrage sorgfältig formulieren.

Was sollte eine bestimmte Anfrage enthalten?
- Anschrift
- Datum
- [In der Betreffzeile:] *Angebotsanforderung*
- Anrede
- Information, wie man auf diesen Anbieter aufmerksam geworden ist
- Aufforderung zum Angebot
- Genaue Bezeichnung der gewünschten Ware (zum Beispiel Menge, Qualität, Farbe) oder Dienstleistung (zum Beispiel Umfang, Termin, Qualität); Termin, bis zu dem man das Angebot haben möchte

- Bitte um Nennung der Verkaufs- und Lieferbedingungen und um Zusendung der vollständigen Verkaufsunterlagen
- Angabe, bis wann man die Ware oder Dienstleistung benötigt
- Hinweis auf längerfristige Zusammenarbeit
- Dank im Voraus
- Gruß

Diese Punkte können Sie zusätzlich in die Anfrage aufnehmen:
- Preise von Verbrauchsmaterial und Ersatzteilen erbitten
- Frage nach Verpackungsart und -kosten
- Frage nach der Wartung
- Hinweis auf künftigen Bedarf
- Referenzen und weitere Informationen über den Anbieter erbitten

Briefkopf (Form B nach DIN 676)

Feld für Postanschrift des Absenders

WINCO WERKZEUGE GmbH
Uhlandstraße 170
91438 Bad Windsheim

Ihr Zeichen, Ihre Nachricht vom	Unser Zeichen, unsere Nachricht vom	Telefon, Name 0911 7372-	Datum
	Ra-Wd	711 Petra Ranost	2005-06-06

Anfrage Werkzeugkästen

Sehr geehrte Damen und Herren,

durch Ihre Anzeige im »Werkmarkt«, Ausgabe 6/12, sind wir auf Ihr Unternehmen aufmerksam geworden.

Bitte schicken Sie uns den Katalog und die Preisliste Ihres Sortiments einschließlich Verkaufs- und Lieferbedingungen. Außerdem benötigen wir den (Staffel-)Preis für Abnahmemengen von 1.000, 3.000 und 5.000 Stück, alternativ den Preis für einen Abrufauftrag für 5.000 Stück bei einer Mindestabrufmenge von 500 Stück.

Mit freundlichen Grüßen

Briefkopf (Form B nach DIN 676)

Feld für Postanschrift des Absenders

Ihr Zeichen:
Ihre Nachricht vom:
Unser Zeichen: Ki-We

Hansen Data
Computer-Service
Karolingerstraße 49
51465 Bergisch Gladbach

Bearbeiter: Herr Kinzig
Telefon: 02204 765-321
Telefax: 02204 765-320

Datum: 2005-07-02

Angebotsanforderung

Sehr geehrte Damen und Herren,

wir bitten um ein Angebot für einen PC mit folgenden technischen Daten:

- Pentium-4-Prozessor
- 512 MB Arbeitsspeicher
- 80 GB Festplatte
- 3-D-Grafikkarte
- DVD-Brenner
- DVD-Laufwerk
- ISDN-Karte
- Maus
- 17"-Bildschirm

Geben Sie uns bitte Ihre Lieferzeit, die Gewährleistung und Ihre Zahlungsbedingungen
an. Wie lange halten Sie sich an das Angebot gebunden?

Bitte senden Sie Ihr Angebot – mit Verkaufs- und Lieferbedingungen –
bis zum 01.08.2005.

Vielen Dank im Voraus.

Mit freundlichen Grüßen

Angebot

Ein Angebot kann unaufgefordert an einen (möglichen) Kunden geschickt werden, es kann aber auch auf Anfrage erstellt sein. Deshalb unterscheidet man zwischen nicht angeforderten (sog. Blindangeboten) und angeforderten Angeboten.

Es gibt keine Vorschriften, in welcher Form das Angebot erstellt werden muss, aber es ist sinnvoll, sich nach einem inhaltlichen Konzept zu richten, damit man nichts Wichtiges vergisst: Das Angebot auf Anfrage soll genau auf die Fragen des Kunden eingehen, das Blindangebot muss so genau und umfassend sein, dass der Kunde nicht weitere Informationen einholen muss.

Was soll das Angebot enthalten?

- In der Betreffzeile Datum und Nummer des Angebots
  (nur bei angeforderten Angeboten und auch dann nur, wenn es sich um einen größeren Geschäftsumfang handelt)
- Dank für das Interesse (bei angeforderten Angeboten)/ein interessanter Einleitungssatz, der zum Weiterlesen reizt (bei Blindangeboten – bitte lesen Sie dazu auch unter »Der Werbebrief« nach)
- Genaue Angaben über Art, Beschaffenheit, Güte, Menge und Preis (inkl./exkl. MwSt.) der Ware oder Dienstleistung
- Befristung des Angebots
  Abhängig von der Form des Angebots (Brief, Fax, E-Mail) kann der Anbieter eine Antwort innerhalb üblicher Fristen erwarten. Das Angebot kann auch zeitlich begrenzt werden (*An dieses Angebot fühlen wir uns bis zum ... gebunden*).
- Einschränkung des Angebots
  Ein Angebot ohne Einschränkung bindet den Anbieter voll. Einschränken kann er es mit den Worten *unverbindlich, freibleibend* oder *ohne Obligo*. Eine andere Möglichkeit ist die ausdrückliche Einschränkung einzelner Angebotsteile.
- Erfüllungsort (z. B. *ab Werk*) und Transportkosten (z. B. *frei Haus, zzgl. Versand*)
- Verkaufs- und Lieferbedingungen
  Hinweis auf die umseitigen/beiliegenden Bedingungen
- Gegebenenfalls Hinweis auf besonders wichtige Teile in der Anlage (z. B. auf die bestimmte Seite in einem beiliegenden Prospekt)

Briefkopf (Form B nach DIN 676)

Feld für Postanschrift des Absenders

Le Fromage
Herrn Julien Lefèvre
Marktstraße 4
54570 Densborn

Ihr Zeichen, Ihre Nachricht vom	Unser Zeichen, unsere Nachricht vom	Telefon, Name 0251 8765-	Datum
	DA-GD	432, Dorit Amann	2005-07-01

Angebot 375 für Ladeneinrichtung und Lagersysteme

Sehr geehrter Herr Lefèvre,

wie telefonisch angekündigt, erhalten Sie heute unser Angebot für:

2 Verkaufstheken »Visa«, je 3 m lang mit Glasvitrine
und Kühlmaschine gemäß unserem Prospekt   8.300,00 EUR

4 Lagerregale Typ 230, 5 × 2,30 m
mit je 7 Einlegeböden   2.600,00 EUR

                                                      10.900,00 EUR

Alle Preise zuzüglich Mehrwertsteuer. Lieferung frei Haus.
Dieses Angebot gilt bis zum 01.09.2005.

Wir liefern ab der 37. Kalenderwoche 2005.

Zahlung innerhalb von 14 Tagen: 2 % Skonto, innerhalb von 30 Tagen
ohne Abzug.

Bitte beachten Sie auch unsere Verkaufs- und Lieferbedingungen,
die wir Ihnen beifügen.

Mit freundlichen Grüßen

Briefkopf (Form B nach DIN 676)

Feld für Postanschrift des Absenders
_____

Ihr Zeichen: ber-lb
Ihre Nachricht vom: 03.03.2005
Unser Zeichen: Stp-Kun

AUTOHAUS BERMERING
Herrn Gert Bermering
Rathausplatz 33 a
01824 Rathen

Bearbeiter: Klaus Stapelt
Telefon: 0351 7895-426
Telefax: 0351 7895-555

Datum: 08.03.2005

Ihre Anfrage vom 03.03.2005
Angebot Nr. AN-9432

Sehr geehrter Herr Bermering,

vielen Dank für Ihre Anfrage. Sie haben Recht: Als Hersteller hochwertiger Trennwände, Stellwände und Verkaufsregale sind wir auf die Einrichtung von Präsentationsräumen spezialisiert. Für Ihr Umbauvorhaben eignet sich unsere Systemwand DEMOTEKEL besonders gut.

DEMOTEKEL ist aufgrund eines ausgetüftelten Rastersystems äußerst variabel: Ob als reine Trennwand oder mit integrierten Regal- und Schrankelementen – immer passt sich das System genau Ihren Wünschen an. Wir haben dieses Angebot exakt nach Ihren Zeichnungen erstellt.
Sie sehen daran, dass die Umsetzung auch komplizierter Pläne kein Problem ist.

Auf der Grundlage unserer beiliegenden Verkaufs- und Lieferbedingungen bieten wir Ihnen freibleibend zur Lieferung ab 01.04.2005 an:

Seite 2

5,74 × 3,50 m Trennwand, schalldämmend,
Spanplatten, unlackiert, einschließlich
Stützen und Kabelrohren gemäß Elektroplan,
ohne Montage   4.800,00 EUR

2 Regalwände je 2,50 × 3,50 m, lackier-
fertige Oberfläche, je Regal 5 Böden
und 2 Prospektböden gemäß Zeichnung,
ohne Montage   5.300,00 EUR

Alle Preise zuzüglich Mehrwertsteuer.

Dieses Angebot ist gültig bis zum 31.05.2005.

Lieferung: frei Haus innerhalb von 14 Tagen nach Auftragseingang.
Zahlung: innerhalb von 20 Tagen nach Lieferung ohne Abzug oder
innerhalb von 10 Tagen abzüglich 2 % Skonto.

Bei Rückfragen steht Ihnen unser Herr Bergner (Tel. -475) gerne zur Verfügung.

Mit freundlichen Grüßen

Anlagen
2 Prospekte

Bestellung

Bestellungen dürfen nicht missverständlich sein. Nur so kann man späteren Meinungsverschiedenheiten vorbeugen.

Was sollte die Bestellung enthalten?

- In der Betreffzeile steht »Auftrag über…« und eine genaue Angabe, worauf sich die Bestellung bezieht (Angebot vom …, Anzeige in …, Vertreterbesuch).
- Anrede
- Dank für Angebot oder Informationsmaterial
- Bestellsatz: »Wir bestellen … gemäß … (s. o. unter Betreff)«
- Genaue Warenbezeichnung (Bestellnummer, Name des Produktes, Artikelnummer, Größe, Gewicht, Farbe, Qualität)
- Genaue Angabe von Menge, Packungseinheiten, Verpackung
- Angabe des Preises
- Angaben zur Lieferzeit (Termine, Abruf, Teillieferung): Wenn sich die Bestellung auf ein Angebot bezieht und der Besteller die Verkaufs- und Lieferbedingungen des Verkäufers ohne Änderung akzeptiert, dann genügt die Angabe von Menge und Preis.
- Gruß

Briefkopf (Form B nach DIN 676)

Feld für Postanschrift des Absenders

Ihr Zeichen: Do-La
Ihre Nachricht vom: 2005-03-08
Unser Zeichen: IH-AA

Inge Hansweiler
Computerservice
Bismarckstraße 33
08352 Langenburg

Bearbeiter: Frau Simonis
Telefon: 01097 3344-555
Telefax: 01097 3344-777
E-Mail: simonis@seibert.com

Datum: 2005-03-12

Auftrag über 1 Notebook
Ihr Angebot vom 08.03.2005

Sehr geehrte Frau Hansweiler,

wir bestellen:

1 Notebook Merkur 2004 XLS einschließlich
– Pentium-4-Prozessor mit 1,6 GHz
– 512 MHz RAM
– 30 GB Festplatte
– Disketten-, CD-ROM- und DVD-Laufwerk
– TET-Aktiv-Matrix-Bildschirm, 15", 1024 × 768 Punkte
– 56-KB-Modem
– austauschbarem 12-Zellen-Li-Ion-Akku
– 3-D-Grafikkarte
– Software: Betriebssystem »Porta XL« und Text- und
  Datenverarbeitungsprogramm Büro plus 2004   1999,00 EUR

Als Zubehör:
– 2-Tasten-Maus   50,00 EUR

                                                          2049,00 EUR

Alle Preise inklusive 16 % Mehrwertsteuer.

Mit freundlichen Grüßen

Kaufvertrag

Was muss ein Kaufvertrag enthalten?

Formulieren Sie
den Kaufvertrag
so genau wie
möglich!

Je genauer ein Kaufvertrag formuliert wird, desto sicherer ist man vor unangenehmen Überraschungen. Genau – das heißt vor allem vollständig: Alle wesentlichen Bestandteile müssen im Kaufvertrag enthalten sein. Die folgende Übersicht erleichtert Ihnen den Aufbau des Vertrages:

- Name und Anschrift des Verkäufers und des Käufers
- Das Wort »Kaufvertrag« am Anfang des Textes
- Gegenstand des Vertrages
- Beschaffenheit des Vertragsgegenstandes
  (zum Beispiel »wie besichtigt und Probe gefahren«)
- Anzahl der verkauften Gegenstände
- Preis (Einzelpreis, Gesamtpreis, gesetzliche Mehrwertsteuer)
- Rabatt
- Verpackungskosten
- Lieferbedingungen
- Liefertermin
- Zahlungsbedingungen (wann, welche Skonti)
- Garantie
- Eigentumsvorbehalt
- Erfüllungsort
- Gerichtsstand
- Datum des Vertragsabschlusses

Kaufvertrag

Käufer
Herbert Schnatenberg, Grabenstraße 12, 55469 Bergenhausen

Verkäufer
Viktor Vandenboom GmbH, Münsterstraße 45, 55469 Bergenhausen

Kaufgegenstand und Preis
1 gebrauchter Personalcomputer, Bezeichnung KO-1100, mit Pentium-III-Prozessor, 733 MHz, 128 MB Arbeitsspeicher, 20 GB Festplatte, HD-Disketten- und CD-ROM-Laufwerk, 17"-Bildschirm, Tastatur, Maus, Netzwerkkarte, USB zum Preis von 560,00 EUR (fünfhundertsechzig). In diesem Betrag sind 77,24 EUR Mehrwertsteuer enthalten.

Lieferbedingungen und Liefertermin
Der Käufer erhält die Ware frei Haus am 19.08.2005.

Zahlungsbedingungen
Zahlung 30 Tage nach Rechnungserhalt ohne Abzug oder
Zahlung 14 Tage nach Rechnungserhalt abzüglich 2 % Skonto vom Gesamtwert (inkl. MwSt.). Die Ware bleibt bis zur vollständigen Bezahlung Eigentum des Verkäufers.

Gewährleistung
Der Verkäufer garantiert die mängelfreie Qualität der Ware und übernimmt die Gewährleistung für 6 Monate ab Rechnungsdatum. Bei Mängeln ist die Ware mit Kopie der Rechnung einzusenden. Eine Mängelbeschreibung ist beizulegen.

Erfüllungsort und Gefahrenübergang sind die Räume des Käufers, der Gerichtsstand ist für beide Teile Bergenhausen.

Ort: Bergenhausen
Datum: 02.08.2005

_____   _____
(Unterschrift des Verkäufers)   (Unterschrift des Käufers)

Zwischenbescheid

Wann und warum ein Zwischenbescheid sinnvoll ist.

Ein Zwischenbescheid ist immer dann sinnvoll, wenn abzusehen ist, dass die Bearbeitung eines Vorganges längere Zeit in Anspruch nehmen wird und man den Geschäftspartner nicht so lange warten lassen will. Ein Zwischenbescheid ist nicht unbedingt erforderlich, aber es ist eine Frage der Höflichkeit und der Pflege der guten Geschäftsbeziehungen, einen solchen Zwischenbescheid zu versenden.

Neben der Kontaktpflege haben Zwischenbescheide eine vorbeugende Funktion: Man vermeidet Kundenanfragen über den Stand der Angelegenheit. Außerdem wird man aktiv und zeigt dem Kunden so, dass man auf guten Service Wert legt.

Man versendet einen Zwischenbescheid auf
- Voranfragen
- Anfragen
- Angebote
- Bestellungen
- Reklamationen
- Bewerbungen

Was sollte der Zwischenbescheid enthalten?
- Angabe, worauf sich der Zwischenbescheid bezieht
- Dank für Anfrage/Bestellung/Bewerbung/Hinweise usw.
- Grund für die längere Bearbeitungszeit, zum Beispiel große Nachfrage, genaue Prüfung, Einhaltung von Fristen, Urlaubszeit
- Bitte um Verständnis
- Termin, bis zu dem der Empfänger die Antwort erhält

Briefkopf (Form B nach DIN 676)

Feld für Postanschrift des Absenders

Ihr Zeichen:
Ihre Nachricht vom: 25.06.2005
Unser Zeichen:

Herrn
Herbert Schulz
Kirchhofstr. 60
56767 Höchstberg

Bearbeiter: Gabriele Thomas
Telefon: 0511 3728-535
Telefax: 0511 3728-500
E-Mail: info@wasserwelt.de

Datum: 30.06.2005

Ihre Anfrage vom 25.06.2005

Sehr geehrter Herr Schulz,

vielen Dank für Ihr Interesse an unseren Tauchfiltern. Auf der Gartenfachmesse
hat sich gezeigt, dass die Nachfrage nach unserem neuen Modell 600 sehr groß ist.

Da wir Ihre Anfrage so ausführlich wie möglich beantworten wollen, bitten wir Sie
noch um einige Tage Zeit. Bitte haben Sie dafür Verständnis – wir geben Ihnen
so schnell wie möglich alle Informationen. Vielen Dank.

Mit freundlichen Grüßen

Briefkopf (Form B nach DIN 676)

Feld für Postanschrift des Absenders

Ihr Zeichen: pa-ko
Ihre Nachricht vom: 18.06.2005
Unser Zeichen: kl-de

Günther Rademacher GmbH
Herrn Ralf Paulsmühlen
Postfach 24 24
78199 Bräunlingen

Bearbeiter: Klaus Liebherr
Telefon: 0711 6538-259
Telefax: 0711 6538-513
E-Mail: Klaus.Liebherr@Sonne.com

Datum: 23.06.2005

Ihr Angebot vom 18.06.2005

Sehr geehrter Herr Paulsmühlen,

vielen Dank für die schnelle Ausarbeitung des Angebotes.

Die Frist zur Abgabe der Angebote haben wir bis zum 30.06.2005 gesetzt. Deshalb können wir die Angebote aller Bewerber erst nach Ablauf dieses Termins bearbeiten.

Bitte haben Sie Verständnis dafür, dass wir Ihnen frühestens Mitte Juli über das Ergebnis Bescheid geben können. Vielen Dank.

Mit freundlichen Grüßen

Annahme von Bestellungen

In folgenden Fällen empfiehlt es sich besonders, auf eine Bestellung eine Bestellungsannahme – auch Auftragsbestätigung genannt – zu versenden:

Wann Sie eine Auftragsbestätigung versenden sollten.

1. Die Bearbeitung des Auftrages dauert länger.
2. Der Kunde wünscht die Lieferung erst nach Ablauf einer längeren Frist.
3. Der Kunde hat ausdrücklich um eine Auftragsbestätigung gebeten.
4. Der Kunde hat seine Bestellung nicht schriftlich übermittelt, sondern mündlich.
5. Bei freibleibenden Angeboten wird die Bestellung erst durch die Bestellungsannahme verbindlich.

Was muss die Bestellungsannahme enthalten?
- In der Betreffzeile steht das Datum der Bestellung
- Dank für die Bestellung
- Ausführung der Bestellung für den gewünschten Zeitraum und Zusicherung des Umfangs
- Bezeichnung (Name, Artikelnummer) der bestellten Ware, Preise, Mengen, Größen
- Liefertermin[e]
- Mitteilung, auf welcher Grundlage die Lieferung erfolgt

Briefkopf (Form B nach DIN 676)

Feld für Postanschrift des Absenders

Ihr Zeichen:
Ihre Nachricht vom:
Unser Zeichen: St-Wi

Herrn
Georg Sankenfeld
Eichenweg 34
54533 Bettenfeld

Bearbeiter: Hans-Harald Stetten
Telefon: 06531 1020-456
Telefax: 06531 1020-500
E-Mail: Service@Moebelhaus-Ernst.de

Datum: 2005-06-03

Ihre Bestellung vom 28.05.2005
Polstergarnitur »Flandern«

Sehr geehrter Herr Sankenfeld,

wir danken Ihnen für Ihre Bestellung und bestätigen diese wie folgt:

1 Polstergarnitur »Flandern«:
– 2 Sessel mit Armlehnen links und rechts, auf Rollen
– 1 Sofa zweisitzig, 140 cm breit
– 1 Sofa dreisitzig, 170 cm breit

Bezugsstoff aller Teile: »Flora« beige EUR 13,
Mischgewebe 50 % Baumwolle, 50 % Acryl

Preis komplett inkl. 16 % MwSt.:   2389,00 EUR

Der volle Rechnungsbetrag ohne Abzug wird fällig 14 Tage nach Eingang der Rechnung bei Ihnen. Die Ware bleibt bis zur vollständigen Bezahlung unser Eigentum.

Die Garnitur wird in der 30. Kalenderwoche 2005 geliefert.
Den genauen Liefertermin nennen wir Ihnen drei Tage im Voraus.
Die Lieferung einschließlich Aufstellung in Ihrer Wohnung erfolgt für Sie kostenfrei.
Bitte sorgen Sie am Anliefertag für ausreichend Platz am Aufstellungsort. Vielen Dank!

Mit freundlichen Grüßen

Briefkopf (Form B nach DIN 676)

Feld für Postanschrift des Absenders

Ihr Zeichen: Ra-Ze

Ihre Nachricht vom: 2005-05-12

Unser Zeichen: Ta-Wt

Herrn
Peter Rabin
Hummelsterstraße 4
79365 Rheinhausen

Bearbeiter: Frau Tauchert

Telefon: 07643 6543-221

Telefax: 07643 6543-222

E-Mail: Auslieferung@Technico.de

Datum: 2005-05-20

Ihre Bestellung vom 12.05.2005

Sehr geehrter Herr Rabin,

vielen Dank für Ihre Bestellung des Tischkopierers:

Kopierstar GTX-3000
inklusive E-30-Toner für 4000 Seiten: 719,00 EUR
16 % MwSt.:   115,04 EUR

                                                                 834,04 EUR

Liefertermin ist voraussichtlich der 25.05.2005 vormittags.
Die Lieferung erfolgt frei Haus.

Zum Lieferumfang gehört der funktionsfähige Anschluss des Kopierers
und die Einweisung in die Bedienung durch unseren Techniker.
Bitte vergleichen Sie darüber hinaus unsere beigefügten Verkaufs-
und Lieferbedingungen.

Mit freundlichen Grüßen

Anlage

Ablehnung von Bestellungen

Hin und wieder kommt es vor, dass eine Bestellung nicht ausgeführt werden muss, zum Beispiel wenn ohne vorheriges Angebot bestellt worden ist, wenn das Angebot unverbindlich war oder wenn die Bindungsfrist des Angebotes abgelaufen ist. Wichtig: Bestellungen, die auf ein verbindliches, persönliches Angebot hin vorgenommen wurden, dürfen nicht abgelehnt werden.

Was sollte die Bestellungsablehnung enthalten?
- In der Betreffzeile steht das Datum der Bestellung
- Gegenstand der Bestellung mit genauer Bezeichnung
- Bedauern, dass der Auftrag nicht ausgeführt werden kann
- Begründung der Ablehnung
- Hinweis auf andere Möglichkeiten: Ersatzware, Katalog, Prospekt
- Oder: neues Angebot und Bitte um Bestätigung des Auftrags

Briefkopf (Form B nach DIN 676)

Feld für Postanschrift des Absenders

Ihr Zeichen: PK-TL
Ihre Nachricht vom: 2005-06-14
Unser Zeichen: gls-rs

Eisenwaren Giesen & Co.
Herrn Paul Kaiser
Hohestraße 56
42477 Radevormwald

Bearbeiter: Gerd Lautenschläger
Telefon: 02104 4369-255
Telefax: 02104 4369-258

Datum: 2005-06-19

Ihr Auftrag vom 14.06.2005

Sehr geehrter Herr Kaiser,

Ihre Bestellung über 200 Bohrkopfsortimente können wir leider zu diesen Bedingungen nicht ausführen. Unser Angebot vom 02.06.2005 sieht 10 % Rabatt bei Abnahme von 250 Sortimenten vor. 200 Sortimente mit 15 % Rabatt lässt unser enger Kalkulationsrahmen leider nicht zu.

Unser äußerstes Angebot sind 250 Sortimente mit 15 % Rabatt. Alle anderen Konditionen bleiben davon unberührt. Dürfen wir liefern? Wir bitten um Ihre Bestätigung.

Mit freundlichen Grüßen

Briefkopf (Form B nach DIN 676)

Frau
Ilka von Verkoien
Heiligenstraße 80
55130 Mainz

Telefax 06131 6867-	E-Mail
655	Helga.Werner@LWK.de

Ihr Zeichen, Ihre Nachricht vom	Unser Zeichen, unsere Nachricht vom	Telefon, Name 06131 8273-	Datum
IvV 2005-07-18	Hw-Bl 2005-07-01	74 Helga Werner	2005-07-19

Ihre Bestellung vom 18.07.2005

Sehr geehrte Frau von Verkoien,

wir hätten Ihren Auftrag gerne ausgeführt, aber leider sind wir an
unser unverbindliches Angebot vom 01.07.2005 nicht mehr gebunden.

Alternativ zu den Ledertaschen »Berlina« und »Munic« haben wir
günstigere Spaltledertaschen in gleicher Optik, jedoch ohne
Umhängegurt. Diese Taschen bieten wir Ihnen zu 25,00 EUR das Stück.
Bei einer Abnahme von 10 Taschen erhalten Sie 10% Rabatt.

Wir dürfen bei dieser Gelegenheit auf den beiliegenden Prospekt
(Seite 4 und 5) verweisen: Die Taschen »Colonia« und »Brigitte« haben
zurzeit hohe Abverkäufe, denn der Preis stimmt!

Wir freuen uns auf Ihre Bestellung.

Mit freundlichen Grüßen

Anlage
1 Prospekt

Widerruf von Bestellungen

Bestellungen kann man noch in letzter Minute widerrufen. Voraussetzung für die Wirksamkeit eines Widerrufes ist allerdings, dass er vor oder gleichzeitig mit der Bestellung beim Lieferanten eintrifft.

Für den Widerruf bieten sich Eilzustellung, Telegramm oder Telefax an. Auch der telefonische Widerruf ist möglich, in diesem Fall sollte man aber unbedingt einen schriftlichen Widerruf nachsenden oder sich den Widerruf schriftlich bestätigen lassen. Empfehlenswert ist es, sich den Namen des Gesprächspartners geben zu lassen und sich im schriftlichen Widerruf auf diesen zu beziehen.

Im schriftlichen Widerruf einer Bestellung sollten Sie
- (in der Betreffzeile) Datum und Nummer Ihrer Bestellung nennen,
- erklären, dass Sie die Bestellung widerrufen möchten,
- Ihr Bedauern ausdrücken, dass Sie die Bestellung widerrufen müssen,
- um Verständnis bitten,
- um eine schriftliche Bestätigung des Widerrufs bitten.

Haben Sie Ihre Bestellung bereits telefonisch widerrufen, sollten Sie im schriftlichen Widerruf
- (in der Betreffzeile) das Datum und die Nummer Ihrer Bestellung nennen,
- auf Ihren telefonischen Widerruf Bezug nehmen,
- Ihr Bedauern ausdrücken, dass Sie die Bestellung widerrufen müssen,
- für die Annahme des Widerrufs danken,
- um eine schriftliche Bestätigung bitten.

Briefkopf (Form B nach DIN 676)

Feld für Postanschrift des Absenders

Knappgen OHG
Brehmsstraße 67
82349 Pentenried

Ihr Zeichen:
Ihre Nachricht vom:
Unser Zeichen: Mü-Du
Unsere Nachricht vom: 2005-06-22

Bearbeiter: Frau Müller
Telefon: 089 3987-417
Telefax: 089 3987-581
E-Mail: Petra.Müller@Brandt.com

Datum: 2005-06-23

Unsere Bestellung vom 22.06.2005
Auftrag Nr. 4/12 über Adressaufkleber und Fensterumschläge

Sehr geehrte Damen und Herren,

eben habe ich Ihren Mitarbeiter, Herrn Reußer, telefonisch darüber informiert,
dass wir die o. g. Bestellung stornieren müssen.
Wir haben von ihm die Zusage erhalten, dass die Bestellung aufgehoben ist.
Ihr Entgegenkommen ist sehr freundlich – vielen Dank.

Bitte bestätigen Sie mir die Aufhebung noch schriftlich.

Mit freundlichen Grüßen

Briefkopf (Form B nach DIN 676)

Feld für Postanschrift des Absenders

Ihr Zeichen:
Ihre Nachricht vom:
Unser Zeichen: Mü-Du

Knappgen OHG
Brehmsstraße 67
82349 Pentenried

Unsere Nachricht vom: 22.06.2005

Bearbeiter: Frau Müller
Telefon: 089 3987-417
Telefax: 089 3987-581
E-Mail: Petra.Müller@Brandt.com

Datum: 23.06.2005

Unsere Bestellung vom 22.06.2005
Auftrag Nr. 4/12 über Adressaufkleber und Fensterumschläge

Sehr geehrte Damen und Herren,

mit gleicher Post trifft heute bei Ihnen eine Bestellung von mir ein:

Pos. 1: 2 Pakete Adressaufkleber Nr. 34/a zu je 19,60 EUR
Pos. 2: 3 Kartons Fensterumschläge DIN lang zu je 13,20 EUR

Mit diesem Schreiben widerrufe ich die Bestellung, da mein Kunde heute
seine Bestellung zurückgezogen hat.

Bitte haben Sie Verständnis für diese Situation. Schon jetzt vielen Dank
für Ihre schriftliche Bestätigung.

Mit freundlichen Grüßen

Versandanzeige

Wann sind
Versandanzeigen
üblich?

Mit der Versandanzeige bestätigt der Lieferant, dass er die Ware an den Kunden abgesandt hat oder dass sie zu einem bestimmten Zeitpunkt abgesandt wird. Dies ist üblich

- bei Sendungen in größeren Mengen,
- bei Sendungen, die in mehreren Teilen verschickt werden,
- wenn mit der Sendung nur ein Teil der gesamten bestellten Ware verschickt wird (Teillieferungen oder Abrufbestellungen),
- wenn ein spezieller Versandweg mitgeteilt werden soll,
- wenn der Kunde ausdrücklich darum gebeten hat.

Eine Versandanzeige enthält in der Regel folgende Angaben:
- In der Betreffzeile: das Datum der Bestellung des Kunden und Angaben über die gelieferte Ware
- Genaue Warenbezeichnung mit Artikelnummer
- Anzahl und Bezeichnung der Teile, die zum genannten Termin geliefert werden
- Termin der Lieferung
- Versandweg
- Eventuell Angaben zur Versicherung der Ware
- Rechnung: getrennt oder mit der Lieferung

Briefkopf (Form B nach DIN 676)

HANSA MÖBELCENTER
Frau Karoline Winter
Westring 90
26452 Sande

Telefax
04421 1234-
567

Ihr Zeichen, Ihre Nachricht vom	Unser Zeichen, unsere Nachricht vom	Telefon, Name 06131 8273-	Datum
kw 2005-03-14	HP-CK 2005-03-16	566	2005-03-24

Ihre Bestellung vom 14.03.2005

Sehr geehrte Frau Winter,

nochmals herzlichen Dank für Ihren Auftrag.

Wie vereinbart, haben wir heute die bestellten Polstergarnituren per Spedition
an Sie versandt:

3 Garnituren »Rotunda«, Stoff »Gran Sasso«,
bestehend aus je einem Sofa 1,45 m,
einem Sofa 2,00 m und zwei Sesselelementen

Die Garnituren werden durch die Spedition SEC, Hausmannallee 2, 25575 Beringstedt,
am 29.03.2005 angeliefert. Die mit gleichem Auftrag bestellten 4 Esstische »Hanseat«
mit je 6 Stühlen werden am 05.04.2005 an Sie abgehen.

Mit freundlichen Grüßen

Briefkopf (Form B nach DIN 676)

Feld für Postanschrift des Absenders
_____

Ihr Zeichen:
Ihre Nachricht vom: 28.05.2005
Unser Zeichen: Ei-Zo

Sigrid Lühr   Unser Nachricht vom:
Hankenhof 75
87490 Haldenwang   Bearbeiter: Frau Eisenhardt
                                        Telefon: 089 35363-377
                                        Telefax: 089 35363-388

                                        Datum: 02.06.2005

Ihre Bestellung vom 28.05.2005

Sehr geehrte Frau Lühr,

vielen Dank für Ihren Auftrag.

Die bestellten 4 Bücherregale werden am 20.06.2005 vormittags bei Ihnen eintreffen.
Es handelt sich um 2 Kartons zu je 27 kg. Die Lieferung erfolgt durch unseren Spediteur.

Die Montage und die Aufstellung der Regale sind im Kaufpreis nicht enthalten.

Mit freundlichen Grüßen

Lieferverzug

Ein Lieferverzug liegt dann vor, wenn der Lieferant einen Liefertermin nicht einhält. Wichtig ist, dass dieser Liefertermin eindeutig zu bestimmen ist. Ist er nicht eindeutig bestimmt, so tritt der Verzug ein, wenn der Kunde schriftlich oder mündlich mahnt. Die schriftliche Form empfiehlt sich wegen der Beweiskraft.

Mahnung wegen Lieferverzug

In der Mahnung setzt der Kunde eine Nachfrist. Diese Frist kann je nach Warenart und Branche unterschiedlich lang sein. Zu berücksichtigen ist die vorher vereinbarte Lieferzeit: War sie kurz, kann auch die Nachfrist kurz bemessen werden. Weiter sollten die Postlaufzeit der Mahnung und der Transportweg der Ware in die Frist einbezogen werden.

Welche Punkte sollten in einem Hinweis auf Lieferverzug nicht fehlen?
- In der Betreffzeile: Datum der Bestellung, Nummer der Bestellung, genaue Bezeichnung der bestellten Waren, Artikelnummer, Datum der Auftragsbestätigung,
- der vereinbarte Liefertermin,
- die Mitteilung, dass die Ware bisher nicht eingetroffen ist,
- der Hinweis auf die Folgen, die der Lieferverzug für den Kunden hat,
- eine angemessene Nachfrist setzen, bis zu der die Lieferung spätestens zu erfolgen hat,
- die Ankündigung von Konsequenzen, falls innerhalb der Nachfrist nicht geliefert wird:
  - *entweder:* dass Sie vom Kaufvertrag nach Ablauf der Nachfrist zurücktreten
  - *oder:* dass Sie auf der Lieferung bestehen und Schadenersatz wegen verspäteter Lieferung verlangen werden.

Briefkopf (Form B nach DIN 676)

Feld für Postanschrift des Absenders

Ihr Zeichen: Schn-Ro
Ihre Nachricht vom: 06.06.2005
Unser Zeichen: PC-DO

Gebr. Schneider GmbH
Herrn Schneider
Zeppelinallee 70–72
99330 Gräfenroda

Bearbeiter: Herr Carstens
Telefon: 0361 9876-543
Telefax: 0361 9876-544
E-Mail: Paul.Carstens@Schuett.com

Datum: 14.06.2005

Unsere Bestellung vom 31.05.2005 über PVC-Rohre
Auftragsbestätigung zum 06.06.2005

Sehr geehrter Herr Schneider,

seit dem 06.06.2005 warten wir auf Ihre Lieferung der bestellten PVC-Rohre Nr. 234/A.

Unsere Lagerbestände sind aufgebraucht, sodass auch wir in Lieferverzug geraten.
Bitte schicken Sie uns die Ware bis zum 24.06.2005. Wenn Sie diesen Termin nicht
einhalten, treten wir von unserem Auftrag zurück.

Mit freundlichen Grüßen

Briefkopf (Form B nach DIN 676)

Gert Humpert & Söhne
Frau Elisabeth Kallmeyer
Vandergrafstraße 32
55127 Mainz

Telefax
06131 2233-
438

| Ihr Zeichen, Ihre Nachricht vom | Unser Zeichen, unsere Nachricht vom | Telefon, Name
06131 8273- | Datum |
|---|---|---|---|
| Ka 2005-05-10 | Jö 2005-05-02 | 430 | 2005-05-24 |

Unsere Bestellung von 10 Nachrüstkatalysatoren A/34
Datum der Bestellung: 02.05.2005
Ihre Auftragsbestätigung vom 10.05.2005

Sehr geehrte Frau Kallmeyer,

in Ihrer Auftragsbestätigung haben Sie als Liefertermin den 20.05.2005 angegeben.
Inzwischen ist dieser Termin um vier Tage überschritten und die Katalysatoren sind noch
nicht eingetroffen.

Wir setzen Ihnen eine Nachfrist bis zum 06.06.2005. Sollten die Katalysatoren bis dahin
nicht eintreffen, dann werden wir von Ihnen Schadenersatz verlangen.

Sicher liegt Ihnen genauso wie uns daran, dass unsere Geschäftsbeziehungen durch den
Lieferverzug nicht unnötig belastet werden.

Mit freundlichen Grüßen

Briefkopf (Form B nach DIN 676)

Feld für Postanschrift des Absenders

Ihr Zeichen: Pa-Fe
Ihre Nachricht vom: 23.03.2005
Unser Zeichen: akm-rf

Kurt Schneider GmbH
Herrn Toni Paulsen
Rebenweg 4
71384 Weinstadt

Bearbeiter: Herr Patschke
Telefon: 0711 88765-432
Telefax: 0711 88765-431
E-Mail: Klaus.Patschke@GLZ.com

Datum: 25.04.2005

Unsere Bestellung vom 18.03.2005
5 Kartons 1994er Michelstaler Spätlese

Sehr geehrter Herr Paulsen,

am 23.03.2005 haben Sie unseren Auftrag schriftlich bestätigt und die Lieferung
der 5 Kartons Spätlese für den 05.04.2005 zugesichert.

Wir haben Ihnen schriftlich am 11.04.2005 eine Nachfrist zur Lieferung bis zum
20.04.2005 gesetzt. Die Ware ist bis heute nicht bei uns eingetroffen.

Da uns wegen des Lieferverzugs erhebliche Nachteile entstanden sind,
treten wir von unserer Bestellung zurück.

Mit freundlichen Grüßen

Reklamation

Reklamationen, im Geschäftsleben und im Gesetz als Mängelrügen bezeichnet, werden dann nötig, wenn einer der Geschäftspartner mit einer Leistung oder Lieferung des anderen nicht einverstanden ist.

Wegen der Beweiskraft empfiehlt sich eine schriftliche Reklamation.

Der Mangel kann schriftlich oder mündlich mitgeteilt werden. Die schriftliche Form empfiehlt sich jedoch wegen der Beweiskraft: Kommt es später zum Rechtsstreit, so hat man aussagefähige Unterlagen zur Hand.

Was sollte eine Reklamation enthalten?

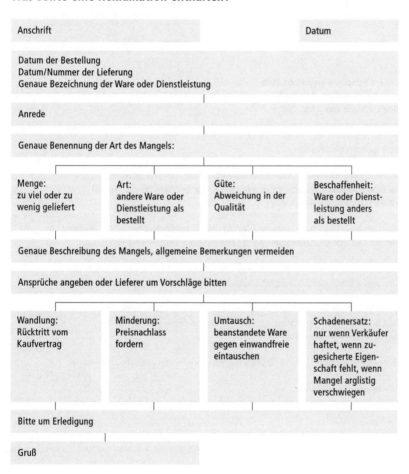

Anschrift   Datum

Datum der Bestellung
Datum/Nummer der Lieferung
Genaue Bezeichnung der Ware oder Dienstleistung

Anrede

Genaue Benennung der Art des Mangels:

| Menge:
zu viel oder zu
wenig geliefert | Art:
andere Ware oder
Dienstleistung als
bestellt | Güte:
Abweichung in der
Qualität | Beschaffenheit:
Ware oder Dienst-
leistung anders
als bestellt |

Genaue Beschreibung des Mangels, allgemeine Bemerkungen vermeiden

Ansprüche angeben oder Lieferer um Vorschläge bitten

| Wandlung:
Rücktritt vom
Kaufvertrag | Minderung:
Preisnachlass
fordern | Umtausch:
beanstandete Ware
gegen einwandfreie
eintauschen | Schadenersatz:
nur wenn Verkäufer
haftet, wenn zu-
gesicherte Eigen-
schaft fehlt, wenn
Mangel arglistig
verschwiegen |

Bitte um Erledigung

Gruß

Briefkopf (Form B nach DIN 676)

Feld für Postanschrift des Absenders

Ihr Zeichen: Wö
Ihre Nachricht vom: 08.02.2005
Unser Zeichen: wlt-rv

Herrn
Johannes Wöhner
Gartencenter
Dahlienweg 90–94
08538 Burgstein

Name: Herr Larsen
Telefon: 03741 9876-554
Telefax: 03741 9876-555
E-Mail: Klaus.Larsen@Walter.com

Datum: 10.02.2005

Unsere Bestellung vom 18.01.2005
über Rosenstöcke und Umtöpfe
Ihre Lieferung vom 08.02.2005

Sehr geehrter Herr Wöhner,

leider müssen wir zwei Positionen aus Ihrer letzten Lieferung reklamieren.
Im einen Fall haben Sie nicht die gewünschte Menge geliefert, im anderen Fall
ist die Ware nicht einwandfrei.

Statt der bestellten 20 Rosenstöcke »Graf Baudeck«, Katalognummer 130/3, erhielten
wir nur 16 Stück. Der Lieferschein weist 16 Stück aus, berechnet sind 20 Stück.

Die 4 Umtöpfe für Blumenkübel, Katalognummer 420/1, Farbe 12, kamen beschädigt an.
Drei sind an mehreren Stellen gesprungen, am vierten sind Ecken abgebrochen.

Unser Vorschlag: Sie liefern uns 4 unbeschädigte Umtöpfe 420/1, Farbe 12,
und die fehlenden 4 Rosenstöcke. Ihr Fahrer kann bei dieser Gelegenheit die
beschädigten Umtöpfe mitnehmen.

Bitte teilen Sie uns bis zum 14.02.2005 mit, wann wir mit der Ware rechnen können.

Mit freundlichen Grüßen

Briefkopf (Form B nach DIN 676)

Feld für Postanschrift des Absenders

Ihr Zeichen: Gb-Ba
Ihre Nachricht vom: 26.04.2005
Unser Zeichen: da-wei

WENCO Werkzeugfabrik
Herrn Gebhardt   Bearbeiter: Frau Dahlmann
Holsteinstraße 45 a   Telefon: 0421 61524-33
27412 Bülstedt   Telefax: 0421 61524-30

Datum: 29.04.2005

Unsere Bestellung vom 14.04.2005 über Werkzeugkästen
Lieferscheinnummer 12 45-7

Sehr geehrter Herr Gebhardt,

mit einem Teil Ihrer Lieferung vom 26.04.2005 sind wir nicht zufrieden. Wir hatten
unter Position 3 zwei Werkzeugkästen Typ »Elektrostar« bestellt. Der Inhalt beider
Kästen ist falsch zusammengestellt und außerdem sind die Scharniere der Kästen nicht
voll funktionsfähig.

Der Inhalt der beiden Kästen entspricht dem Typ »Autostar«. Wenn Sie uns preislich
entgegenkommen, sind wir bereit diese Kästen zu behalten und das fehlende Werkzeug
aus eigenem Bestand zu ergänzen.

Die Scharniere am Klappmechanismus der Kästen sind verbogen, an zwei Stellen des
einen Kastens fehlen die Verbindungsnieten. Bitte liefern Sie uns für die Kästen bis zum
06.05.2005 Ersatz. Die defekten Kästen stehen zu Ihrer Verfügung.

Mit freundlichen Grüßen

Briefkopf (Form B nach DIN 676)

Feld für Postanschrift des Absenders

Ihr Zeichen:
Ihre Nachricht vom: 02.06.2005
Unser Zeichen: Obh-Kk

COMPUDAT
Herrn Ernst Kilander
Poststraße 12
76437 Rastatt

Bearbeiter: Herr Oberhofer
Telefon: 07222 5432-111
Telefax: 07222 5432-110

Datum: 03.06.2005

Unsere Bestellung vom 23.05.2005 über Diskettenkästen
Ihre Lieferung vom 02.06.2005

Sehr geehrter Herr Kilander,

die Eingangsprüfung Ihrer Lieferung von 10 Diskettenkästen 34-2 ergab folgende
Mängel: An 8 Kästen sind an der Oberfläche Farbstreifen zu sehen, die nur durch
intensives Reinigen zu beseitigen sind.

Wir sind bereit, diese Kästen zu behalten, wenn Sie uns einen entsprechenden
Preisnachlass einräumen.

0,60 EUR Abzug je Kasten halten wir für angemessen. Wenn Sie damit einverstanden
sind, senden Sie uns bitte eine neue Rechnung über 45,90 EUR inkl. Mehrwertsteuer
bis zum 09.06.2005.

Mit freundlichen Grüßen

Antwort auf Reklamation

Auf eine Reklamation kann man auf dreierlei Weise eingehen:

1. Die Reklamation wird als berechtigt angesehen. Die Forderung des Kunden wird erfüllt: Wandlung, Minderung, Ersatzlieferung oder Schadenersatz.
2. Die Reklamation wird als teilweise berechtigt angesehen. Man macht einen Gegenvorschlag zur Bereinigung der Angelegenheit.
3. Die Reklamation wird als nicht berechtigt angesehen. Sie wird entweder zurückgewiesen oder aber aus anderen Gründen – zum Beispiel wegen übergeordneter geschäftlicher oder persönlicher Interessen – anerkannt.

Bedenken Sie bei Ihrer Antwort bereits die Reaktion des Kunden!

Bedenken Sie bei Ihrer Antwort: Wie wird der Kunde reagieren? Wird er zustimmen oder widersprechen und was kann ich dann tun? Wenn Sie die Kundenreaktionen vorher durchdenken, sparen Sie sich später weiteren Schriftwechsel und manchen Ärger.

In der Antwort auf eine Reklamation sollten Sie

- (in der Betreffzeile) angeben, auf welche Lieferung sich die Reklamation bezieht,
- das Datum der Reklamation anführen,
- die Punkte nennen, in denen man mit dem Kunden übereinstimmt,
- wiederholen, um welchen Mangel es sich nach Ansicht des Kunden handelt,
- sachlich zu der Reklamation Stellung nehmen,
- auf den Wunsch des Kunden eingehen oder eine andere Lösung vorschlagen.

Zehn Punkte, die Ihre Antwort auf eine Reklamation überzeugender machen:

1. Sachliche Äußerungen: Zeigen Sie dem Kunden, dass Sie seine Reklamation ernst nehmen. Wiederholen Sie den Inhalt der Reklamation mit Ihren Worten. Gehen Sie nicht auf unsachliche Vorwürfe ein. Wenn sich das nicht vermeiden lässt, dann wiederholen Sie diese Vorwürfe wenigstens nicht.

Lassen Sie sich nicht durch unsachliche Vorwürfe provozieren!

2. Signalisieren Sie Verständnis für die Situation des Kunden. Vermeiden Sie deshalb Ironie und Spott.
3. Betonen Sie, dass es sich um einen Einzelfall handelt. Erinnern Sie an die guten Geschäftsbeziehungen. Oft steht am Anfang einer Rekla-

mation: »Ich war bisher immer sehr zufrieden mit Ihren Produkten.« Dieses Lob sollte man mit Dank aufgreifen – damit hat man einen positiven Briefanfang und schafft Gemeinsamkeit.

Geben Sie Fehler offen zu!

4. Hat der Kunde eine ganze Reihe von Reklamationen, dann ist es nicht immer sinnvoll, auf alle Punkte nacheinander einzugehen. Setzen Sie die Punkte, in denen Sie mit dem Kunden übereinstimmen, an den Anfang Ihres Briefes.

5. Eröffnen Sie dem Kunden die Möglichkeit, ohne Gesichtsverlust seine Meinung zu der Reklamation zu ändern. Es geht nicht darum, dass er auf Ihre Antwort zur Reklamation sagt: »Ja, ich bin im Unrecht und die anderen im Recht«, sondern: »Im Grunde stimmt es, was ich gesagt habe, aber unter diesem Aspekt habe ich die Sache noch nicht gesehen.«

6. Vermeiden Sie deutliche Belehrungen dieser Art: »Sie sollten wissen, dass…«, »Sogar Ihnen dürfte bekannt sein, dass …«, »Ist Ihnen, als langjährigem Bezieher der …, tatsächlich unbekannt, dass …?«

7. Sprechen Sie die Sprache des Kunden. Man kann mit Fachwissen argumentieren, ohne den Kunden zu überfordern. Er soll nicht das Gefühl haben, fachlich unterlegen zu sein.

8. Versuchen Sie, ein falsches Verhalten des Kunden – zum Beispiel fehlerhafte Behandlung der Ware – allgemein zu erklären. Man kann Vorwürfe auch indirekt ausdrücken.

9. Bedenken Sie schon beim Schreiben die Reaktion des Kunden: Wie wird er diesen Brief aufnehmen, was wird er tun? Fragen Sie sich: »Wie würde ich auf diesen Brief reagieren?«

10. Prüfen Sie, was Ihnen in diesem Fall wichtiger ist: Recht haben oder den Kunden behalten?

Briefkopf (Form B nach DIN 676)

Feld für Postanschrift des Absenders

Ihr Zeichen: Si-Wei
Ihre Nachricht vom: 2005-07-05
Unser Zeichen: Be-Mü

Elektrofachgeschäft
Gabel & Schnee
Herrn Thomas Singer
Schulstraße 40–42
39606 Flessau

Bearbeiter: Frau Bergmann
Telefon: 0391 95437-2
Telefax: 0391 95437-6
E-Mail: Service@CPLU.com

Datum: 2005-07-05

Ihre Reklamation vom 05.07.2005

Sehr geehrter Herr Singer,

haben Sie herzlichen Dank für Ihre offenen Worte.

Aus unseren langjährigen Geschäftsbeziehungen wissen Sie, dass zufriedene Kunden
für uns mehr zählen als schnelle Umsätze. Deshalb ist es für uns wichtig zu erfahren,
wenn einmal etwas nicht so gelaufen ist, wie wir es wünschen.

Inzwischen konnten wir den Sachverhalt prüfen. Wir haben festgestellt, dass irrtümlich
Ware, die an den Hersteller zurückgehen sollte, wieder an das Lager gelangt ist.
Die defekten Schalter hätten wir auf keinen Fall an Sie verschicken dürfen.
Wir bedauern das Versehen sehr.

Selbstverständlich nehmen wir die Schalter zurück und Sie erhalten umgehend
25 einwandfreie zum Nettopreis von 1,50 EUR/Stück. Sind Sie damit einverstanden?
Dann geben Sie uns bitte kurz Bescheid. Vielen Dank.

Mit freundlichen Grüßen

Briefkopf (Form B nach DIN 676)

Feld für Postanschrift des Absenders

Ihr Zeichen:
Ihre Nachricht vom: 25.04.2005
Unser Zeichen: Rdf-Kr

Frau   Unsere Nachricht vom:
Lisa Kranzer
Am Rathausplatz 23   Bearbeiter: Frau Rudolf
55592 Breitenheim   Telefon: 06753 2275-389
                                              Telefax: 06753 2275-400

                                              Datum: 28.04.2005

Malerarbeiten in Ihrer Wohnung
Ihre Reklamation vom 25.04.2005

Sehr geehrte Frau Kranzer,

es tut mir leid, dass die Arbeiten in Ihrem Wohnzimmer nicht zu Ihrer Zufriedenheit
ausgefallen sind.

Die Rücksprache mit Herrn Geiser, der die Arbeiten ausgeführt hat, hat ergeben,
dass der Lack für die Türen irrtümlich einen anderen Farbton hat und außerdem nicht
seidenmatt, sondern hochglänzend ist. Wie der Fehler entstanden ist, lässt sich nicht
mehr feststellen.

Wir planen, in der nächsten Woche die Türen neu zu lackieren. Wegen des genauen
Termins rufe ich Sie am kommenden Montag an.

Der Lösungsmittelgeruch der Heizkörper ist leider nicht zu vermeiden. Ich empfehle
Ihnen, die Heizung kurze Zeit – etwa 2 Stunden – voll aufzudrehen und dabei die
Fenster zu öffnen. Dann trocknet der Lack ganz durch und der Geruch verschwindet.

Mit freundlichen Grüßen

Briefkopf (Form B nach DIN 676)

Feld für Postanschrift des Absenders

Ihr Zeichen:
Ihre Nachricht vom: 29.03.2005
Unser Zeichen: Ho-Pi

Frau
Lore Schauland
Lagerstraße 23
41066 Mönchengladbach

Unsere Nachricht vom:

Bearbeiter: Werner Meister
Telefon: 02161 3742-47
Telefax: 02161 3742-40

Datum: 29.04.2005

Ihr Auftrag vom 29.03.2005 über drei Tischtücher Art.-Nr. 44
Ihre Reklamation vom 15.04.2005

Sehr geehrte Frau Schauland,

die angekündigte Rücksendung haben wir am 22.04.2005 erhalten.
Vielen Dank.

Inzwischen haben wir die Tischtücher geprüft und festgestellt, dass sie stellenweise
tatsächlich Verfärbungen aufweisen.

Die Verantwortung für diese Verfärbung müssen wir allerdings zurückweisen.
Wir haben festgestellt, dass die Tischtücher bereits gewaschen worden sind, und haben
allen Grund anzunehmen, dass die Verfärbungen bei der Wäsche entstanden sind –
mutmaßlich durch ausfärbende Stoffe, die mit in die Maschine gelangt waren.

Sie verstehen, dass wir die Ware unter diesen Umständen nicht zurücknehmen können.
Noch heute senden wir Ihnen die Tischtücher zurück. Das Porto übernehmen wir.

Mit freundlichen Grüßen

Briefkopf (Form B nach DIN 676)

Feld für Postanschrift des Absenders

Herrn
Alfons Sandenfeld
Im Loch 3
29361 Höfer

Ihr Zeichen: Sfd 371
Ihre Nachricht vom: 2005-06-15
Unser Zeichen: Scht-Bä
Unsere Nachricht vom:

Bearbeiter: Frau Hannelore Schmidt
Telefon: 069 7862-653
Telefax: 069 7862-655
E-Mail: Vertrieb@Calendarium.com

Datum: 2005-06-24

Ihre Bestellung: 20 Kalender »Mistral«
Unsere Lieferung vom 15.06.2005
Ihr Schreiben vom 20.06.2005

Sehr geehrter Herr Sandenfeld,

Ihre Verärgerung über die Qualität unserer Kalender verstehen wir gut: Sie haben
hochwertige Farbdrucke erwartet und waren bereit, dafür einen höheren Preis zu zahlen.
Als Sie dann die Kalender mit den Fehldrucken erhielten, waren Sie zu Recht enttäuscht.

Bitte glauben Sie uns, dass es nicht unsere Absicht ist, gute Kunden durch schlechte
Qualität zu verlieren. Die Drucke, die Sie erhalten haben, sind irrtümlich ausgeliefert
worden. Selbstverständlich erhalten Sie umgehend 20 einwandfreie Kalender.

Entschuldigen Sie bitte das Versehen.

Mit freundlichen Grüßen

PS: Haben Sie schon unseren neuen Katalog gesehen?
    Wir legen Ihnen ein Exemplar zum Blättern und Ideensammeln bei.

Mahnung

Zunächst erinnert man neutral an die Zahlung des Betrages. Dies ist die Zahlungserinnerung; sie kann auch einfach eine Kopie der Rechnung sein. Reagiert der Kunde nicht, so folgen die Mahnungen: Je nach Langmut des Lieferers und der Wichtigkeit des Kunden mahnt man unterschiedlich oft; rechtlich genügt allerdings eine einzige wirksame Mahnung. Manche Firmen schreiben 4 bis 5 Mahnbriefe, bevor sie die Angelegenheit einem Anwalt übergeben. Die folgenden Vorschläge für den Aufbau von Mahnungen sind allgemein gehalten. Auch für den Ton in Mahnungen gibt es keine generellen Regeln. Er hängt sehr von der Beziehung zwischen den Geschäftspartnern ab.

Was sollte die Zahlungserinnerung enthalten?
- Bezeichnung der gelieferten Ware oder der Dienstleistung
- Dank für Bestellung oder Kauf
- Freundliche Erinnerung mit Datum der Rechnung

Die 1. Mahnung sollte enthalten:
- (In der Betreffzeile) die Bezeichnung der gelieferten Ware oder der Dienstleistung
- Dank für Bestellung oder für Kauf
- Datum der Zahlungserinnerung, Datum der Rechnung, Fälligkeitstermin
- Freundliche, aber bestimmte Aufforderung zur Zahlung (die Bestimmtheit der Formulierungen sollte noch steigerungsfähig sein)
- Termin, bis zu dem das Geld eintreffen oder dem Konto gutgeschrieben sein soll

1. Mahnung

Die weiteren Mahnungen sollten enthalten:
- (In der Betreffzeile) 2. (usw.) Mahnung
- Datum der letzten Mahnung oder Daten aller Mahnungen, Datum der Rechnung, Fälligkeitstermin
- Bestimmte und zugleich sachliche Aufforderung zur Zahlung
- Hinweis auf Beantragung des Mahnbescheides, auf den Gerichtsweg oder auf die Rechtsabteilung
- Termin, bis zu dem das Geld eintreffen oder dem Konto gutgeschrieben sein soll

Mahnungen

Vermeiden Sie moralisierende Vorwürfe. Sagen Sie klipp und klar, was passiert, wenn der Kunde nicht zahlt. Dann können Sie auch auf Formulierungen verzichten wie: »Wir sehen uns gezwungen ...« oder »... zwingen Sie uns, gerichtliche Schritte einzuleiten«.

Briefkopf (Form B nach DIN 676)

Feld für Postanschrift des Absenders

	Ihr Zeichen:
	Ihre Nachricht vom:
	Unser Zeichen: Schu-Hö
Klaus Kaiser OHG	Unsere Nachricht vom: 2005-01-09
Herrn Kaiser	
Hammurabiring 35	Bearbeiter: Herr Schuster
92369 Sengenthal	Telefon: 09181 2638-2
	Telefax: 09181 2638-5
	E-Mail: Jan.Schuster@Buerowelt.de

Datum: 2005-02-12

Lieferung 5 Bürostühle »Komfort«
vom 08.01.2005

Sehr geehrter Herr Kaiser,

wir haben Ihnen unsere Bürostühle »Komfort« gerne geliefert, weil wir sicher sind, dass Ihre Mitarbeiter darauf gut sitzen und deshalb zufrieden sein werden.

Ebenso gerne würden wir nun die Begleichung der noch offenen Rechnung vom 09.01.2005 über 1385,00 EUR inkl. MwSt. sehen. Dürfen wir Sie freundlich daran erinnern? Oder sind Sie vielleicht mit der gelieferten Ware unzufrieden? Dann ist unsere Frau Martin (Tel. -319) gerne zu einem Gespräch mit Ihnen bereit.

Mit freundlichen Grüßen

Briefkopf (Form B nach DIN 676)

Feld für Postanschrift des Absenders

Ihr Zeichen:

Ihre Nachricht vom:

Unser Zeichen: ka

Frau
Petra Schliefen
Merkurallee 75
31029 Banteln

Bearbeiter: Frau Kalb

Telefon: 05121 6655-4

Telefax: 05121 6655-3

E-Mail: Ilona.Kalb@Fahrrad-Reiss.de

Datum: 28.03.2005

Mahnung

Sehr geehrte Frau Schliefen,

das Trekkingrad »Stadt & Land« haben Sie am 29.12.2004 von uns pünktlich erhalten. In den vergangenen Monaten haben wir Sie bereits mehrfach an die Begleichung der Rechnung vom 30.12.2004 erinnert, die bis zum 15.01.2005 zahlbar war. Seither befinden Sie sich in Zahlungsverzug.

Sie werden verstehen, dass auch unsere Geduld einmal am Ende ist. Sollte der Betrag von 598,00 EUR inkl. MwSt. nicht bis zum 24.04.2005 bei uns eintreffen, werden wir den Rechtsweg gehen.

Mit freundlichen Grüßen

Bestätigung des Zahlungseingangs

Die Bestätigung von Zahlungseingängen ist in besonderen Fällen erforderlich – zum Beispiel, wenn der Kunde ausdrücklich darum bittet oder wenn wegen gleich lautender Beträge Missverständnisse entstehen könnten.

Was sollte die Zahlungsbestätigung enthalten?

- Betrag, der gezahlt wurde
- Datum der Zahlung und Rechnungsnummer
- Zahlungsart (zum Beispiel Überweisung oder Scheck)
- Anlass für die Zahlung (Auftrag, Kaufvertrag, Aufforderung)
- Bestätigung, dass der Betrag vollständig gezahlt wurde

Briefkopf (Form B nach DIN 676)

Feld für Postanschrift des Absenders

Herrn
Carsten Labode
Mercatorstraße 129
49408 Lingen

Ihr Zeichen, Ihre Nachricht vom	Unser Zeichen, unsere Nachricht vom	Telefon, Name 05461 439- 61 Peter Kurz	Datum 15.03.2005

Auftrag Nr. 21/79 vom 15.02.2005
Unsere Rechnung Nr. 1305 vom 04.03.2005

Sehr geehrter Herr Labode,

Sie hatten im Telefongespräch am 10.03.2005 um eine Zahlungsbestätigung gebeten.
Diesem Wunsch kommen wir selbstverständlich gern nach:

Mit Überweisung vom 04.03.2005 erhielten wir 1.357,00 EUR.
Dieser Beitrag enthält 177 EUR Mehrwertsteuer.

Mit freundlichen Grüßen

Briefkopf (Form B nach DIN 676)

Feld für Postanschrift des Absenders

Ihr Zeichen: R./kj
Ihre Nachricht vom: 20.05.2005
Unser Zeichen: Pa-Ri

Geschwister Sager KG
Frau Kathrin Roloff
Industriestraße 34
88339 Bad Waldsee

Bearbeiter: Frau Sabine Paulsen
Telefon: 089 4865-376
Telefax: 089 4865-300

Datum: 03.06.2005

Zahlungsbestätigung
Ihr Schreiben vom 20.05.2005

Sehr geehrte Frau Roloff,

durch Ihre Überweisung von 130,00 EUR am 18.05.2005 haben Sie unsere Forderung
aus der Rechnung A/321 vom 12.05.2005 für
20 gelieferte Glasbildträger 13 × 18 cm vollständig beglichen.

Mit freundlichen Grüßen

Briefe an Bewerber

Absagen an Bewerber

Es ist sicher nicht angenehm, einem Bewerber, der sich Mühe mit der Zusammenstellung seiner Unterlagen gemacht hat, eine Absage zu erteilen. Manche Unternehmen drücken sich deshalb um diese unangenehme Aufgabe. Sie antworten entweder gar nicht oder schicken allen Bewerbern das gleiche fotokopierte Schreiben.

Oft steht darin der Standardsatz: »*Wir bedauern, Ihnen heute absagen zu müssen, und wünschen Ihnen für den weiteren Lebensweg alles Gute.*« Kein Verständnis, kein bisschen Ermunterung, keine persönlichen Absagegründe.

Sicher wäre es zu viel Aufwand, 200 oder mehr Bewerbern individuelle Absagen zu schicken. Im Computer lassen sich aber einige Absagebriefe mit verschiedenen Informationen einfach formulieren, in die man alle individuellen Daten nachträglich einsetzt. Hier einige Beispiele für den Inhalt dieser Briefe:

Machen Sie sich die Mühe, eine Absage zu schreiben, die dem Bewerber einen Grund für die Absage nennt!

Möglichkeit 1

- Dank für die ausführliche/übersichtliche/ansprechende Bewerbung aussprechen
- Hinweis geben auf die vielen Bewerbungen, die auf die Stellenanzeige eingegangen sind
- Grund für die lange Bearbeitungszeit nennen: Auswahl war wegen der gleichen Qualifikation der Bewerber schwierig
- Dem Bewerber mitteilen, dass er zwar in die engere Wahl gekommen ist, aber die Wahl schließlich auf einen anderen fiel
- Unterlagen mit diesem Brief zurück
- Ermutigung: sicher bei der nächsten Bewerbung Erfolg

Begründung: viele Bewerber mit gleicher Qualifikation

Möglichkeit 2

- Dank für die ausführliche/übersichtliche/ansprechende Bewerbung aussprechen
- Dem Bewerber mitteilen, dass er den Anforderungen der ausgeschriebenen Stelle voll entsprach, aber seine Gehaltsvorstellungen über den Etat für diese Stelle hinausgehen
- Mut machen: Bestimmt wird eine Bewerbung bei einem größeren Unternehmen erfolgreich sein
- Unterlagen mit diesem Brief zurück

Begründung: Gehaltsvorstellungen gehen über den Etat der Stelle hinaus.

Begründung:
Einer der
Bewerber
verfügt bereits
über einschlägige
Erfahrungen.

Möglichkeit 3

- Dank für die ausführliche/übersichtliche/ansprechende Bewerbung aussprechen
- Dem Bewerber erklären, dass es mehrere Interessenten mit hoher Qualifikation gab, einer von ihnen jedoch bereits über einschlägige Erfahrungen im ausgeschriebenen Arbeitsbereich verfügt
- Wertschätzung zeigen: Sie hätten den Bewerber gerne kennen gelernt, aber die Stelle kann leider nur einmal besetzt werden
- Um Verständnis bitten
- Unterlagen mit diesem Brief zurück
- Erfolg wünschen

Briefkopf (Form B nach DIN 676)

Feld für Postanschrift des Absenders

Ihr Zeichen:
Ihre Nachricht vom: 2005-05-30
Unser Zeichen: bi-so

Herrn
Günther Denkern
Hellweg 28
85095 Denkendorf

Telefon: 08421 3542-415
Telefax: 08421 3542-411

Datum: 2005-06-24

Ihre Bewerbung als Operator vom 30.05.2005

Sehr geehrter Herr Denkern,

vielen Dank für Ihre ansprechende Bewerbung.

Ihre Qualifikation und Berufserfahrung hat uns so überzeugt, dass Sie als einer der aussichtsreichsten Bewerber in die engere Wahl für ein Vorstellungsgespräch gekommen sind.

Dass wir dennoch inzwischen einem Mitbewerber den Vorzug gegeben haben, liegt am Gehaltsgefüge unseres Unternehmens: Ihre Einkommensvorstellungen überschreiten deutlich den für diese Stelle vorgesehenen Etat. Der Abstand zu unseren Möglichkeiten ist so groß, dass wir auch in einem Gespräch mit Ihnen keine Einigung gefunden hätten.

Haben Sie deshalb bitte Verständnis für unsere Entscheidung.
Gewiss werden Sie in einem größeren Unternehmen bald eine Stelle finden, in der Sie auch Ihre finanziellen Vorstellungen verwirklichen können.

Mit freundlichen Grüßen

Einladungen an Bewerber

Die Aufgabe, Einladungen an Bewerber zu schreiben, ist natürlich leichter und angenehmer als das Formulieren von Absagen.

Was sollte der Einladungsbrief an den Bewerber enthalten?
- In der Betreffzeile nehmen Sie Bezug auf die Bewerbung und Sie nennen das Datum der Bewerbung
- Im Fließtext bedanken Sie sich zunächst für die Bewerbung
- Teilen Sie dem Bewerber mit, dass er in die engere Auswahl gekommen ist
- Nennen Sie den Anlass für die Einladung: Vorstellungsgespräch, Fachtest, psychologischer Test oder anderes
- Geben Sie den Ort an, an dem das Gespräch oder der Test stattfindet (Gebäude, Etage, Raum)
- Schlagen Sie einen Termin vor mit Bitte um Gegenvorschlag und nennen Sie einen Ansprechpartner oder setzen Sie einen festen Termin
- Übernahme der Fahrtkosten: Anreise mit Pkw oder öffentlichen Verkehrsmitteln? (Höhe der Vergütung)
- Übernahme der Unterbringungskosten: Hotel selbst reservieren oder durch das Unternehmen reservieren lassen? (Höhe der Vergütung)
- Gute Anreise wünschen
- Gruß

Unter Umständen zusätzlich:
- Informationsmaterial (Unternehmen, Produkte, Marktanalysen) beilegen
- Hinweise zur Anreise (eventuell Anfahrtskizze), Verbindungen, Parkmöglichkeit
- Personalbogen oder Bewerberfragebogen beilegen mit der Bitte, ihn auszufüllen und zurückzusenden

Briefkopf (Form B nach DIN 676)

Feld für Postanschrift des Absenders _____

Ihr Zeichen:

Ihre Nachricht vom:

Unser Zeichen: Kä-Bor

Frau
Sabine Ofenkoede
Karlstraße 67
24107 Ottendorf

Unsere Nachricht vom:

Name: Herr Kästner
Telefon: 0511 8765-433
Telefax: 0511 8765-430
E-Mail: Personal@Voss.com

Datum: 30.05.2005

Ihre Bewerbung vom 20.05.2005 um die Stelle als Pressereferentin

Sehr geehrte Frau Ofenkoede,

herzlichen Dank für Ihre ausführliche Bewerbung. Ihre Zeugnisse und Unterlagen haben einen so guten Eindruck gemacht, dass wir Sie unter vielen Mitbewerbern für ein Vorstellungsgespräch ausgewählt haben.

In diesem Gespräch, bei dem auch ein Mitglied der Geschäftsleitung anwesend sein wird, möchten wir Sie gerne mit unserem Unternehmen bekannt machen und mit Ihnen über Ihre Bewerbung sprechen.

Als Termin schlagen wir den 17.06.2005, 10:30 Uhr vor. Wenn Ihnen dieser Tag nicht zusagt, vereinbaren Sie bitte mit Frau Schneider (Telefon: -253) möglichst schnell einen anderen Termin.

Es ist wegen der langen Anfahrt sicher besser, wenn Sie am Vortag anreisen. Frau Schneider wird Ihnen gerne in einem Hotel ein Zimmer reservieren. Selbstverständlich sind Sie unser Gast – für die Erstattung der Reisekosten senden Sie uns bitte später das beiliegende Formblatt zu.

Wir freuen uns auf Ihren Besuch und wünschen Ihnen eine angenehme Anreise.

Mit freundlichen Grüßen

Anlage
Formblatt Reisekostenabrechnung

Briefkopf (Form B nach DIN 676)

Feld für Postanschrift des Absenders

Ihr Zeichen:
Ihre Nachricht vom:
Unser Zeichen: Hei-May

Herrn
Ralf Felden
Henkenheide 45
55494 Wahlbach

Telefon: 0211 3654-212
Telefax: 0211 3654-210
E-Mail: Personal@Textilien-Kunze.de

Datum: 20.02.2005

Ihre Bewerbung vom 10.02.2005 als Verkaufsrepräsentant

Sehr geehrter Herr Felden,

wir danken Ihnen für Ihre Bewerbung. Ihre Qualifikation entspricht genau unseren Erwartungen. Deshalb sind Sie unter sehr vielen Bewerbern in die engere Wahl gekommen.

Damit wir in der nun bevorstehenden Endrunde alle Bewerber möglichst objektiv beurteilen können, laden wir Sie zu einem Test und zu einem individuellen Bewerbungsgespräch ein. Kommen Sie bitte am 15.03.2005 in unsere Hauptverwaltung:

Hansahaus, Gertrudisstraße 10, 79400 Kandern

Der Test beginnt um 10:15 Uhr im Raum 103 in der 3. Etage. Bitte bringen Sie alle wichtigen Unterlagen, die Zeugnisoriginale und Ihren Personalausweis mit.

Die Reisekosten erstatten wir Ihnen entsprechend den Kosten für öffentliche Verkehrsmittel. Für den Fall, dass Sie bereits am Vorabend kommen möchten, werden wir im Hotel Stern, Felsenstraße 30, ein Zimmer reservieren. Rufen Sie bitte deswegen in den nächsten Tagen Frau Klee unter der Durchwahl -143 an.

Wir freuen uns auf Ihren Besuch und wünschen Ihnen schon jetzt viel Erfolg.

Mit freundlichen Grüßen

Das Zeugnis

Zeugnisarten

Jeder Arbeitnehmer kann nach den gesetzlichen Bestimmungen bei Beendigung eines dauernden Beschäftigungsverhältnisses von seinem Arbeitgeber ein schriftliches Zeugnis verlangen.

Jeder Arbeitnehmer hat das Recht auf ein schriftliches Zeugnis.

Es gibt – je nach Anlass und Bedarf – verschiedene Zeugnisarten:

1. Einfaches Zeugnis:

- Angaben zur Person (Vorname, Name, Geburtsdatum und Geburtsort, Wohnort)
- Art der Beschäftigung
- Dauer der Beschäftigung

Das einfache Zeugnis enthält keine Beurteilung.

2. Qualifiziertes Zeugnis:

- Angaben zur Person (Vorname, Name, Geburtsdatum und Geburtsort, Wohnort)
- Art der Beschäftigung
- Dauer der Beschäftigung
- Leistungs- und Verhaltensbeurteilung:
  - Beurteilung des Fachwissens
  - Beurteilung der Arbeitsbereitschaft, Bereitschaft zur Weiterbildung
  - Beurteilung der Kooperation mit Kollegen und Vorgesetzten
- Wünsche für die Zukunft oder anderer Schlusssatz

Anspruch auf ein Zeugnis hat der Arbeitnehmer, wenn das Arbeitsverhältnis endet. In vielen Fällen wird das Zeugnis jedoch auf Verlangen des Arbeitnehmers vorzeitig ausgehändigt, damit er sich um eine neue Stelle bewerben kann, oder er erhält ein Zwischenzeugnis.

Abstufung der Beurteilung

Wenig einfallsreich und häufig der individuellen Leistung eines Arbeitnehmers nicht gerecht werdend ist die Abstufung mit Schulnoten: *sehr gut – gut – befriedigend/zufrieden stellend – ausreichend.* Für diese Wörter lassen sich andere, einprägsamere ohne große Mühe finden, die zugleich dem modernen Anspruch an ein Zeugnis genügen, nicht zu pauschal zu urteilen, den beurteilten Mitarbeiter nicht »in eine Schublade zu stecken«. Zum Beispiel für *sehr gut: hervorragend, vortrefflich, außerordentlich, überdurchschnittlich, vorzüglich, vorbildlich, beispiel-haft.*

Wer diese Bewertungen noch abstufen möchte, ergänzt sie durch Ausdrücke wie: *stets, immer, ohne Ausnahme, jederzeit, meistens, in der Regel, häufig, fast immer, sehr, besonders, gleichmäßig.*

Wahrheit und Wohlwollen

Der Arbeitgeber ist zu einer »fairen« und »objektiven Beurteilung« verpflichtet.

Das Zeugnis muss wahr sein – das Zeugnis muss wohlwollend sein. In der Erfüllung dieser beiden Forderungen liegt oft ein Konflikt: Wie kann man *wahrheitsgemäß* über ein Fehlverhalten Zeugnis ablegen und sich dabei *wohlwollend* ausdrücken? Die beste Lösung des Problems ist die, dass man neben den positiven Aussagen die negativen Bemerkungen nicht ausspart. Man kann durchaus sagen, dass ein Mitarbeiter auf einem Arbeitsgebiet Schwierigkeiten hat, auf anderen aber dafür besondere Leistungen bringt. Eine andere Möglichkeit ist, bestimmte Leistungen oder Eigenschaften eines Mitarbeiters stärker hervorzuheben als andere, mit denen man weniger zufrieden war.

Immer wieder hört und liest man davon, dass die Arbeitgeber sich mit versteckten Formulierungen – einer Art Geheimsprache – über die Leistungen eines Arbeitnehmers verständigen. Tatsächlich gibt es von den Schulnoten abgeleitete Kataloge von Zufriedenheitsaussagen über Mitarbeiter, die man als Arbeitgeber auf jeden Fall kennen sollte. Ansonsten kann es leicht passieren, dass ein Zeugnis in bester Absicht geschrieben wird, es durch die Wahl einer bestimmten Formulierung jedoch von anderen Arbeitgebern als negativ verstanden wird.

Formulierungen ...

... eines »sehr guten« Arbeitszeugnisses

Ausgesprochen positiv werden die Leistungen eines Mitarbeiters/einer Mitarbeiterin bewertet mit Formulierungen, die verstärkende Ausdrücke wie *hervorragend, ausgezeichnet, überdurchschnittlich, äußerst* oder *sehr* enthalten:

- Herr/Frau X besitzt hervorragendes Fachwissen.
- Herr/Frau X hatte ausgezeichnete Ideen.
- Selbst schwierigste Aufgaben löste Herr/Frau X äußerst sicher.
- Wir haben Herrn/Frau X als eine/n ausdauernde/n und überdurchschnittlich belastbare/n Mitarbeiter/-in kennen gelernt.
- Herr/Frau X arbeitete stets sehr zügig und exakt.

Als positive Beurteilung der Leistung werden Formulierungen gewertet, die zwar positive Eigenschaftwörter enthalten, ohne dass diese jedoch nochmals (z. B. durch *sehr* oder *äußerst*) gesteigert worden wären:

… eines »guten« Arbeitszeugnisses

- Herr/Frau X verfügt über ein abgesichertes, erprobtes Fachwissen.
- Herr/Frau X hatte oft gute Ideen.
- Herr/Frau X löste auch schwierige Aufgaben.
- Wir haben Herrn/Frau X als eine/n ausdauernde/n und belastbare/n Mitarbeiter/-in kennen gelernt.
- Herr/Frau X arbeitete zügig und exakt.

Entsprach der Mitarbeiter/die Mitarbeiterin im Allgemeinen den Anforderungen, ohne einen durchgehend positiven Eindruck hinterlassen zu haben, zeigt sich dies im Arbeitszeugnis meist am Fehlen eindeutig lobender Eigenschaftswörter wie etwa *gut, ausdauernd, belastbar:*

… eines »befriedigenden« Arbeitszeugnisses

- Herr/Frau X verfügt über das erforderliche Fachwissen und setzte es erfolgversprechend ein.
- Herr/Frau X gab gelegentlich eigene Anregungen.
- Herr/Frau X erfüllte die Anforderungen/war den Aufgaben gewachsen.
- Herr/Frau X war ordentlich und handelte mit Sorgfalt.
- Herr/Frau X zeigte eine zufrieden stellende Leistung.

War der Arbeitgeber nicht mit den Leistungen des Arbeitnehmers/der Arbeitnehmerin zufrieden, wird dies im Zeugnis nur angedeutet. Indirekte Kritik bringen Formulierungen zum Ausdruck, in denen nur vom Bemühen des Mitarbeiters/der Mitarbeiterin die Rede ist (nicht jedoch von dessen Gelingen) oder in denen positive Wertungen ausdrücklich mit Einschränkungen versetzt sind:

… eines »ungenügenden« Arbeitszeugnisses

- Herr/Frau X verfügt über Fachwissen und setzte es ein.
- Wir haben Herrn/Frau X als einen Mitarbeiter/eine Mitarbeiterin kennen gelernt, der seine/die ihre Aufgaben im Allgemeinen erfüllte und den normalen Aufgaben gewachsen war.
- Herr/Frau X übernahm die ihm/ihr übertragenen Aufgaben und führte sie unter Anleitung aus.
- Herr/Frau X zeigte mitunter Fleiß und bemühte sich um Sorgfalt.

Hier ein Beispiel für ein unterdurchschnittliches Zeugnis:

Briefkopf (Form B nach DIN 676)

Feld für Postanschrift des Absenders _____

Zeugnis

Herr Felix Fischer, geboren am 14. August 1950, Wohnort 97505 Geldersheim, Langestraße 98, war vom 1. Juni 1996 bis zum 30. Juni 2005 als Bezirksleiter im Vertriebsaußendienst unserer Filialdirektion Bad Neustadt beschäftigt.

Herr Fischer war in dieser Zeit damit beauftragt, für den regelmäßigen Zugang einwandfreier, bestandsfähiger Versicherungsverträge in allen Versicherungssparten zu sorgen.

Außerdem gehörte es zu seinem Aufgabenbereich, eine Organisation nebenberuflicher Versicherungsvermittler aufzubauen und zu betreuen.

Herr Fischer hat diese Aufgaben erfüllt.

Sein Verhalten gegenüber Vorgesetzten, Kollegen und auch Kunden war zuvorkommend und einwandfrei.

Das Vertragsverhältnis wurde zum 30.06.2005 aufgehoben.

Wir wünschen Herrn Fischer für die Zukunft alles Gute.

Karlstadt, den 30.06.2005

Woraus lässt sich ablesen, dass dieses Zeugnis unterdurchschnittliche Leistungen dokumentiert? Dazu darf man nicht einzelne Formulierungen isoliert bewerten, sondern muss das Zeugnis als Ganzes sehen. Als Erstes fällt auf, dass es sehr kurz ist und nur die allernötigsten Angaben enthält: Im ersten Absatz stehen die Daten und der Wohnort, in den beiden nächsten Absätzen in knappen Worten zwei Tätigkeitsbereiche. Sicher hätte man hier mehr berichten können.

Kommentar

Im vierten Absatz folgt in der denkbar kürzesten Form die Bemerkung, dass Herr Fischer diese Aufgaben erfüllt hat – nicht wie und nicht mit welchem Erfolg. Das lässt darauf schließen, dass Herr Fischer so gut wie keine Verträge abgeschlossen hat.

Der nächste Absatz bestätigt diese Vermutung: Zunächst war Herr Fischer zu Vorgesetzten und Kollegen zuvorkommend und hat sich ihnen gegenüber einwandfrei verhalten. Dann, erst an dritter Stelle, folgen die Kunden.

Das Vertragsverhältnis wurde aufgehoben: Dahinter kann sich alles verbergen. Wer hat den Vertrag wohl beendet – Herr Fischer oder die Versicherung?

Der Schlusssatz lässt ebenfalls auf mangelhafte Leistungen schließen: Bei dieser Versicherung konnte Herr Fischer nicht überzeugen, und deshalb wünscht man ihm für die Zukunft (nicht für die nächste Stelle oder für die berufliche Zukunft!) alles Gute. Herr Fischer wird es brauchen.

Im Gegensatz dazu stehen die beiden folgenden Zeugnisse:

Briefkopf (Form B nach DIN 676)

Feld für Postanschrift des Absenders

Zeugnis

Frau Hannelore Winkler, geboren am 19.04.1956 in Marlen, war vom 01.01.1998 bis 31.03.2005 in unserem Unternehmen tätig.

Nach einer Intensivschulung von 6 Wochen konnten wir Frau Winkler als Repräsentantin im Außendienst einsetzen. Hier zeigte sie schon nach sehr kurzer Zeit ein außerordentliches Talent, auf Menschen zuzugehen und unsere Produkte überzeugend und erfolgreich zu präsentieren.

Ihre große Sachkenntnis machte sie zu einer kompetenten Ansprechpartnerin für Kunden und Kollegen. Schon nach einem Jahr, am 10.01.1999, übertrugen wir Frau Winkler die Leitung des Bezirks Offenburg. Hier zeigte sie sich in der Führung der rund 20 Mitarbeiter genauso erfolgreich wie in der Erfüllung der Umsatzziele und der Gewinnung neuer Kunden: Frau Winkler hat bei der notwendigen Umstrukturierung im Bezirk Offenburg hervorragende organisatorische Fähigkeiten bewiesen.

Frau Winkler verlässt uns auf eigenen Wunsch. Wir bedauern diesen Entschluss sehr. Für den weiteren Berufsweg wünschen wir ihr viel Erfolg.

Freiburg, 01.04.2005

Briefkopf (Form B nach DIN 676)

Feld für Postanschrift des Absenders _____

Zeugnis

Herr Walter Schmölder,
geboren am 13. Juni 1955 in Mosbach,
hat bei uns seine Tätigkeit am 1. Oktober 1990 als Pförtner begonnen.

Herr Schmölder war im Werk III, Tor Altendorfer Straße, eingesetzt. Neben der üblichen Torüberwachung und den damit verbundenen Kontrollaufgaben oblag ihm die Abwicklung der Zeiterfassung unserer Beschäftigten mit der Personalabteilung.

Auf seinen Wunsch haben wir Herrn Schmölder ab Juli 1994 die Stelle als Materialverwalter für den Getriebebau im Werk II, Rummelsberg, übertragen. Die Schwerpunkte seiner Tätigkeit waren:

– die Materialannahme, das Prüfen der Lieferungen und das Einsortieren in die Regale
– das Führen der Materialkartei über Terminal sowie das wöchentliche Abstimmen der
   Bestände
– die Materialausgabe gegen Materialschein an 160 Beschäftigte bei einem Sortiment
   von etwa 1400 Teilen und ca. 80 Anforderungsscheinen pro Tag

Im Rahmen unseres betrieblichen Fortbildungsprogramms besuchte Herr Schmölder einen jeweils zweitägigen Lehrgang über Grundlagen der Datenverarbeitung und das Bedienen des Terminals.

Seine Aufgaben nahm Herr Schmölder stets pünktlich, vollständig und gewissenhaft wahr. Wir schätzten ihn als tüchtigen und überdurchschnittlich einsatzbereiten Mitarbeiter. Seine Zuverlässigkeit und Vertrauenswürdigkeit als wichtige Anforderungen bei der Materialverwaltung stellte Herr Schmölder ebenso unter Beweis wie Umsicht, Fleiß und eine zügige Arbeitsweise. Sowohl gegenüber Lieferanten und Vorgesetzten als auch im Kollegenkreis verhielt er sich immer höflich und hilfsbereit.

Am 30. Juni 2005 scheidet Herr Schmölder auf eigenen Wunsch aus unserem Unternehmen aus. Wir bedauern seinen Entschluss, danken ihm für die jederzeit pflichtbewusste Mitarbeit und wünschen ihm für die Zukunft alles Gute.

Großburghausen, den 1. Juli 2005

Das Protokoll

Zweck eines Protokolls

1. Das Protokoll sichert Informationen: Besprechungsergebnisse werden festgehalten.
2. Das Protokoll informiert: Nichtteilnehmer können sich über die Ergebnisse informieren und den Verhandlungsverlauf nachvollziehen.
3. Das Protokoll entlastet das Gedächtnis und schafft Klarheit: Teilnehmer können später bei Differenzen oder ungenauer Erinnerung den Verhandlungsverlauf nachlesen.
4. Das Protokoll gibt Anweisungen: Es hält genau fest, wer was bis wann zu tun hat.
5. Das Protokoll hilft kontrollieren: Es kann ohne Mühe geprüft werden, ob die Anweisungen eingehalten worden sind.
6. Das Protokoll beweist: Alle Beschlüsse, in bestimmten Protokollarten auch alle Äußerungen der Teilnehmer sind nachweisbar festgehalten.

Anforderungen an das Protokoll

Das Protokoll muss bestimmten Anforderungen genügen, um die o. g. Zwecke zu erfüllen:

- Es muss vollständig und unmissverständlich sein.
- Inhalt und Sprache sollen neutral sein.
- Es muss verständlich sein.
- Es muss übersichtlich und gut gegliedert sein.
- Der Textumfang muss der Besprechung angemessen sein.
- Es muss allgemein anerkannt werden und als Beweis gelten können.

Protokollarten

Die Anforderungen an ein Protokoll sind demnach sehr unterschiedlich. Einmal sind nur die Beschlüsse wichtig, ein anderes Mal der ganze Gesprächsverlauf und ein drittes Mal jede, auch die kleinste Bemerkung eines Teilnehmers. Deshalb haben sich im Laufe der Zeit verschiedene Protokollarten herausgebildet. Hier eine Übersicht über die Anforderungen der verschiedenen Protokollarten:

Anforderung	Protokollart
Man braucht später nur die Ergebnisse der Besprechung: Anweisungen, Aufgaben und Beschlüsse.	Beschluss- bzw. Ergebnisprotokoll: Protokollkopf, Tagesordnungspunkte, Beschlüsse
Es soll später nachzulesen sein, wie die Beschlüsse im Wesentlichen zustande gekommen sind.	Kurz- bzw. Stichwortprotokoll: Protokollkopf, Tagesordnungspunkte, Namen der wichtigsten Redner, Redebeiträge in Stichworten; Beschlüsse meist wörtlich
Der ganze Verlauf der Besprechung mit den Beschlüssen soll festgehalten werden.	Verlaufsprotokoll: Protokollkopf, Tagesordnungspunkte, alle Redebeiträge mit Namen der Redner sinngemäß zusammengefasst wiedergeben; die Beschlüsse werden auch protokolliert.
Alle Redebeiträge und alle Bemerkungen sollen im vollen Wortlaut festgehalten werden.	Wörtliches Protokoll: Protokollkopf, Tagesordnungspunkte, jedes Wort wird protokolliert.
Das Protokoll ist nicht sehr wichtig. Während der Besprechung ist kein offizieller Protokollant anwesend, alle Teilnehmer wollen sich voll auf die Besprechung konzentrieren. Keine Beweiskraft erforderlich.	Gedächtnisprotokoll: Protokollkopf, Tagesordnungspunkte, die wichtigsten Beschlüsse in Stichworten

Checkliste für den
Protokollkopf

Protokollkopf

Allen Protokollarten gemeinsam ist der informative und übersichtliche Protokollkopf. Hier stehen die wichtigen Angaben über Ort und Zeit der Besprechung, Thema, Teilnehmer und einiges mehr. Im Einzelnen:

Was?
- Besprechungsthema oder Hauptgesprächspunkt
- Tagesordnung

Wer?
- Bezeichnung der Gruppe oder
- Bezeichnung der Versammlung
- Teilnehmerliste: anwesend – nicht anwesend, nur zu bestimmten Tagesordnungspunkten oder in Vertretung anwesend
- Verteiler (Wer bekommt ein Exemplar des Protokolls? Wer bekommt Ausschnitte in Kopie?)
- Name des Protokollanten

Wann?
- Datum
- Uhrzeit (von – bis)
- Datum der Protokollerstellung
- Datum und Uhrzeit der nächsten Sitzung

Wo?
- Ort
- Gebäude
- Raum

Im Folgenden finden Sie zwei Beispiele für die Gestaltung eines Protokollkopfes.

Anmerkung: Das Datum der Erstellung des Protokolls kann an das Ende gesetzt werden.

16.06.2005   *Verteiler:*
                                                               Teilnehmer

Protokollant: Gert Brauchten

**Protokoll der
Abteilungsleiterbesprechung**

Betr.: monatliche Abteilungsleiterbesprechung

am 16.06.2005, 10:30 Uhr
Besprechungszimmer II, Zi. 218

Teilnehmer: Herr Hansen
              Frau Betterfeld
              Frau Klarendorf
              Herr Barkowitz

----

1. Fragen und Einwendungen zum letzten Protokoll

2. Allgemeine Informationen

Protokoll der Abteilungsleiterbesprechung

Datum   16.06.2005, 10:30 Uhr
Ort   Besprechungszimmer II, Zi. 218
Teilnehmer   Herr Hansen
                Frau Betterfeld
                Frau Klarendorf
                Herr Barkowitz
Verteiler   Teilnehmer
Protokollant Gert Brauchten

TOP 1 Fragen und Einwendungen zum letzten Protokoll

TOP 2 Allgemeine Informationen

Sprache des Protokolls

Gegenwarts-
oder
Vergangenheits-
form?

Das Protokoll schreibt man in der Gegenwartsform:

Nicht: *Frau Gilles sagte, die Mitarbeiter hätten keine Pausen gehabt.*
Sondern: *Frau Gilles sagt, die Mitarbeiter hätten keine Pausen gehabt.*

Die Gegenwartsform unterstreicht die Genauigkeit und Richtigkeit des Protokolls: Es wird mitgeschrieben, *während* die Teilnehmer sprechen.

Möglichkeits-
oder
Wirklichkeits-
form?

Im Protokoll verwendet man die Möglichkeitsform (den Konjunktiv): In Protokollen gibt der Schreiber nur wieder, was in der Besprechung gesagt worden ist. Deshalb muss die Sprache neutral sein. Es darf keine Unklarheit darüber entstehen, wessen Meinung hier wiedergegeben wird. Dies ist der Grund, warum man im Protokoll nicht die Wirklichkeitsform (den Indikativ), sondern die Möglichkeitsform verwendet.

Ein Beispiel: In der Besprechung hat ein Teilnehmer gesagt: »Der Zustand des Fuhrparks ist unbeschreiblich. Die meisten Mitarbeiter im Fahrdienst lassen ihre Autos verkommen!«

Bei der Verwendung der Wirklichkeitsform stünde dann im Protokoll:

Herr Schneider sagt, dass der Zustand des Fuhrparks unbeschreiblich ist. Die meisten Mitarbeiter im Fahrdienst lassen ihre Autos verkommen.

Frage: Ist das nur die Meinung von Herrn Schneider oder schließt sich der Protokollant dieser Meinung an? Oder stimmt es sogar, was Herr Schneider den Mitarbeitern vorwirft? Diese Unsicherheit muss man unbedingt vermeiden. Deshalb schreibt man in der Möglichkeitsform:

Herr Schneider sagt, der Zustand des Fuhrparks sei unbeschreiblich. Die Mitarbeiter des Fahrdienstes ließen ihre Autos verkommen.

1. oder 2. Mög-
lichkeitsform

Es gibt die 1. Möglichkeitsform (Konjunktiv I) und die 2. Möglichkeitsform (Konjunktiv II). Zur Erinnerung:

Wirklichkeitsform	1. Möglichkeitsform	2. Möglichkeitsform
ich schreibe	*ich schreibe*	*ich schriebe*
du schreibst	*du schreibest*	*du schriebest*
wir sagen	*wir sagen*	*wir sagten*

Wichtig: Gleichgültig, ob in der Besprechung etwas in der Gegenwart oder in der Vergangenheit gesagt wurde – man nimmt zunächst immer die 1. Möglichkeitsform. Nur dann, wenn diese von der Wirklichkeitsform nicht zu unterscheiden ist, weicht man auf die 2. Möglichkeitsform aus.

Beispiel für ein Beschlussprotokoll

Besprechung der Planungsgruppe »Korrespondenz«

Thema	Rationalisierung der Antworten an Stellenbewerber
Datum	08.01.2005, 11 Uhr
Ort	Kleiner Besprechungsraum, Zi. 3
Teilnehmer	Frau Barkowitz
	Frau Weiß
	Herr Schulz
Verteiler	Teilnehmer
Protokollantin	Frau Weiß
Datum des Protokolls	10.01.2005
Nächstes Treffen	15.01.2005

Beschluss: Frau Barkowitz trifft bis zur nächsten Besprechung am 15.01.2005 eine Vorauswahl von Briefen, die sich zur Speicherung als Formbriefe eignen. Herr Schulz prüft, ob die Briefe an Bewerber, die in der engsten Wahl sind, mit Textbausteinen erstellt werden können.

(Unterschrift)   (Unterschrift)
Besprechungsleiter   Protokollantin

10.01.2005

Frau Schröder sagte, die Mitarbeiter haben sich bereits mehrfach beschwert.

Hier kann man nicht unterscheiden, ob *haben* Möglichkeitsform ist oder nicht. Jetzt nimmt man zur Sicherheit die 2. Möglichkeitsform:

Frau Schneider sagt, die Mitarbeiter hätten sich bereits mehrfach beschwert.

Umschreibung
mit »würde«

Und wenn man auch mit der 2. Möglichkeitsform nicht mehr zurechtkommt, weil sie mit der Wirklichkeitsform identisch ist, dann darf man sich mit *würde* helfen: *Herr Meister bemängelt, dass sich die Mitarbeiter in der Kantine aufhielten.* Deutlicher ist es mit *würde: Herr Meister bemängelt, dass sich die Mitarbeiter in der Kantine aufhalten würden.* Wenn Ihnen eine Möglichkeitsform zu altertümlich erscheint, dann dürfen Sie ebenfalls auf die Umschreibung mit *würde* ausweichen.

Beispiel für ein Verlaufsprotokoll

Besprechung der Planungsgruppe »Korrespondenz«

Thema	Rationalisierung der Antworten an Stellenbewerber
Datum	08.01.2005, 11 Uhr
Ort	Kleiner Besprechungsraum, Zi. 3
Teilnehmer	Frau Barkowitz
	Frau Weiß
	Herr Schulz
Verteiler	Teilnehmer
Protokollantin	Frau Weiß
Datum des Protokolls	10.01.2005
Nächstes Treffen	15.01.2005

Frau Barkowitz weist darauf hin, dass die ersten Bewerbungen bereits am 23.02.2005 einträfen und dass in der Besprechung ein Beschluss zustande kommen müsse.

Frau Weiß gibt einen Überblick über die Korrespondenz mit Bewerbern bei der letzten Ausschreibung:

[...]

[...]

Gesamtzahl der Bewerber:	342

Weitere Unterlagen wurden angefordert:	124
Zwischenbescheide:	342
Absagen:	302
Einladungen zum Test:	40
Absagen:	30
Einladungen zum Vorstellungsgespräch:	10
Einstellungen:	4
Absagen:	6
	856

Herr Schulz stellt fest, dass der größte Teil dieser Briefe – die Zwischenbescheide und die ersten Absagen – standardisiert seien. Zu klären sei, was mit den anderen Brieftexten gemacht werde.

Frau Barkowitz ist der Meinung, man könne auch in der Phase der Vorauswahl Standardtexte versenden. Dies betreffe alle Einladungen zum Test und die anschließenden Absagen. Nur in der Endphase solle individuell formuliert werden.

Herr Schulz fasst zusammen, dass damit weitere 80 individuelle Briefe gespart würden.

Beschluss: Frau Barkowitz trifft bis zur nächsten Besprechung am 15.01.2005 eine Vorauswahl von Briefen, die sich zur Speicherung als Formbriefe eignen. Herr Schulz prüft, ob die Briefe an Bewerber, die in der engsten Wahl sind, mit Textbausteinen erstellt werden können.

(Unterschrift)   (Unterschrift)
Besprechungsleiter   Protokollantin

10.01.2005

Der Werbebrief

Die folgenden Hinweise zum Werbebrief können keinen Fachmann und kein Lehrbuch ersetzen. Sie helfen Ihnen jedoch bei der ersten Konzeption eines Werbebriefes und geben Tipps, wie man Fehler vermeidet.

Anrede

Schreiben Sie den Empfänger persönlich an!

Wenn man den Namen des Empfängers kennt, muss er in der Anrede stehen. Die Anrede *Sehr geehrter Kunde* oder *Sehr geehrte Damen und Herren* sollte die Ausnahme sein, denn der Empfänger liest den Brief gleich weniger aufmerksam – haben Sie sich doch noch nicht einmal die Mühe gemacht, ihn persönlich ausfindig zu machen.

Aufbau

Gleich am Briefanfang sollten Sie die Aufmerksamkeit des Lesers wecken!

Der bekannteste Vorschlag für den Aufbau eines Werbebriefes heißt AIDA. Jeder Buchstabe steht für einen Begriff:

A – ATTENTION (Aufmerksamkeit)
I – INTEREST (Interesse)
D – DESIRE OF POSSESSION (Besitzwunsch)
A – ACTION (Aktion)

Wem es nicht gelingt, auf Anhieb den Leser aufmerksam zu machen, der wird ihn auch kaum interessieren, seine Wünsche wecken oder ihn zu Handlungen bewegen können. Denn denken Sie daran: Alles, was der Briefempfänger zuerst sieht bzw. liest, ist wichtiger als das, was danach kommt – schließlich bleibt der erste Eindruck bei ihm hängen.

Der erste Teil (A) des Briefes soll also die Aufmerksamkeit des Lesers wecken. Das kann zum Beispiel mit einer interessanten Briefüberschrift oder mit einem geschickten Briefanfang geschehen.

Im zweiten Teil (I) spricht man das Interesse des Lesers an: Wofür interessiert er sich, was erwartet er von meinem Brief? Wer hier nur von sich redet, wird kaum das Interesse des Lesers wecken.

Im dritten Teil (D) versucht der AIDA-Werbebrief, den Wunsch des Lesers zu wecken, die angebotene Ware zu besitzen, sich Informationsmaterial kommen zu lassen oder die angebotene Dienstleistung in Anspruch zu nehmen. An dieser Stelle weisen AIDA-Briefe auf die Einfachheit hin, mit der man in den Besitz gelangt, sie sprechen von der Aktualität des Angebotes und davon, warum es gerade jetzt wichtig ist zu handeln.

Im vierten Teil schließlich (A) soll der Leser etwas tun: Er muss die Bestellkarte zurückschicken, einen Kupon abschneiden und einsenden, ein kleines Rätsel lösen, anrufen oder vieles andere.

Alle Briefe, die den Empfänger auffordern, etwas Bestimmtes zu tun – rubbeln, kleben, ausschneiden, aufklappen, umschlagen, falten, eintragen, lochen, abreißen, riechen –, nennt man RIC-Briefe. RIC steht für *Readerships involvement commitment*: den Leser beschäftigen, in eine Tätigkeit verwickeln.

RIC-Briefe

Betreffzeilen

Die »Anmacherzeile« (nichts anderes ist die Betreffzeile in einem Werbebrief) kann ein Wortspiel sein, ein Spruch, ein erster Hinweis (kein komplettes Angebot!) auf den Inhalt des Briefes. Der Text sollte nicht zu lang sein: 1 bis 2 kurze Zeilen genügen.

In der Kürze liegt die Würze!

Datum

Das Datum macht den Brief persönlicher und aktueller. Besser als *Im Februar 2005* ist *14.02.2005* oder *14. Februar 2005*.

Fettschrift

Die Fettschrift kann in Werbebriefen einzelne Textteile hervorheben. Übertreiben sollte man aber nicht, sonst ist die Wirkung auf den Leser verloren.

Übertreiben Sie nicht mit Hervorhebungen!

Fragen

Der Leser eines Werbebriefes hat Fragen. Alle Aussagen, die im Werbebrief stehen, müssen Antworten auf diese Fragen des Lesers sein:

Wichtig: Was möchte der Leser wissen?

Wer schreibt mir? Kann ich das brauchen? Habe ich von dem, was man mir anbietet, einen Nutzen?

Die Entscheidung über Lesen oder Nichtlesen trifft der Briefempfänger blitzschnell, wobei er sich die Fragen nicht so deutlich stellt, wie oben angegeben. Aber die Antworten beurteilt er sehr klar. Das Wichtigste also für den Werbebrief ist: Prüfen Sie, ob die Fragen des Lesers beantwortet sind und ob seine Interessen angesprochen werden.

Postskriptum

Postskriptum (abgekürzt *PS*) heißt *das Nachgeschriebene*. (PS schreibt man ohne Abkürzungspunkte!) Früher verwendete man ein PS, wenn man etwas Wichtiges im Brief vergessen hatte.

Das PS hat einen hohen Aufmerksamkeitswert: Oft ist es der einzige Text in einem Werbebrief, der überhaupt gelesen wird. Deshalb nutzt man das PS, um hier die wichtigsten Vorteile des Angebotes zu nennen: Hinweis auf den Preis, auf ein Glücksspiel, auf die Einfachheit des Angebotes. Gegenüber der normalen Schreibweise wird der PS-Text häufig eingerückt geschrieben:

PS: Senden Sie uns noch heute die Bestellkarte zurück. Sie erhalten dann sofort unseren Katalog.

Anstatt *PS* können Sie auch andere Wörter setzen, wie z. B. *Übrigens* oder *Bitte beachten Sie.*

Sie/wir

Sprechen Sie den Leser direkt an!

Der Leser des Briefes ist wichtiger als der Schreiber. Deshalb ist es ganz selbstverständlich, dass man weniger von sich selbst als vom Empfänger spricht. Das heißt: Im Brief steht öfter *Sie* als *wir* oder *ich*:

Nicht:	Sondern:
Wir schicken Ihnen ...	*Sie erhalten ...*
Wir weisen darauf hin ...	*Wichtig für Sie: ...*
Wir haben ...	*Sie bekommen ...*
Wir sind ...	*Nutzen Sie ...*

Stil

Für den Stil im Werbebrief gibt es keine generellen Regeln. Vermeiden Sie jedoch die typische Werbesprache. Nennen Sie in kurzen, klaren Sätzen die Vorteile Ihres Angebots für den Kunden, heben Sie hervor, wie problemlos einfach es ist, Ihr Angebot zu nutzen. Vermeiden Sie den Konjunktiv (Möglichkeitsform) und das Futur (Zukunft), wenn Sie von den Vorteilen sprechen:

Nicht:
Mit dieser Maschine könnten Sie Zeit sparen.
Der Alpha 2 wird Ihnen die Arbeit erleichtern.

Sondern:
Mit dieser Maschine sparen Sie Zeit.
Der Alpha 2 erleichtert Ihnen die Arbeit.

Unterschrift

Die Unterschrift ist sehr wichtig für den persönlichen Kontakt. Ein unterschriebener Brief ist ein persönlicher Brief. Die Unterschrift sollte möglichst lesbar sein; ein Schnörkel, den man nicht entziffern kann, weckt Misstrauen. Und Misstrauen beim Leser zu wecken ist das Schlimmste, was bei einem Werbebrief passieren kann.

Unterstreichen

Unterstrichene Textteile – ob ganzer Satz, einzelne Wörter oder Zahlen – fallen ins Auge. Die unterstrichenen Teile sollten für den Leser möglichst positiv sein: Arbeitserleichterung, Vermeiden von Nachteilen, niedriger Preis, Anerkennung und vieles mehr wirken positiv. Ein unterstrichener Textteil sollte allein genug Aussagekraft haben; der Leser soll hier auf einen Blick alles erfahren, ohne den Rest im Satz oder Absatz lesen zu müssen.

Wortlänge

Grundsätzlich sind kurze Wörter leichter zu lesen als lange. Deshalb ist es sinnvoll, in Werbebriefen kurze Wörter zu verwenden. Selbstverständlich gibt es Ausnahmen: Fremdwörter oder unbekannte Wörter zum Beispiel. So ist *Larynx* schwerer zu lesen als seine deutsche Übersetzung *Kehlkopf*, auch wenn dieses Wort länger ist. Wichtig: Zwischen vielen kurzen Wörtern fällt ein längeres Wort auf, der Leser widmet ihm größere Aufmerksamkeit.

Briefkopf (Form B nach DIN 676)

Feld für Postanschrift des Absenders

Ihr Zeichen:
Ihre Nachricht vom:
Unser Zeichen:

Schneider OHG
Herrn Matthias Hansen   Bearbeiter:
Poststraße 12   Telefon:
87629 Füssen   Telefax:
                                       E-Mail:

Datum: 13.03.2005

Jetzt mehr Kraft für SIE,

sehr geehrter Herr Hansen,

mit einem vergrößerten und verbesserten Außendienst! Damit Ihnen ein <u>erweitertes</u>
<u>Angebot</u> und die Möglichkeit zu <u>persönlichen Beratungsgesprächen</u> offen stehen.
Und damit wir mehr Zeit für Ihre Fragen und Wünsche haben.

Ihr neuer Ansprechpartner ist Herr Lutz Klöckner. Er möchte sich in den nächsten Tagen
vorstellen und Ihnen bei dieser Gelegenheit noch vor der Hannovermesse unsere neuen
Energiesparradiatoren zeigen.

Wir wünschen Ihnen mit Herrn Klöckner eine erfolgreiche Saison 2005!

Mit freundlichen Grüßen

PS: Den Messesonderprospekt erhalten Sie heute schon zur Vorinformation.
    Herr Klöckner wird Sie dann in den nächsten Tagen wegen eines Termins anrufen.

Briefkopf (Form B nach DIN 676)

Feld für Postanschrift des Absenders

Ihr Zeichen:
Ihre Nachricht vom:
Unser Zeichen:

Gebrüder Hillmann GmbH
Herrn Axel Hillmann
Osttangente 143
54533 Gransdorf

Ihr Ansprechpartner: Herr Winkler
Telefon: 06561 386-555
Telefax: 06561 386-550
E-Mail: info@hahnenwall.de

Datum: 30.06.2005

Alle zahlen immer mehr für ihre Büroräume.
Steigen Sie jetzt aus der Preisspirale aus!

Sehr geehrter Herr Hillmann,

und steigen Sie ein in das moderne und rationelle Gemeinschaftsbüro Hahnenwall.
Hier erfahren Sie, welche Vorteile ein gut funktionierendes Gemeinschaftsbüro hat.

Sie sind immer auf Draht:
mit den modernsten Telekommunikationsanlagen – Telefonzentrale, Telefax,
Internetanschlüssen mit E-Mail.

Sie sind voll da:
Das Gemeinschaftsbüro ist immer besetzt, auch wenn Sie gerade besetzt sind:
durch die Telefonzentrale und unseren Empfangs- und Informationsdienst.

Sie sind immer im Bilde:
In den vorbildlich gestalteten Empfangs- und Büroräumen lässt sich vortrefflich denken,
arbeiten und Besuch empfangen.

Sie wollen sich das mal ansehen? Jederzeit, wann immer Sie wollen. Aber bitte auf
eigene Gefahr, denn es könnte sein, dass Sie nicht gern in Ihr altes Büro zurückfahren.

Mit freundlichen Grüßen

PS: Im Gemeinschaftsbüro sind Sie in einer echten Bürogemeinschaft.
    Wir verstehen uns.

Presseinformation

Wozu dient
die Öffentlich-
keitsarbeit?

Die Mitteilungen eines Unternehmens – oder einer Einzelperson – an die Presse sind ein Teil der Öffentlichkeitsarbeit. Seit einigen Jahrzehnten verwendet man in Deutschland auch den Begriff *Public Relations (PR)* – Beziehungen zur Öffentlichkeit. Unter PR-Arbeit versteht man das Bemühen, in der Öffentlichkeit Vertrauen und Verständnis aufzubauen und zu erhalten.

Presseinformationen können kurze Meldungen, ausführlichere Mitteilungen über bestimmte Vorhaben, Ereignisse o. Ä. sein. Manchmal verschickt man auch eine mehrteilige Pressemappe, die neben Texten z. B. auch Fotos enthalten kann.

Eine Kurzmeldung könnte folgendermaßen aussehen: *Am 28.03.2005 feiert der alleinige Inhaber der Kasibold-Werke, Herr Michael Kasibold, seinen 65. Geburtstag. Aus diesem Anlass findet am Samstag, dem 02.04.2005, auf dem Werksgelände ein Tag der offenen Tür statt, zu dem die Bevölkerung herzlich eingeladen ist.*

Beispiel für eine Pressemitteilung: *Schon für Herbst 2005 planen die Kasibold-Werke den Baubeginn der zweiten Fertigungshalle an der Weststraße. In der neuen Halle werden nach Schätzung der Unternehmensleitung 70 neue Arbeitsplätze geschaffen. Bauleitung und -ausführung liegen in den Händen des Langendorfer Unternehmens Schlieper & Söhne. Die Kasibold-Werke ...*

Im Folgenden finden Sie einige Tipps für das Verfassen von Presseinformationen:

Aufbau

Die sechs
klassischen W

Am leichtesten gelingt der Aufbau, wenn man sich an den klassischen *sechs W* orientiert:

> Wer?
> Wo?
> Wann?
> Was?
> Wie?
> Warum?

Beantworten Sie diese Fragen möglichst am Anfang Ihrer Meldung, denn da ist der Leser noch besonders aufmerksam und es geht keine wichtige Information verloren.

Überschrift

Mit oder ohne Überschrift? Auf diese Frage gibt es keine eindeutige Antwort, denn es kann sein, dass sich ein Redakteur durch die fertige Überschrift bevormundet fühlt. Vermeiden Sie allzu reißerische und zu lange (3 bis 5 Wörter sollten genügen) Überschriften. Auch Wortspiele und Gags in der Überschrift sind nicht die Sache jeder Zeitung oder Zeitschrift.

Begleitschreiben

Ein Begleitschreiben zu Ihrer Presseinformation macht einen guten Eindruck, wirkt persönlich und bietet die Möglichkeit, Hintergrundinformationen zu geben. Begleitschreiben stehen auf dem Firmenbogen und sollten persönlich an den zuständigen Redakteur adressiert sein. Den Namen entnehmen Sie dem Impressum der Zeitung oder Zeitschrift. Geben Sie eine Adresse, Namen und Telefonnummer an, unter der der Redakteur weitere Informationen abrufen kann.

> Begleitschreiben an den zuständigen Redakteur erhöhen die Wahrscheinlichkeit, dass Ihre Presseinformation gedruckt wird.

Form

Schreiben Sie den Text auf spezielle Briefbogen für Presseinformationen, beschriften Sie sie in der Breite nur zu etwa zwei Dritteln und lassen Sie zwischen den Zeilen größere Abstände (mindestens 1,5-zeilig beschriften), damit Platz für mögliche Änderungen vorhanden ist.

Kostengünstiger und zeitsparender als der Versand von schriftlichen Presseinformationen ist die Übermittlung per E-Mail oder ein Download-Angebot für Journalisten auf der firmeneigenen Homepage.

Umfang

Je knapper und präziser ein Text ist, desto eher wird er unverändert abgedruckt oder desto besser kann er als Vorlage für einen eigenen Artikel des Redakteurs dienen. Mehr als 1500 bis 1800 Anschläge (25 bis 30 Zeilen mit 60 Anschlägen) sollte er nur in Ausnahmefällen haben.

> Formulieren Sie knapp und präzise!

Verzichten Sie auf jede Art der typografischen Hervorhebung, schreiben Sie also ohne Unterstreichung, Fettschrift oder Ähnliches, denn all dies wird im Regelfall nicht in die Zeitung oder Zeitschrift übernommen.

Halten Sie das Anschreiben frei von werblichen Formulierungen.

Fotos

Fotos wecken
Interesse.

Ein gutes Foto spricht schneller an als ein guter Text: Die Information wird sofort aufgenommen, die Neugierde des Betrachters geweckt und er liest den Text mit größerer Aufmerksamkeit. Text und Bild ergänzen und unterstützen sich. Reichen Sie Schwarz-Weiß-Fotos in Hochglanz ein, Format 13 × 18 cm oder 18 × 24 cm. Heute üblich ist auch die Übermittlung des Bildmaterials an die Redaktionen in digitalisierter Form. Zum Foto gehört auch eine gute Bildunterschrift. Vergessen Sie nicht, den Namen des Fotografen anzugeben.

Beispiel für eine ausführliche Presseinformation:

200 Jahre Brockhaus –
200 Tage kostenfreie Onlinerecherche für Schulen

Zugriff auf Onlinelexika zu allen Wissensgebieten unter
www.brockhaus-suche.de

2005 hat Brockhaus ein ganz besonderes Angebot für alle Schulen im Bundesgebiet anzubieten: Zwischen dem 28. Februar und dem 16. September 2005 können Schulen sämtliche Onlinelexika auf www.brockhaus-suche.de kostenfrei nutzen. Zur Verfügung stehen insgesamt 18 Lexika, darunter »Der Brockhaus in 15 Bänden«. Der Dienst eignet sich sowohl für Lehrkräfte zur Unterrichtsvorbereitung als auch für Schülerinnen und Schüler zur Erledigung von Hausaufgaben oder für Recherchezwecke. In einem dreijährigen Pilotprojekt im Rhein-Neckar-Raum wurden die Onlinelexika von Brockhaus bereits ausgiebig im Unterrichtseinsatz erprobt.

Der Anwender kann gleichzeitig auf die Inhalte von 18 Lexika zugreifen, dazu zählen neben dem »Brockhaus in 15 Bänden« »Der Brockhaus Geschichte«, »Der Brockhaus Naturwissenschaft und Technik« und eine hochwertige Auswahl von Biografien aus der »Brockhaus Enzyklopädie«. Die »Meinten-Sie«-Funktion hilft vor allem im Falle des Vertippens rasch, den gesuchten Begriff zu finden, und erleichtert so das Nachschlagen. Bei der Recherchemöglichkeit im 15-bändigen Brockhaus kann der Nutzer auf ein visuell dargestelltes Wissensnetz zugreifen, das auf sinn- und themenverwandte Artikel zum gesuchten Stichwort verweist und so einen schnellen Überblick über einen bestimmten Themenkomplex ermöglicht. Zum Stöbern regen neben dem Wissensnetz auch Listen der kürzlich aktualisierten sowie der meistgenutzten Artikel an.

Das Antragsformular zur Bestellung eines Testvorgangs steht für Schulen ab dem 28. Februar 2005 unter www.brockhaus-suche.de/200tage bereit. Bei Fragen dazu können sich die Schulen auch direkt an brockhaus-suche@brockhaus.de wenden.

Besuchen Sie uns auf der didacta in Stuttgart (28. Februar bis 4. März 2005) in Halle 5.0 Stand 409.

24. Februar 2005

E-Mails

Vor- und Nachteile von E-Mails

Aus dem modernen Büroalltag sind sie kaum mehr wegzudenken und auch im privaten Verkehr erfreuen sie sich größter Beliebtheit – E-Mails haben sich als modernes Kommunikationsmittel längst etabliert. Das geschieht nicht nur auf Kosten des traditionellen Mediums Brief, eine E-Mail ersetzt heute auch häufig einen Telefonanruf.

E-Mails erfreuen sich als modernes Kommunikationsmittel heute größter Beliebtheit.

Kein Wunder: E-Mails bieten sowohl gegenüber Briefen als auch gegenüber Telefonaten zahlreiche Vorteile. Im Vergleich zum Brief fällt die umständliche Postanschrift weg, an ihre Stelle tritt eine einfache E-Mail-Adresse, die rasch eingetragen ist. Auch sonst ist eine E-Mail schneller geschrieben und verschickt als ein Brief – sie muss weder ausgedruckt noch in einen Briefumschlag gesteckt werden; sie benötigt keine Briefmarke und man muss sie nicht zur Post bringen. Ein Klick auf das *Senden*-Feld genügt und die E-Mail ist auf dem Weg zu ihrem Empfänger – schneller als ein Brief und dazu noch um vieles günstiger. Gegenüber einem Telefongespräch wiederum bietet das Medium E-Mail den Vorteil, dass Sie dank der gespeicherten Kopie einen schriftlichen Beleg haben, auf den Sie im Streitfall verweisen können.

Dennoch bringen E-Mails nicht nur Segen. Gerade aus den Vorteilen, die dieses Kommunikationsmittel so beliebt machen, erwachsen auch seine Nachteile: Dass eine E-Mail so schnell geschrieben werden kann, verleitet so manchen Schreiber zu einer gewissen Nachlässigkeit – Rechtschreibfehler, Grammatikfehler und stilistische Mängel sind die Folge. Dass das lästige Schreiben der Postanschrift wegfällt, verführt viele dazu, eine E-Mail an mehr Empfänger zu schicken, als eigentlich nötig wäre. Dies führt zu einer »Überflutung« der Postfächer mit E-Mails, die beim einen zu Unmut führt, beim anderen ernsten (und unnötigen) Stress auslöst. Dass E-Mails so billig im Versand sind, verleitet schließlich zahlreiche Unternehmen dazu, ungefragt E-Mails als Werbung zu versenden – auch das mit der Wirkung, dass sich die Empfänger über die unverlangt eingehende Post ärgern und unter Umständen sogar gegen die Firma klagen!

All dieser Ärger soll und muss nicht sein. Wenn Sie einige Regeln beachten – im Computerjargon werden sie als »Netiquette« (= »Net-« für »Internet« und »-iquette« für »Etikette«) bezeichnet –, werden Sie wie auch der Empfänger Ihrer elektronischen Post die Vorteile von E-Mails voll nutzen können. Viele der genannten Punkte sind auch in dem Kapitel »E-Mail« der DIN 5008 – Schreib- und Gestaltungsregeln für die Textverarbeitung – enthalten.

Die wichtigsten Verhaltensregeln im Internet – Netiquette

Auswahl der Empfänger
- Wählen Sie Ihre Empfänger bewusst aus! Überlegen Sie vorher, für wen die Informationen in Ihrer E-Mail tatsächlich relevant sind.

- Beteiligen Sie sich nicht an Kettenbriefen, Serienbriefen, Rundmails usw. Betreiben Sie kein Massenmailing (so genanntes »Spamming«). Massenmailing ist genauso unzulässig wie Massenwurfsendungen bei herkömmlichen Briefen. Sie handeln sich damit nicht nur zahlreiche Protestmails ein, Ihr Provider kann auch Ihre E-Mail-Adresse aufheben. Unter Umständen riskieren Sie sogar eine Unterlassungsklage!

Betreff
- Damit der Empfänger sofort weiß, um was es in Ihrer E-Mail geht, sollten Sie in jedem Fall die Betreffzeile ausfüllen. Formulieren Sie hier kurz und aussagekräftig!

Der gute Ton in E-Mails
- Schreiben Sie niemals im Affekt. Das Medium E-Mail verführt dazu, seinem Ärger schnell Luft zu machen und mit viel Verve die *Senden*-Taste zu drücken. Nachher kann es Ihnen leidtun. Schreiben Sie lieber mit Bedacht und lesen Sie sich das Geschriebene noch einmal sorgfältig durch, bevor Sie es abschicken.

- Erweisen Sie dem Empfänger Ihrer Nachricht den gehörigen Respekt. Dies bedeutet: Seien Sie höflich. Verzichten Sie niemals auf Anrede und Gruß. Und beachten Sie die Regeln der deutschen Rechtschreibung und Grammatik und achten Sie auf guten Stil.

- Verwenden Sie Abkürzungen und Smileys (wie beispielsweise :-) für: »Ich freue mich«) nur, wenn Sie sicher davon ausgehen können, dass Ihr Empfänger sie kennt und versteht.

- Vertrauliche Informationen sollten Sie nur verschlüsselt übertragen, da viele mitlesen können. | Technisches
- Je länger eine E-Mail ist, desto länger dauert es, bis sie vom Server abgerufen werden kann. Eine lange Nachricht nimmt außerdem viel Speicherplatz auf Ihrem Rechner/Server ein. Fassen Sie sich bei E-Mails deshalb kurz! Wenn Sie die Nachricht, auf die Sie gerade antworten, zitieren möchten, sollten Sie nur die Stellen zitieren, auf die Sie sich gerade beziehen. Auch wenn es noch so bequem ist: Das komplette Wiederholen einer Nachricht ist unhöflich gegenüber dem Empfänger und aufwendig für das Netz.
- Nehmen Sie Rücksicht auf die technischen Gegebenheiten des Empfängers. Verwenden Sie also kein Nachrichtenformat (wie z. B. HTML), keine Codierung und keine Schriftarten, die bei Ihrem Gegenüber vielleicht nicht richtig dargestellt werden können.

Beispiel für eine E-Mail nach DIN 5008 (ohne digitale Signatur)

An: info@buerosysteme-meyer.com
Cc:
Bcc:
Betreff: Informationsbroschüre Schrankwände und Lagersysteme

Sehr geehrte Damen und Herren,

durch einen Prospekt Ihres Hauses wurden wir darauf aufmerksam,
dass Sie auch Schrankwände und Lagersysteme in Ihrem Programm haben.

Wir planen einen Umbau unserer Geschäftsräume und würden uns gern
genauere Informationen über Ihr Angebot einholen.

Für die Zusendung umfangreicherer Broschüren wären wir Ihnen deshalb dankbar.

Mit freundlichen Grüßen

Autohaus Weller

i. A. Tanja Rimmler

Autohaus Weller
Karl-Liebknecht-Str. 12
63303 Dreieich

Tel.: + 49 6103 84275-33
Fax: + 49 6103 84275-30
E-Mail: tanja.rimmler@auto-weller.de

Beweiskraft von E-Mails

Erkennt ein
Gericht als
Beweismittel
nur einen
Brief an …

Wenn wichtige oder heikle Fragen zu klären sind, greifen die meisten von uns ungern zum Telefon. Denn wer später nicht »schwarz auf weiß« belegen kann, welche Zusagen gemacht, welche Vereinbarungen getroffen wurden, hat im Streitfall schlechte Karten. Der Brief erscheint hier als das Kommunikationsmittel der Wahl – mit einer eigenhändigen Unterschrift versehen, hat er vor Gericht die Beweiskraft einer Urkunde. Nicht immer möchte man aber gleich so förmlich werden, einen Brief zu schreiben. Wenn man mit dem Geschäftspartner besser bekannt ist und bereits längere Zeit den Kontakt über Telefon oder E-Mail gepflegt hat, werden wichtige Fragen unter Umständen auch einmal per E-Mail geklärt. Wie steht es aber nun um die Beweiskraft einer solchen E-Mail, wenn es doch zu Streitigkeiten kommt?

… oder genügt
auch eine E-Mail?

Eine höchstrichterliche Entscheidung in dieser Frage steht bisher noch aus. Die bisherige Rechtsprechung urteilt hier jedoch relativ eindeutig: Eine E-Mail hat nicht wie ein Brief die Beweiskraft einer Urkunde, da eine eigenhändige Unterschrift fehlt. Vielmehr hat sie den Status eines so genannten »Freibeweises«. Wenn dem Richter glaubhaft gemacht werden kann, dass die E-Mail tatsächlich von dem behaupteten Absender stammt und der Inhalt nicht gefälscht ist, kann er diese im Rahmen seiner freien richterlichen Beweiswürdigung berücksichtigen – er muss es aber nicht.

Die digitale
Signatur

Eine besondere Bedeutung kommt in diesem Zusammenhang der digitalen Signatur zu – einer Art »Siegel«, das elektronischen Dokumenten angehängt werden kann und deren Beweiskraft erhöht. Die digitale Signatur soll laut Signaturgesetz (vom 16.05.2001) sicherstellen, dass die E-Mail tatsächlich vom angegebenen Absender kommt und die im Dokument enthaltenen Daten unverfälscht sind (bzw. Fälschungen erkannt werden können). Damit erhält die E-Mail eine größere Beweiskraft, auch wenn eine digitale Signatur nicht einer authentischen Signatur gleichzustellen ist. Als Grundlage für die digitale Signatur wird für jede Person ein einmaliges Schlüsselpaar, bestehend aus einem »öffentlichen« und einem »privaten« Schlüssel, erzeugt. Für die Generierung dieser Schlüsselpaare gibt es spezielle Zertifizierungsstellen, so genannte Trust Center – besonders geschützte Räumlichkeiten, die mit speziell zugelassener Hardware die Schlüsselpaare für die Antragsteller generieren.

Englische Korrespondenz

Die Briefgestaltung

Der Umschlag

Im Gegensatz zu deutschen Anschriften steht bei englischen Briefen der Titel des Adressaten zusammen mit dem Namen auf der ersten Zeile. Vor allem in Großbritannien haben Häuser oft einen Namen anstelle einer oder zusätzlich zur (vor dem Straßennamen stehenden!) Hausnummer.

In Großbritannien folgt dann die Stadt, aber bei einer kleineren Ortschaft oder einem Stadtteil steht diese(r) davor auf einer eigenen Zeile; nach der Stadt folgt meist die Grafschaft, es sei denn, es handelt sich um eine »county town«, die der Grafschaft ihren Namen gibt, oder eine Großstadt mit eigener Postleitzahl (»postcode«). Letztere steht dann allein auf der letzten Zeile. Britische Adressen können also leicht sieben oder sogar acht Zeilen einnehmen.

In den USA dagegen werden die Adressen einfacher gehalten; hier steht auch die Postleitzahl (»zip code«) an letzter Stelle, davor aber der Staat, auf zwei Buchstaben abgekürzt (CA = California, NJ = New Jersey usw.).

Großbritannien:

Mr James Bainbridge
5 Avon Crescent
Kenilworth
Warwickshire
CV8 2PQ

Ms B. Gordon
Kirkbrae
10 Strathmore Road
Cults
Aberdeen
AB1 9TJ

Sir Alan and Lady Weston
Aberdare House
Llymyre
Llandrindod Wells
Powys
LD1 6DX

USA:

Robert J. Hale Jr.
1496 Pacific Boulevard
Monterey
CA 93940

Miss Abigall Schott
c/o Floyd
1100 North Street
Harrisburg
PA 17105

Mrs Nancy Bright
PO Box =   PO Box 731
Postfach   Milville
NJ 08332

Bei Geschäftsbriefen kann der Name des Adressaten entweder vor oder nach der Firma bzw. Organisation stehen; im letzteren Fall oft mit *FAO (for the attention of)* oder *Attn. (attention)* davor. In den USA ist es üblich, nach dem Namen des Inhabers einer leitenden Position diese anzugeben. Partnerschaften und Firmen mit dem Zusatz *& Co.* kann *Messrs.* = »Herren« vorangestellt werden.

Messrs. Gibbons & Prestwick
FAO Anita Dobby
45 Albright Way
London
O11 2BJ

John C. Wagner
President
Bix Corporation
222 Madison Avenue
New York
NY 10016

Der Absender steht, wenn überhaupt, links oben oder auf der Rückseite.

Der Brief selbst
Die Adresse des Absenders steht oben, entweder rechts oder in der Mitte, darunter das Datum:

10 Copthall Avenue
West Drayton
Middlesex
UB7 2FL

24th September 2005

Anrede

Die vier grundlegenden Anreden im Englischen sind:

- *Mr* (= Herr) für Männer
- *Mrs* (= Frau) für verheiratete Frauen
- *Miss* (Fräulein bzw. Frau) für Mädchen und (auch ältere) unverheiratete Frauen
- *Ms* (= Frau) für (meist jüngere) Frauen

Im modernen Sprachgebrauch wird *Ms* oft statt *Miss* oder *Mrs* verwendet, es hat sich allerdings nicht so durchgesetzt wie im Deutschen die Anrede *Frau* für alle Frauen.

In der Briefanrede gibt es fast nur die eine Möglichkeit – *Dear* und der Name des Adressaten, bloß der Vorname bei Freunden und Verwandten oder wenn man weniger formell erscheinen will, sonst Titel und Familienname:

Dear Charles / Mary / Mr Churchill / Dr Watson / Professor Andrews

Bei Geschäftsbriefen schreibt man, wenn man den Namen des Adressaten nicht kennt, *Dear Sir or Madam* und, wenn man eine Firma oder andere Organisation anschreibt, *Dear Sirs*.

Schlussformel

Informell:	*Yours*
	Charles
Etwas formeller:	*With best wishes*
	Kind regards
Formell:	*Yours sincerely (brit.)*
	Yours truly (amerik.)
Sehr formell:	*Yours faithfully (brit.)*
	Yours very truly (amerik.)

Grüße

Zum Geburtstag

- Herzliche Glückwünsche zum Geburtstag
  Many happy returns [of the day], Happy birthday
- Alles Gute zum 60. Geburtstag
  All best wishes on your 60th birthday

Zu Weihnachten und zum neuen Jahr

- Frohe Weihnachten
  Happy Christmas
- Ein gesegnetes Weihnachtsfest und viel Glück im neuen Jahr
  Best wishes for a Happy New Year (oder)
  Merry Christmas and a Prosperous New Year
- Glückliches neues Jahr, Prost Neujahr
  Happy New Year

Zu Ostern

- Frohe Ostern
  [Best wishes for a] Happy Easter

Bei einem Krankheitsfall

- Gute Besserung
  Get well soon
- Die besten Wünsche zur baldigen Genesung
  Best wishes for a speedy recovery

Englische Musterbriefe

An das Fremdenverkehrsbüro

Am Grün 280
9026 Klagenfurt
Austria
4th May 2005

The Regional Tourist Office
3 Virgin Road
Canterbury
CT1A 3AA

Dear Sir or Madam,

Please send me a list of local hotels and guest houses in the medium price range.
Please also send me details of local coach tours available during the last two weeks in August.

Thanking you in advance,
Yours faithfully,

Dirk Müller

Hotelzimmerreservierung

35 Prince Edward Road
Oxford OX7 3AA
Tel.: 01865 322435

The Manager
Brown Fox Inn
Dawlish
Devon
23rd February 2005

Dear Sir or Madam,
I noticed your hotel listed in the "Inns of Devon" guide for last year and wish to reserve
a double (or twin) room from August 2nd to 11th (nine nights). I would like a quiet room
at the back of the Hotel, if one is available.
If you have a room free for this period please let me know the price, what this covers,
and whether you require a deposit.

Yours faithfully,

Charles Fairhurst

Stornierung einer Hotelzimmerreservierung

Message for: The Manager, The Black Bear Hotel
Address: 14 Valley Road, Dorchester
Fax Number: 01305 367492
From: Ulrike Fischer
Date: 16 March 2005
Number of pages including this page: 1

Sonnenblickallee 61
80339 München
Germany

Dear Sir or Madam,

I am afraid that I must cancel my booking for August 2nd – 18th.
I would be very grateful if you could return my £50.00 deposit at your early convenience.

Yours faithfully,

Ulrike Fischer

Bewerbung um einen Studienplatz

43 Wellington Vllas
York
YO6 93E
2.2.05

Dr T Benjamin
Department of Fine Art
University of Brighton, Falmer Campus
Brighton
BN3 2AA

Dear Dr Benjamin,
I have been advised by Dr Kate Rellen, my MA supervisor in York, to apply to do doctoral
studies in your department.
I enclose details of my current research and also my tentative Ph.D. proposal, along with
my up-to-date curriculum vitae, and look forward to hearing from you. I very much
hope that you will agree to supervise my Ph.D. If you do, I intend to apply to the Royal
Academy for funding.
Yours sincerely,
Alice Nettle

Anfrage an einen Handwerksbetrieb

"Pond Cottage"
Marsh Road
Cambridge
CB2 9EE
01223 456454

Message for:	*Shore Builders Ltd*
Address:	*667, Industrial Drive, Cambridge CB12 9RR*
Fax Number:	*(01223) 488322*
From:	*T H Meadows*
Date:	*June 21st 2005*
Number of pages including this page: 1	

Dear Sirs,
I have just purchased the above cottage in which several window frames are rotten.
I would be glad if you could call and give me a written estimate of the cost of replacement
(materials and labour). Please telephone before calling.
Yours faithfully,
T H Meadows

Auftrag an einen Handwerksbetrieb

The Garden House
Willow Road
Hereford
Tel.: 01432 566885
9th June 2005

Rouche Building Co
33 Hangar Lane
Hereford

Dear Sirs,
I accept your estimate of £ 195 for replacing the rusty window frame.
Please would you phone to let me know when you will be able to do the work, as I will
need to take time off to be there.
A Wednesday or Thursday afternoon would suit me best.

Yours faithfully,

Steven Hartwell

Mahnung wegen Lieferverzug

19 Colley Terrace
Bingley
Bradford
Tel.: 01274 223447
4th May 2005

Mr J Routledge
"Picture This"
13 High End Street
Bradford

Dear Mr Routledge,
I left a large oil portrait with you six weeks ago for framing. At the time you told me
that it would be delivered to me within three weeks at the latest. Since the portrait has
not yet arrived I wondered if there was some problem?
Would you please telephone to let me know what is happening, and when I can expect
the delivery? I hope it will not be too long, as I am keen to see the results.

Yours faithfully,

J J Escobado

Reklamation an einen Handwerksbetrieb

112 Victoria Road
Chelmsford
Essex CM1 3FF
Allan Deal Builders   *Tel.: 01621 33433*
35 Green St   *9th February 2005*
Chelmsford
Essex CM3 4RT
ref. WL/45/LPO

Dear Sirs,
I confirm my phone call, complaining that the work carried out by your firm on our patio
last week is not up to standard. Large cracks have already appeared in the concrete area
and several of the slabs in the paved part are unstable. Apart from anything else, the area
is now dangerous to walk on.
Please send someone round this week to re-do the work. In the meantime I am of course
withholding payment.
Yours faithfully,
W. Nicholas Cotton

Bewerbung um eine Praktikantenstelle

Nanssensweg 39
50733 Köln
Germany
5th February 2005
Synapse & Bite Plc
3F Well Drive
Dolby Industrial Estate
Birmingham BH3 5FF

Dear Sirs,
As part of my advanced training relating to my current position as a junior systems
trainee in Köln, I have to work for a period of not less than two months over the summer
in a computing firm in Britain or Ireland. Having heard of your firm from Frau Schultz
who worked there in 2001, I am writing to you in the hope that you will be able to offer
me a placement for about eight weeks this summer.
I enclose my CV and a letter of recommendation.
Hoping you can help me, I remain,
Yours faithfully,
Heike Schmidt
Encls.

Initiativbewerbung 1

23 Ave Rostand
7500 Paris
France
6th May 2005

Mrs J Allsop
Lingua School
23 Handle St
London SE3 4ZK

Dear Mrs Allsop,

My colleague Robert Martin, who used to work for you, tells me that you are planning to appoint extra staff this September. I am currently teaching German as a Foreign Language at the Goethe Institut in Paris.

You will see from my CV (enclosed) that I have appropriate qualifications and experience. I will be available for interview after the 22nd June, and may be contacted after that date at the following address:
   c/o Lewis
   Dexter Road
   London NE2 6KQ
   Tel.: 0171 3356978

Yours sincerely,
Steffi Neumann

Encl.

Initiativbewerbung 2

23 Bedford Mews
Dock Green
Cardiff
CF 23 7UU
(01222) 3445656
2nd June 2005

Marilyn Morse Ltd
Interior Design
19 Churchill Place
Cardiff CF4 8MP

Dear Sir or Madam,
I am writing in the hope that you might be able to offer me a position in your firm as an
interior designer. As you will see from my enclosed CV, I have a BA in interior design
and plenty of experience. I have just returned from Bonn where I have lived for 5 years,
and I am keen to join a small team here in Cardiff.
I would be happy to take on a part-time position until something more permanent
became available. I hope you will be able to make use of my services, and should be glad
to bring round a folio of my work.
Yours faithfully,
K J Dixon (Mrs)
Encls.

Bewerbung auf eine Stellenanzeige hin

16 Andrew Road
Inverness IV90 OLL
Phone: 01463 34454
13th February 2005

The Personnel Manager
Pandy Industries PLC
Florence Building
Trump Estate
Bath BA55 3TT

Dear Sir or Madam,
I am interested in the post of Deputy Designer, advertised in the "Pioneer" of 12th February,
and would be glad if you could send me further particulars and an application form.
I am currently nearing the end of a one-year contract with Bolney & Co, and have relevant
experience and qualifications, including a BSc in Design Engineering and an MSc in
Industrial Design.
Thanking you in anticipation, I remain,
Yours faithfully,
A Aziz

Lebenslauf 1

Name	*Mary Phyllis Hunt (née Redshuttle)*
Address	*16 Victoria Road*
	Brixton
	LONDON SW12 5HU
Telephone	*0181-677968*
Nationality	*British*
Date of Birth	*11/3/63*
Marital Status	*Divorced, one child (4 years old)*

Education/Qualifications

1985–6	*University of Essex Business School*
	Postgraduate Diploma in Business Management with German
1981–3	*London School of Economics, Department of Business Studies*
& 1984–5	*BSc First Class Honours in Business Studies with Economics*
1983–4	*Year spent in Bonn, studying business German at evening classes and working in various temporary office jobs*
1974–1981	*Colchester Grammar School for Girls*
	7 'O' Levels
	4 'A' Levels: Mathematics (A), History (A), Economics (A), German (B)

Past Employment

1987–89	*Trainee manager, Sainsway Foodstores PLC,*
	69–75 Aylestone Street
	London EC5A 9HB
1989–91	*Assistant Manager, Sainsway Foodstores PLC, Lincoln Arcade, Faversham, Kent*
1991–2	*Assistant Purchasing Officer,*
	Delicatessen International
	77 rue Baudelaire
	75012 Paris, France
1992–present	*Deputy Manager, Retail Outlets Division,*
	Delicatessen International, Riverside House,
	22 Charles St, London EC7X 4JJ
Other Interests	*Tennis and Swimming*
	Judo – brown belt
	Wine tasting and vineyards
References	*Mr J Byers-Ellis*
	Manager, Retail Outlets Division
	Delicatessen International
	Riverside House
	22 Charles St, London EC7X 4JJ

[As present employer is not yet aware of this application, please inform me before contacting him]

Dr Margaret McIntosh
Director of Studies
University of Essex Business School
Colchester CR3 5SA

Lebenslauf 2

Name   *HEIDER Sarah Delores*
Address   *1123 Cedar Ave*
              Evanston
              Illinois 60989
              USA
Date of Birth   *27/9/56*
Marital Status   *Married, 4 children (aged 8–14)*

Education
PhD degree in Shakespearean Poetics and Gender, Northwestern University, Evanston,
Illinois, defended 1987
A.M. degree in English and American Literature, University of Pennsylvania, Philadelphia,
completed 1981
B.A. degree (English Major), University of Berkeley, California

Professional Experience
1996–present   *Associate Professor, Department of English, Northwestern University*
1992–96   *Assistant Professor (Renaissance Studies),*
                    Department of English, Northwestern University
1987–91   *Assistant Professor, Department of English, University of Pennsylvania*
1984–87   *Research Assistant to Prof D O'Leary*
                    (Feminism & Shakespearean Poetics)
                    Northwestern University
1983–84   *Research Assistant, Dept of Women's Studies*
                    Prof K. Anders (Representations of Renaissance Women),
                    Northwestern University
1981–83   *Teaching Assistant, Renaissance Drama,*
                    Northwestern University

Academic Awards and Honours
Wallenheimer Research Fellow, 1996–97
Milton Wade Predoctoral Fellow, 1983–84
Pankhurst/Amersham Foundation Graduate Fellow, 1981–83
Isobella Sinclair Graduate Fellow, 1981–82

Research Support *See list attached*

Publications *See list attached*

Other Professional Activities & Membership of Professional Organizations
President, Renaissance Minds Committee, 1996–present
Member, UPCEO (University Professors Committee for Equal Opportunities), 1988–present
Advisor, Virago Press Renaissance series, Virago, London, 1992–94
Advisor, Pandora Press, NY office, NY, 1991

Suche nach einer Aupairstelle

St.-Johann-Strasse 84A
8008 Zürich
Switzerland
+41 1 221-2623
15 March 2005

Miss D Lynch
Home from Home Agency
3435 Pine Street
Cleveland, Ohio 442233

Dear Miss Lynch,
I am seeking summer employment as an au pair. I have experience of this type of work
in Britain but would now like to work in the USA. I enclose my CV and copies of
testimonials from three British families.
I would be able to stay from the end of June to the beginning of September.
Please let me know if I need a work permit, and if so, whether you can get one for me.

Yours sincerely,
Elke Petersen
Encls.

Anbieten einer Aupairstelle

89 Broom St
Linslade
Leighton Buzzard
Beds
LU7 7TJ
4th March 2005

Dear Julie,

Thank you for your reply to our advertisement for an au pair. Out of several applicants,
I decided that I would like to offer you the job.
Could you start on the 5th June and stay until the 5th September when the boys go back
to boarding school? The pay is £ 50 a week and you will have your own room and every
second weekend free. Please let me know if you have any questions.
I look forward to receiving from you your confirmation that you accept the post.

With best wishes,
Yours sincerely,

John L King

Bitte um ein Empfehlungsschreiben

8 Spright Close
Kelvindale
Glasgow GL2 0DS
Tel.: 0141 3576857
23rd February 2005

Dr M Mansion
Department of Civil Engineering
University of East Anglia

Dear Dr Mansion,
As you may remember, my job here at Longiron & Co is only temporary. I have just applied
for a post as Senior Engineer with Bingley & Smith in Glasgow and have taken the liberty of
giving your name as a referee.
I hope you will not mind sending a reference to this company should they contact you.
With luck, I should find a permanent position in the near future, and I am very grateful
for your help.

With best regards,
Yours sincerely,
Helen Lee

Dank für ein Empfehlungsschreiben

The Stone House
Wallop
Cambs
CB13 9RQ
8/9/05

Dear Capt. Dominics,

I would like to thank you for writing a reference to support my recent application
for the job as an assistant editor on the Art Foundation Magazine.

I expect you'll be pleased to know that I was offered the job and should be starting
in three weeks' time. I am very excited about it and can't wait to start.

Many thanks once again,
Yours sincerely,

Molly (Valentine)

Annahme eines Stellenangebots

16 Muddy Way
Wills
Oxon
OX23 9WD
Tel.: 01865 76754
4 July 2005

Your ref: TT/99/HH

Mr M Flynn
Mark Building
Plews Drive
London
NW4 9PP

Dear Mr Flynn,
I was delighted to receive your letter offering me the post of Senior Designer,
which I hereby accept.
I confirm that I will be able to start on 30 July but not, unfortunately, before that date.
Can you please inform me where and when exactly I should report on that day?
I very much look forward to becoming a part of your design team.
Yours sincerely,
Nicholas Plews

Ablehnung eines Stellenangebots

4 Menchester St
London
NW6 6RR
Tel.: 0181 3345343
9 July 2005

Your ref: 099/PLK/001

Ms F Jamieson
Vice-President
The Nona Company
98 Percy St
YORK
YO9 6PQ

Dear Ms Jamieson,
I am very grateful to you for offering me the post of Instructor. I shall have to decline
this position, however, with much regret, as I have accepted a permanent post with
my current firm.
I had believed that there was no possibility of my current position continuing after June,
and the offer of a job, which happened only yesterday, came as a complete surprise to me.
I apologize for the inconvenience to you.
Yours sincerely,
J D Salam

Empfehlungsschreiben

DEPT OF DESIGN
University of Hull
South Park Drive
Hull HL5 9UU
Tel.: 01646 934 5768
Fax: 01646 934 5766

Your ref. DD/44/34/AW
5/3/05

Dear Sirs,

Mary O'Donnel. Date of birth 21-3-57

I am glad to be able to write most warmly in support of Ms O'Donnel's application
for the post of Designer with your company.
During her studies, Ms O'Donnel proved herself to be an outstanding student.
Her ideas are original and exciting, and she carries them through – her MSc thesis
was an excellent piece of work. She is a pleasant, hard-working and reliable person
and I can recommend her without any reservations.
Yours faithfully,

Dr. A. A. Jamal

Kündigung des Arbeitsverhältnisses

Editorial Office
Modern Living Magazine
22 Salisbury Road, London W3 9TT
Tel.: 0171 332 4343   Fax: 0171 332 4354
6 June 2005

To: Ms Ella Fellows
General Editor

Dear Ella,
I am writing to you, with great regret, to resign my post as Commissioning Editor
with effect from the end of August.
As you know, I have found the recent management changes increasingly difficult
to cope with. It is with great reluctance that I have come to the conclusion that
I can no longer offer my best work under this management.
I wish you all the best for the future,

Yours sincerely,

Elliot Ashford-Leigh

Hinweise für das Maschinenschreiben

Die folgenden Hinweise beschränken sich auf die Probleme, die in der Praxis am häufigsten auftreten.

1. Abkürzungen: Nach Abkürzungen folgt ein Leerschritt:

> … desgl. ein paar Stifte

Das gilt auch für mehrere aufeinander folgende Wörter, die jeweils mit einem Punkt abgekürzt sind:

> Hüte, Schirme, Taschen u. a. m.

2. Anführungszeichen: Anführungszeichen setzt man ohne Leerschritt vor und nach den eingeschlossenen Textabschnitten, Wörtern u. a.:

> Plötzlich rief er: »Achtung!«

Dasselbe gilt für halbe Anführungszeichen:

> »Man nennt das einen ›Doppelaxel‹«, erklärte sie ihm.

3. Anrede und Gruß in Briefen: Anrede und Gruß setzt man vom übrigen Brieftext durch jeweils eine Leerzeile ab:

> Sehr geehrter Herr Schmidt,
>
> gestern erhielten wir Ihre Nachricht vom …
> Wir würden uns freuen, Sie bald hier begrüßen zu können.
>
> Mit freundlichen Grüßen
>
> Kraftwerk AG

4. Anschrift: Anschriften auf Postsendungen unterteilt man hierbei wie folgt:

[Art der Sendung, besondere Versendungsform, Vorausverfügung]
[Firmen]name
Postfach mit Nummer oder Straße und Hausnummer
[Wohnungsnummer]
Postleitzahl und Bestimmungsort

Die Postleitzahl wird fünfstellig ohne Leerzeichen geschrieben und nicht ausgerückt, der Bestimmungsort nicht unterstrichen. Bei Postsendungen ins Ausland empfiehlt die Deutsche Post, Bestimmungsort (und Bestimmungsland) in Großbuchstaben zu schreiben. Vor diesen Angaben steht dabei keine Leerzeile.

Einschreiben	Warensendung
Bibliographisches Institut	Vereinigte Farbwerke GmbH
Dudenstraße 6	Ringstraße 11
68167 Mannheim	5010 SALZBURG
	ÖSTERREICH
Herrn	Frau Wilhelmine Baeren
Helmut Schildmann	Münsterplatz 8
Jenaer Straße 18	3000 BERN
99425 Weimar	SCHWEIZ

Am Zeilenende stehen keine Satzzeichen; eine Ausnahme bilden Abkürzungspunkte sowie die zu Kennwörtern o. Ä. gehörenden Anführungs-, Ausrufe- oder Fragezeichen.

Herrn Major a. D.	Reisebüro
Dr. Kurt Meier	Brugger und Marek
Postfach 90 10 98	Kennwort »Ferienlotterie«
60435 Frankfurt	Postfach 70 96 14
	1121 WIEN
	ÖSTERREICH

5. Auslassungspunkte: Um eine Auslassung in einem Text zu kennzeichnen, schreibt man drei Punkte. Vor und nach den Auslassungspunkten ist jeweils ein Leerschritt anzuschlagen, wenn sie für ein selbstständiges Wort oder mehrere Wörter stehen. Bei Auslassung eines Wortteils werden sie unmittelbar an den Rest des Wortes angeschlossen:

Sie glaubten, in Sicherheit zu sein, doch plötzlich ...
Mit Para... beginnt das gesuchte Wort.

Satzzeichen werden ohne Leerschritt angeschlossen. Am Satzende setzt man keinen zusätzlichen Schlusspunkt.

So, das soll ich also glauben ...

6. Bindestrich: Als Ergänzungsbindestrich steht der Mittestrich unmittelbar vor oder nach dem zu ergänzenden Wortteil:

Büro- und Reiseschreibmaschinen; Eisengewinnung
und -verarbeitung

Bei der Kopplung oder Aneinanderreihung gibt es zwischen den verbundenen Wörtern oder Schriftzeichen und dem Mittestrich ebenfalls keine Leerschritte:

Hals-Nasen-Ohren-Arzt; St.-Martins-Kirche; C-Dur-Tonleiter;
Berlin-Schöneberg; Hawaii-Inseln; UKW-Sender

7. Datum: Das nur in Zahlen angegebene Datum gliedert man durch Punkte. Tag und Monat sollten jeweils zweistellig angegeben werden. Die übliche Reihenfolge im deutschsprachigen Raum ist: Tag, Monat, Jahr:

09.08.2005
09.08.05

Diese Schreibung gilt auch nach der aktuellen DIN 5008 als korrekt, sofern keine Missverständnisse möglich sind. Ansonsten soll gemäß DIN 5008 (nach internationaler Norm) durch Mittestrich gegliedert werden; die Reihenfolge ist dann: Jahr, Monat, Tag:

2005-08-24

Schreibt man den Monatsnamen in Buchstaben, so schlägt man zwischen den Angaben je einen Leerschritt an:

9. August 2005

8. Fehlende Zeichen: Auf der Schreibmaschinentastatur fehlende Zeichen können in einigen Fällen durch Kombinationen anderer Zeichen ersetzt werden: Die Umlaute ä, ö, ü kann man als ae, oe, ue schreiben. Das ß kann durch ss wiedergegeben werden.

südlich	–	suedlich
SÜDLICH	–	SUEDLICH
mäßig	–	maessig
Fußsohle	–	Fusssohle

Die Ziffern 0 und 1 können durch das große O und das kleine l ersetzt werden.

110 – llO

Die Prozent- und Promillezeichen können durch das kleine o und den Schrägstrich ersetzt werden.

o/o, o/oo

9. Gedankenstrich: Vor und nach dem Gedankenstrich ist ein Leerschritt anzuschlagen:

Es wurde – das sei nebenbei erwähnt – unmäßig gegessen und getrunken.

Ein dem Gedankenstrich folgendes Satzzeichen hängt man jedoch ohne Leerschritt an:

Wir wissen – und zwar schon lange –, weshalb er nichts von sich hören lässt.

Als Zeichen für »gegen« und »bis« findet der Gedankenstrich Verwendung. Ersatzweise kann der Bindestrich gesetzt werden.

Hamburger SV – 1. FC Kaiserslautern
10.00–12.30 Uhr (nach DIN 5008: 10:00 – 12:30 Uhr)

Der Gedankenstrich wird bei Streckenangaben verwendet:

Zugverbindung Köln–Bremen
(nach DIN 5008: Zugverbindung Köln – Bremen)

10. Rechenzeichen: Alle Rechenzeichen stehen durch einen Leerschritt getrennt von den Ziffern:

$6 + 8 = 14$
$17 - 5 = 12$
$2 \cdot 4 = 8$
$3 \times 5 = 15$
$40 : 5 = 8$

11. Beträge: Dezimale Teilungen kennzeichnet man mit einem Komma:

99,80 EUR; 0,08 EUR

Bei runden Beträgen und bei ungefähren Beträgen können das Komma und die Stellen dahinter entfallen:

30.000 EUR; etwa 5 EUR

12. Uhrzeit: Stunden, Minuten und gegebenenfalls Sekunden gliedert man meist mit Punkten; Ziffern und Punkte stehen dann ohne Leerschritt:

13.30 Uhr; 16.15.45 Uhr

Nach DIN 5008 soll man mit dem Doppelpunkt gliedern; jede Zeiteinheit ist dann zweistellig anzugeben:

07:00 Uhr
28:14:37 Uhr

13. Hausnummern: Hausnummern stehen mit einem Leerschritt Abstand hinter der Straßenangabe:

Talstraße 3–5 (nach DIN 5008: Talstraße 3 – 5);
Talstraße 3/5; Schusterweg 30 a

14. Gradzeichen: Als Gradzeichen verwendet man das hochgestellte kleine o. Bei Winkelgraden wird es unmittelbar an die Zahl angehängt:

ein Winkel von 30°

Bei Temperaturgraden ist (vor allem in fachsprachlichem Text) nach der Zahl ein Leerschritt anzuschlagen; das Gradzeichen steht dann unmittelbar vor der Temperatureinheit:

eine Temperatur von 30 °C; Nachttemperaturen um −3 °C

15. Hochgestellte Zahlen: Hochzahlen und Fußnotenziffern schließt man ohne Leerschritt an:

eine Entfernung von 10^8 Lichtjahren
Nach einer sehr zuverlässigen Quelle[4] hat es diesen Mann nie gegeben.

16. Klammern: Klammern schreibt man ohne Leerschritt vor und nach den Textabschnitten, Wörtern, Wortteilen oder Zeichen, die von ihnen eingeschlossen werden:

> Das neue Serum (es wurde erst vor Kurzem entwickelt) hat sich sehr gut bewährt. Der Grundbetrag (12 EUR) wird angerechnet. Lehrer(in) für Deutsch gesucht.

17. Paragrafzeichen: Das Paragrafzeichen verwendet man nur in Verbindung mit darauffolgenden Zahlen. Es ist durch einen Zwischenraum von der zugehörigen Zahl getrennt:

> § 21 StVO; § 7 Abs. 1 Satz 4; § 7 (1) 4; die §§ 112 bis 114

18. Prozentzeichen: Das Prozentzeichen ist durch einen Leerschritt von der zugehörigen Zahl zu trennen:

> Bei Barzahlung 3 1/2 % Rabatt.

Der Leerschritt entfällt bei Ableitungen:

> eine 10%ige Erhöhung

19. Punkt, Komma, Semikolon, Doppelpunkt, Frage und Ausrufezeichen: Die Satzzeichen Punkt, Komma, Semikolon, Doppelpunkt, Fragezeichen und Ausrufezeichen hängt man ohne Leerschritt an das vorangehende Wort oder Schriftzeichen an. Das nächste Wort folgt nach einem Leerschritt:

> Wir haben noch Zeit. Gestern, heute und morgen. Es muss heißen: Hippologie. Wie muss es heißen? Hör doch zu! Am Mittwoch reise ich ab; mein Vertreter kommt nicht vor Freitag.

20. Schrägstrich: Vor und nach dem Schrägstrich schlägt man im Allgemeinen keinen Leerschritt an. Der Schrägstrich kann als Bruchstrich verwendet werden; er steht außerdem bei Diktat- und Aktenzeichen sowie bei zusammengefassten Jahreszahlen:

2/3, 3 1/4 % Zinsen; Aktenzeichen c/XII/14;
Ihr Zeichen: Dr/LS; Wintersemester 2003/2004.

21. Silbentrennung: Zur Silbentrennung hängt man den Mittestrich ohne Leerschritt an die Silbe an:

... Vergiss-
meinnicht ...

22. Unterführungen: Unterführungszeichen stehen jeweils unter dem ersten Buchstaben des zu unterführenden Wortes:

Duden, Band 2, Stilwörterbuch
"   "   5, Fremdwörterbuch
"   "   7, Herkunftswörterbuch

Zahlen dürfen nicht unterführt werden:

1 Hängeschrank mit Befestigung
1 Regalteil   "   "
1 "   ohne Rückwand
1 "   "   Zwischenboden

Ein übergeordnetes Stichwort, das in Aufstellungen wiederholt wird, kann man durch den Mittestrich ersetzen. Er steht unter dem ersten Buchstaben des Stichwortes:

Nachschlagewerke; deutsche und fremdsprachige Wörterbücher
-; naturwissenschaftliche und technische Fachbücher
-; allgemeine Enzyklopädien
-; Atlanten

Briefkopf (Form A nach DIN 676) mit Bezugszeichenzeile

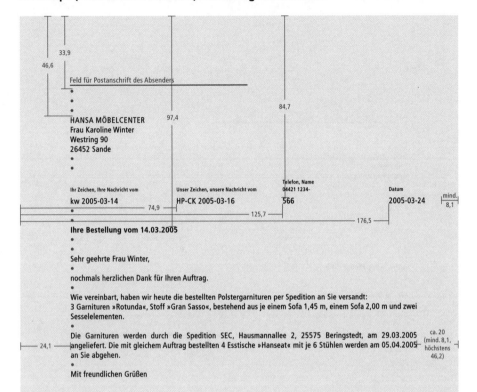

33,9

46,6

Feld für Postanschrift des Absenders

84,7

HANSA MÖBELCENTER   97,4
Frau Karoline Winter
Westring 90
26452 Sande

Ihr Zeichen, Ihre Nachricht vom	Unser Zeichen, unsere Nachricht vom	Telefon, Name 04421 1234-	Datum
kw 2005-03-14	HP-CK 2005-03-16	566	2005-03-24

74,9

125,7

176,5

mind. 8,1

Ihre Bestellung vom 14.03.2005

Sehr geehrte Frau Winter,

nochmals herzlichen Dank für Ihren Auftrag.

Wie vereinbart, haben wir heute die bestellten Polstergarnituren per Spedition an Sie versandt:
3 Garnituren »Rotunda«, Stoff »Gran Sasso«, bestehend aus je einem Sofa 1,45 m, einem Sofa 2,00 m und zwei Sesselelementen.

Die Garnituren werden durch die Spedition SEC, Hausmannallee 2, 25575 Beringstedt, am 29.03.2005 angeliefert. Die mit gleichem Auftrag bestellten 4 Esstische »Hanseat« mit je 6 Stühlen werden am 05.04.2005 an Sie abgehen.

ca. 20 (mind. 8,1, höchstens 46,2)

24,1

Mit freundlichen Grüßen

Feld für Geschäftsangaben

Briefkopf (Form B nach DIN 676) mit Bezugszeichenzeile

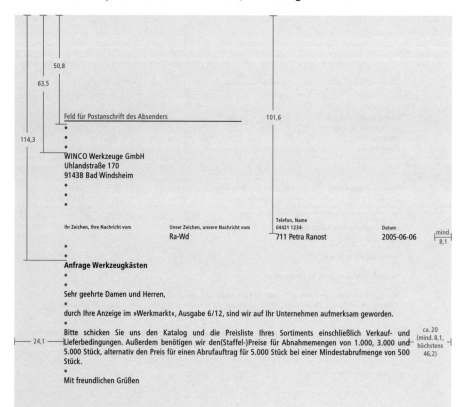

50,8

63,5

114,3

Feld für Postanschrift des Absenders   101,6

WINCO Werkzeuge GmbH
Uhlandstraße 170
91438 Bad Windsheim

Ihr Zeichen, Ihre Nachricht vom   Unser Zeichen, unsere Nachricht vom   Telefon, Name
                                       Ra-Wd   04421 1234-   Datum
                                                                                   711 Petra Ranost   2005-06-06   mind. 8,1

Anfrage Werkzeugkästen

Sehr geehrte Damen und Herren,

durch Ihre Anzeige im »Werkmarkt«, Ausgabe 6/12, sind wir auf Ihr Unternehmen aufmerksam geworden.

24,1   Bitte schicken Sie uns den Katalog und die Preisliste Ihres Sortiments einschließlich Verkauf- und   ca. 20
        Lieferbedingungen. Außerdem benötigen wir den(Staffel-)Preise für Abnahmemengen von 1.000, 3.000 und   (mind. 8,1,
        5.000 Stück, alternativ den Preis für einen Abrufauftrag für 5.000 Stück bei einer Mindestabrufmenge von 500   höchstens
        Stück.   46,2)

Mit freundlichen Grüßen

Feld für Geschäftsangaben

Briefkopf (Form A nach DIN 676) mit Infoblock

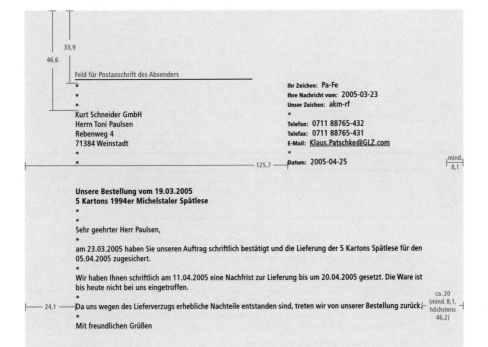

33,9

46,6

Feld für Postanschrift des Absenders

Ihr Zeichen: Pa-Fe
Ihre Nachricht vom: 2005-03-23
Unser Zeichen: akm-rf

Kurt Schneider GmbH
Herrn Toni Paulsen
Rebenweg 4
71384 Weinstadt

Telefon: 0711 88765-432
Telefax: 0711 88765-431
E-Mail: Klaus.Patschke@GLZ.com

125,7 — Datum: 2005-04-25

mind. 8,1

Unsere Bestellung vom 19.03.2005
5 Kartons 1994er Michelstaler Spätlese

Sehr geehrter Herr Paulsen,

am 23.03.2005 haben Sie unseren Auftrag schriftlich bestätigt und die Lieferung der 5 Kartons Spätlese für den 05.04.2005 zugesichert.

Wir haben Ihnen schriftlich am 11.04.2005 eine Nachfrist zur Lieferung bis um 20.04.2005 gesetzt. Die Ware ist bis heute nicht bei uns eingetroffen.

24,1 — Da uns wegen des Lieferverzugs erhebliche Nachteile entstanden sind, treten wir von unserer Bestellung zurück.

ca. 20
(mind. 8,1,
höchstens
46,2)

Mit freundlichen Grüßen

Feld für Geschäftsangaben

Briefkopf (Form B nach DIN 676) mit Infoblock

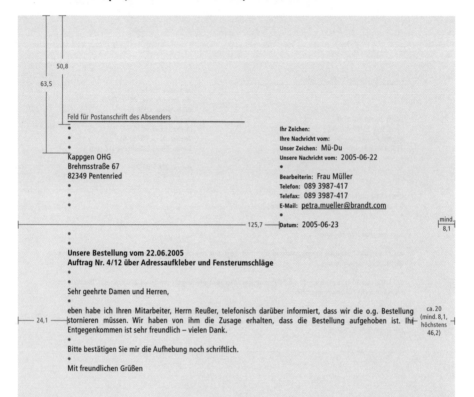

50,8

63,5

Feld für Postanschrift des Absenders

Ihr Zeichen:
Ihre Nachricht vom:
Unser Zeichen: Mü-Du
Unsere Nachricht vom: 2005-06-22

Kappgen OHG
Brehmsstraße 67
82349 Pentenried

Bearbeiterin: Frau Müller
Telefon: 089 3987-417
Telefax: 089 3987-417
E-Mail: petra.mueller@brandt.com

125,7 —— Datum: 2005-06-23

mind.
8,1

Unsere Bestellung vom 22.06.2005
Auftrag Nr. 4/12 über Adressaufkleber und Fensterumschläge

Sehr geehrte Damen und Herren,

eben habe ich Ihren Mitarbeiter, Herrn Reußer, telefonisch darüber informiert, dass wir die o.g. Bestellung stornieren müssen. Wir haben von ihm die Zusage erhalten, dass die Bestellung aufgehoben ist. Ihr Entgegenkommen ist sehr freundlich – vielen Dank.

24,1

ca. 20
(mind. 8,1,
höchstens
46,2)

Bitte bestätigen Sie mir die Aufhebung noch schriftlich.

Mit freundlichen Grüßen

Feld für Geschäftsangaben

Korrekturzeichen

Hauptregeln

Jedes eingezeichnete Korrekturzeichen ist auf dem Rand zu wiederholen. Die erforderliche Änderung ist rechts neben das wiederholte Korrekturzeichen zu ~~zeichnen, so~~fern dieses nicht (wie ⌐, ⊣) für sich selbst spricht.

    ⊢ schreib

Korrekturzeichen müssen den Korrekturstellen schnell und eindeutig zugeordnet werden können. Darum ist es bei großer Fehlerdichte wichtig, verschiedene, frei zu wählende Korrekturzeichen – gegebenenfalls auch in verschiedenen Farben – zu benutzen.

⌐ ∟ ⌐ ⌐ ⸑ ⸕ ⊤ ⊥ ⌐ ⊏
⊓ ⊔ ⊓ ⊔
⊢ ⋌ ⋋ ⊣ ⸑

usw.

Korrekturzeichen nach DIN 16 511

Andere Schrift oder Schriftgröße wird verlangt, indem man die betreffende Stelle unterstreicht und auf dem Rand die gewünschte Schrift, Schriftart (fett, kursiv usw.) oder die gewünschte Schriftgröße (8 p, 9 p usw.) oder beides (8 p fett, 9 p kursiv usw.) vermerkt. Gewünschte Kursivschrift wird oft nur durch eine Wellenlinie unter dem Wort und auf dem Rand bezeichnet. Versehentlich falsch Hervorgehobenes wird ebenfalls UNTERSTRICHEN; die Anweisung auf dem Rand lautet dann: »Grundschrift« oder »gewöhnlich«.

    — halbfett
    ∟ Times
    ⌐ kursiv   ∟ 9p
    ⌐ gewöhnlich

Fälschlich aus anderen Schriften gesetzte Buchstaben (Zwiebelfische) werden durchgestrichen und auf dem Rand zweimal unterstrichen.

    |R̲̲ ⌐m̲̲

Falsche Buchstaben oder **Wörter** werden durchgestrichen und auf dem Rand durch die richtigen ersetzt.

    |a

Falsche Trennungen werden am Ende der Zeile und am folgenden Zeilenanfang angezeichnet.

    |en
    ⌐ꞁ

Wird nach **Streichung eines Bindestrichs** oder **Buchstabens** die Schreibung der verbleibenden Teile zweifelhaft, dann wird außer dem Tilgungszeichen die Zusammenschreibung durch einen Doppelbogen, die Getrenntschreibung durch das Zeichen ⌐ angezeichnet, z. B. blendendweiß.

    |ꞁ◦ ⌐ꞁ◦
    ∟ꞁ ⌐

Fehlende Buchstaben werden angezeichnet, indem der vorangehnde oder folgende Buchstabe durchgestrichen und zusammen mit dem fehlenden wiederholt wird. Es kann auch das ganze Wrt oder die Silbe durchgestrichen und auf dem Rand berichtigt werden.

Fehlende Wörter (Leichen) werden in der Lücke durch Winkelzeichen ⌐ gemacht und auf dem Rand angegeben.

Bei größeren Auslassungen wird auf die Manuskriptseite verwiesen. Die Stelle ist auf der Manuskriptseite zu kennzeichnen.

Diese Presse bestand aus ⌐ befestigt war.

Zu tilgende Buchstaben oder **Wörter** werden durchgestrichen und auf dem Rand durch ℓ (für: deleatur, d. h. »es werde getilgt«) angezeichnet.

Fehlende oder **zu tilgende ⌊Satzzeichen** werden wie fehlende oder zu tilgende Buchstaben angezeichnet

Verstellte Buchstaben werden durchgestrichen und auf dem Rand in der richtigen Reihenfolge angegeben.

Verstellte Wörter durch werden das Umstellungszeichen gekennzeichnet.

Die Wörter werden bei größeren Umstellungen beziffert.

Ist die Verstellung schlecht zu überschauen, empfiehlt es sich, den verstellten Text ganz zu tilgen und ihn auf dem Korrekturrand zu wiederholen.

Verstellte Zahlen sind immer ganz durchzustreichen und in der richtigen Ziffernfolge auf den Rand zu schreiben, z. B. 1684.

Für unleserliche oder **zweifelhafte Manuskriptstellen,** die noch nicht blockiert sind, sowie für noch **zu ergänzenden Text** wird vom Korrektor eine Blockade verlangt, z. B.:

Hyladen sind Insekten mit unbeweglichem Prothorax (s. S.).

Sperrung oder **Aufhebung einer Sperrung** wird wie beim Verlangen einer anderen Schrift durch Unterstreichung gekennzeichnet.

Fehlender Wortzwischenraum wird mit ⌐ bezeichnet. **Zu weiter Zwischenraum** wird durch ⌃, zu enger Zwischenraum durch angezeichnet. Soll ⌃ ein **Zwischenraum ganz wegfallen,** so wird dies durch zwei Bogen ohne Strich angedeutet.

Fehlender Zeilenabstand (Durchschuss) wird durch einen zwischen die Zeilen gezogenen Strich mit nach außen offenem Bogen angezeichnet.

├─**Zu großer Zeilenabstand** (Durchschuss) wird durch einen zwischen die Zeilen gezogenen Strich mit einem nach innen offenen Bogen angezeichnet.

Ein **Absatz** wird durch das Zeichen⌐im Text und auf dem Rand verlangt:

Die ältesten Drucke sind so gleichmäßig schön ausgeführt, dass sie die schönste Handschrift übertreffen. ⌐ Die älteste Druckerpresse scheint von der, die uns Jost Amman im Jahre 1568 im Bilde vorführt, nicht wesentlich verschieden gewesen zu sein.

Das Anhängen eines Absatzes verlangt man durch eine den Ausgang mit dem folgenden Text verbindende Linie:

Die Presse bestand aus zwei senkrechten Säulen, die durch ein Gesims verbunden waren.
In halber Manneshöhe war auf einem verschiebbaren Karren die Druckform befestigt.

Zu tilgender Einzug erhält am linken Rand das Zeichen ├──, am rechten Rand das Zeichen ──┤, z. B.:

Die Buchdruckerpresse ist eine faszinierende Maschine, deren kunstvollen ──┤
├── Mechanismus nur der begreift, der selbst daran gearbeitet hat.

Fehlender Einzug wird durch ⊏ möglichst genau bezeichnet, z. B. (wenn der Einzug um ein Geviert verlangt wird):

... über das Ende des 14. Jahrhunderts hinaus führt keine Art des Metalldruckes.
⊏Der Holzschnitt kommt in Druckwerken ebenfalls nicht vor dem 14. Jahrhundert vor.

Aus Versehen falsch Korrigiertes wird rückgängig gemacht, indem man die Korrektur auf dem Rand durchstreicht und Punkte unter die fälschlich korrigierte Stelle setzt.

Ligaturen (zusammengezogene Buchstaben) werden verlangt, indem man die fälschlich einzeln nebeneinander gesetzten Buchstaben durchstreicht und auf dem Rand mit einem Bogen darunter wiederholt, z. B. Schiff.

Fälschlich gesetzte Ligaturen werden durchgestrichen, auf dem Rand wiederholt und durch einen Strich getrennt, z. B. Auflage.

Zusätzliche Korrekturzeichen

⌐σ ⌐e ⌐i

⌐⌐⌐α

Ka̍mmen in e̍iner Zee̍le mehrere Fehler vor, dann erhalten sie ihrer Reihenfolge nach verschiedene Zeichen. Für ein und denselben falschen Buchstaben wird aber nur ein Korrekturzeichen verwendet, das a̍m Ra̍nd mehrfa̍ch vor den richtigen Buchstaben gesetzt wird.

Fehlende Zeilen signalisiert man mit �muH— am linken Textrand zwischen vorangehender und folgender Zeile.

H— *zweite Zeile*   H erste Zeile
‾‾dritte Zeile

Bei der Korrektur ist auf **zu häufige Trennungen** hinzuweisen, die die Setzerei nach Möglichkeit durch Umsetzen verringern sollte. Bei langen Zeilen sollten nicht mehr als 3, bei kurzen (z. B. im Wörterbuch oder Lexikon) nicht mehr als 5 Trennungen aufeinander folgen.

6 Trennungen

mmmmmmmmmmmm-
mmmmmmmmmmmm-
mmmmmmmmmmmm-
mmmmmmmmmmmm-
mmmmmmmmmmmm-
mmmmmmmmmmmm-

Bei der Korrektur sollten auch **sinnentstellende** und **unschöne Trennungen** aufgelöst werden, um einen mühelosen Lesefluss zu gewährleisten. Zu diesem Zweck darf im Flattersatz das Zeichen ⌡ verwendet werden, im Blocksatz sind die umzustellenden Zeichen zu umkreisen und mit einer Schleife zu versetzen.

⌡ ⌡ ⌡ ⌡

Spargel-   Walzer-   bein-   Steuerer-
der   zeugnisse   halten   hebung

Vergleichster-   Wasserstoffio-
min   ‾nen

⌐ *siehe oben*
⌐ *siehe unten*
⌐ *siehe Anlage*

Mit Randvermerken wird auf eine umfangreiche Korrektur hingewiesen, die rechts neben dem Text zu viel Platz einnehmen würde.

∹

Der **auf Mitte zu setzende Punkt,** z. B. der Multiplikationspunkt bei mathematischem Satz, wird mit nebenstehendem Zeichen angegeben.

Verstellte Zeilen werden mit waagerechten Randstrichen versehen und in der richtigen Reihenfolge nummeriert, z. B.:

Sah ein Knab' ein Röslein stehn, ——————————————— 1
lief er schnell, es nah zu sehn, ——————————————— 4
war so jung und morgenschön, ——————————————— 3
Röslein auf der Heiden, ——————————————————— 2
sah's mit vielen Freuden. ——————————————————— 5

Goethe ——————————————————————— 6

Deutsche Rechtschreibung und Zeichensetzung im Überblick*

*Entspricht dem Stand des amtlichen Regelwerkes vom Juni 2004

Die Laut-Buchstaben-Zuordnungen

Grundlagen

Die deutsche Rechtschreibung beruht auf der lateinischen **Buchstabenschrift** (Alphabetschrift). **Laute** und **Buchstaben** sind einander nach bestimmten Regeln zugeordnet. Diese **Laut-Buchstaben-Zuordnungen** bestimmen die grundlegende Schreibung der Wörter. Sie legen fest, wie die **Laute** (oder Lautverbindungen) in der **gesprochenen** Sprache durch **Buchstaben** (oder Buchstabenverbindungen) in der **geschriebenen** Sprache wiedergegeben werden.

Die folgenden Regeln gelten für den allgemeinen Wortschatz der deutschen Sprache, aber nicht für alle Eigennamen und Ableitungen von Eigennamen.

Die **Laute** werden in zwei Gruppen unterteilt: **Vokale** und **Konsonanten**.

Vokale (Selbstlaute)	
Diese werden ohne Hilfe eines anderen Lautes ausgesprochen.	
■ **einfache Vokale**	a – e – i – o – u
■ **Umlaute**	ä – ö – ü
■ **Diphthonge** (Doppellaute, Zwielaute)	au – eu – ei – ai – äu

Konsonanten (Mitlaute)	
Diese werden mithilfe eines Vokals ausgesprochen.	
■ **stimmhafte Konsonanten** (weiche Aussprache)	b – d – g – w ...
■ **stimmlose Konsonanten** (harte, scharfe Aussprache)	p – t – k – f ...

Die Wiedergabe der Kurzvokale (Schärfung)

Doppelschreibung des Konsonanten	
Nach einem **kurzen, betonten** Vokal wird der nachfolgende Konsonantenbuchstabe meist **verdoppelt**.	ba*gg*ern, ko*mm*en, ne*nn*en, Ma*pp*e, Hü*tt*e Karame*ll*, To*ll*patsch, Ste*pp*, Ti*pp*, Fri*tt*euse

Diese **Doppelschreibung** bleibt in allen Beugungsformen, Zusammensetzungen und Ableitungen mit kurzem Vokal erhalten.	ko*mm*t, ne*nn*st, na*nn*te Scha*ff*ner (zu: scha*ff*en) He*mm*nis (zu: he*mm*en)

ck und tz

Die Buchstaben **k** und **z** werden in deutschen Wörtern **nicht** verdoppelt. Statt **kk** steht **ck**; statt **zz** steht **tz**.	Ba*ck*e, Da*ck*el, De*ck*e, Lü*ck*e, we*ck*en Fe*tz*en, Gla*tz*e, Hi*tz*e, Ka*tz*e, pla*tz*ieren
Nach den Konsonanten **l, m, n** und **r** steht **kein ck** und **tz**.	Bal*k*en, Im*k*er, Blin*k*er, mer*k*en Pel*z*, Kran*z*, Gewür*z*
In **Fremdwörtern** aus dem Lateinischen, Griechischen, Französischen steht ebenfalls **kein ck**.	Arti*k*el, Di*k*tat, Dire*k*tor, Do*k*tor, Fabri*k*, Musi*k*, Ra*k*ete, Republi*k*, Se*k*t, Taba*k* **aber:** (aus dem Englischen) Bla*ck*out, Ho*ck*ey
Nach einem **Diphthong** steht **kein tz**.	bei*z*en, Kau*z*, Kreu*z*, Schnau*z*e, sprei*z*en

keine schriftliche Kennzeichnung

Wenn auf einen **kurzen, betonten** Vokal mehrere verschiedenartige Konsonanten folgen, wird der dem Vokal nachfolgende Konsonantenbuchstabe **nicht** verdoppelt.	Fa*l*te, Fe*l*d, Geschwu*l*st, Ha*l*fter, Ha*l*s, Han*d*, har*t*, He*f*t, ka*l*t, Kün*s*tler, kur*z*, me*l*den, Schma*l*z, wi*r*ken
Bei bestimmten einsilbigen Wörtern wird die Vokalkürze ebenfalls **nicht** angezeigt. Dies gilt auch für eine Anzahl einsilbiger **Fremdwörter**.	a*b*, a*n*, ha*t*, ma*n*, mi*t*, o*b*, u*m*, vo*n*, we*g* Bu*s*, Cli*p*, Cu*p*, fi*t*, Flo*p*, Ga*g*, Hi*t*

Die Wiedergabe der Langvokale (Dehnung)

Der lang gesprochene Vokal wird bei der schriftlichen Wiedergabe häufig nicht besonders gekennzeichnet: T*a*l, W*a*re; g*e*ben, W*e*g; Augenl*i*d, B*i*ber; B*o*te, r*o*t; Bl*u*me, m*u*tig. In zahlreichen Fällen wird jedoch der Langvokal sichtbar durch das **Dehnungs-h**, das **lange i** oder die **Doppelschreibung des Vokals**.

Dehnungs-h	
Ein langer Vokal wird in vielen Wörtern durch ein zusätzliches **h** gekennzeichnet. Dieses Dehnungs-h steht oft vor **l, m, n** oder **r**.	Me*h*l, Stu*h*l, Za*h*l; abne*h*men, Le*h*m, Ra*h*men; de*h*nen, Lo*h*n, Za*h*n; fa*h*ren, Gebü*h*r, Rö*h*re
Wörter, die vor dem langen Vokal mit einem **qu** oder **sch** geschrieben werden, erhalten meist **kein** Dehnungs-h.	*Qu*ader, *Qu*al, *qu*er *Sch*al, *Sch*ema, *Sch*ere, *Sch*ule, *Sch*oner **aber:** *Sch*uh

langes i	
Das lange i wird in vielen Wörtern durch das Anfügen eines **e** gekennzeichnet.	Br*ie*f, D*ie*b, F*ie*ber, L*ie*be, L*ie*der, n*ie*der, prob*ie*ren, s*ie*ben, t*ie*f, v*ie*l, W*ie*se, zufr*ie*den
In wenigen Fällen wird das lange i als **ih** oder **ieh** wiedergegeben.	*ih*m, *ih*n, *ih*nen, *ih*r fl*ieh*en, V*ieh*, w*ieh*ern, z*ieh*en
In den meisten Fremdwörtern wird das lange i als **einfaches i** geschrieben.	Ex*i*l, Kam*i*n, Kr*i*se, Krokod*i*l, Mus*i*k, Phys*i*k, Prof*i*l, Sp*i*rale, Tar*i*f, Term*i*n, T*i*ger, Vent*i*l
Auch Fremdwörter mit der Endung **-ine** werden mit **einfachem i** geschrieben.	Apfels*i*ne, Gelat*i*ne, Kant*i*ne, Margar*i*ne, Masch*i*ne, Pral*i*ne, Ros*i*ne, Turb*i*ne, Viol*i*ne
In Fremdwörtern werden die betonten Nachsilben **-ie, -ier** und **-ieren** mit **ie** geschrieben.	Droger*ie*, Garant*ie*; Scharn*ier*, Turn*ier*; dikt*ier*en, gratul*ier*en, inform*ier*en, interess*ier*en, stud*ier*en, train*ier*en

Doppelschreibung des Vokals	
Bei manchen Wörtern wird der **lange** Vokal durch die **Verdoppelung** des Buchstabens gekennzeichnet. Es werden nur die Vokale **a, e** und **o** verdoppelt.	*Aal*, *Haar*, *Paar*, *Saal*, *Staat*, *Waage* *Beet*, *Fee*, *Heer*, *Idee*, *Meer*, *Speer*, *Teer* *Boot*, *doof*, *Moor*, *Moos*, *Zoo*
Die Länge der **Umlaute** wird **nicht** durch die Verdoppelung des Buchstabens gekennzeichnet.	*Böt*chen (zu: Boot) *Här*chen (zu: Haar) *Pär*chen (zu: Paar)

Die Umlaute ä und äu

Wörter mit ä	
Wörter mit **ä** lassen sich meistens von einem **Stammwort** mit **a** ableiten.	*Bälle* (zu: Ball), *Fälle* (zu: Fall), *Gäste* (zu: Gast), *Stärke* (zu: stark), *behände* (zu: Hand), *Gämse* (zu: Gams) **Doppelformen:** aufwendig/aufwändig, Schenke/Schänke **aber:** *E*ltern (trotz: alt), *schwenken* (trotz: schwanken)

Wörter mit äu	
Wörter mit **äu** lassen sich meistens von einem **Stammwort** mit **au** ableiten.	*Bäume* (zu: Baum), *Häute* (zu: Haut), *säubern* (zu: sauber), *Träume* (zu: Traum), *Gräuel* (zu: Grauen), *schnäuzen* (zu: Schnauze) **Ausnahmen:** *Knäuel*, *räuspern*, *Säule*, *sträuben*

Wörter mit ei und ai

Die Schreibung **e** plus **i** ist am häufigsten.	b*ei*de, Bl*ei*, dr*ei*, *Ei*er, L*ei*b (= Körper), L*ei*m, L*ei*ter, r*ei*n, S*ei*te (= Buchseite), Z*ei*t
In einer eng begrenzten Zahl von Wörtern wird **ai** geschrieben.	H*ai*, H*ai*n, K*ai*ser, L*ai*b (= Brotlaib), L*ai*ch, Lak*ai*, M*ai*d, M*ai*s, R*ai*n, S*ai*te (an einem Musikinstrument), T*ai*fun, W*ai*se

Die Wiedergabe der s-Laute

Im Deutschen unterscheidet man zwei s-Laute: das **stimmhafte** (weiche) **s** und das **stimmlose** (scharfe) **s**. Die beiden s-Laute werden in drei verschiedenen Formen wiedergegeben: durch **s** (einfaches **s**), durch **ss** (Doppel-**s**) und durch **ß** (scharfes **s**, Eszett). In der Schweiz wird statt **ß** generell **ss** geschrieben.

stimmhaftes s: Das stimmhafte s wird immer als (einfaches) s wiedergegeben.	
Am **Wortanfang** steht vor einem Vokal immer das stimmhafte s.	*S*aal, *S*alz, *S*auna, *S*ee, *S*eite, *s*ieben, *S*ucht
Im **Wortinneren** steht das stimmhafte s häufig zwischen zwei Vokalen.	bö*s*e, Do*s*e, le*s*en, Ha*s*e, Rei*s*e, tau*s*end, Wie*s*e
Das stimmhafte s steht auch nach den Konsonanten **l, m, n** und **r**, wenn ein Vokal folgt.	Fel*s*en, Häl*s*e; Am*s*el, Gäm*s*e; In*s*el, Zin*s*en; Fer*s*e, Kur*s*e

stimmloses s: Das stimmlose s wird je nach Stellung und Umgebung im Wort als ss und ß wiedergegeben.	
Nach einem **kurzen, betonten** Vokal wird das stimmlose s in der Regel als **ss** wiedergegeben.	e*ss*en, Fä*ss*er, Flü*ss*e, ha*ss*en, kü*ss*en, la*ss*en, me*ss*en, pre*ss*en, Schü*ss*el, Fa*ss*, Genu*ss*, Kongre*ss*, Ku*ss*, mu*ss*, na*ss* **aber:** bi*s*, bi*s*t, wa*s*
Das **ss** bleibt auch vor der **Zusammensetzungsfuge** erhalten.	Nu*ss*schokolade, Mi*ss*stand

Nach einem **langen** Vokal oder einem **Diphthong** wird das stimmlose s in der Regel als **ß** wiedergegeben.	blo*ß*, Fü*ß*e, Gru*ß*, Klo*ß*, Stra*ß*e, Versto*ß* anschlie*ß*end, au*ß*en, bei*ß*en, flie*ß*en, Flei*ß*, hei*ß*en, Spie*ß*, Strau*ß* **aber:** Hau*s* (wegen stimmhaftem Häu*s*er), Gla*s* (wegen stimmhaftem Glä*s*er), au*s*, Rei*s*

Gleich und ähnlich klingende Wörter

das / dass

das ist eine Form des ■ bestimmten **Artikels** (Geschlechtsworts), ■ **Demonstrativpronomens** (hinweisenden Fürworts), ■ **Relativpronomens** (bezüglichen Fürworts).	der Mann, die Frau, *das* Kind Sagen Sie *das* bitte noch einmal. *Das* kann ich so nicht akzeptieren. Das Lexikon, *das* ich dir geliehen habe, trägt den Titel „Der Brockhaus in einem Band".
dass ist eine **Konjunktion** (ein Bindewort).	Ich glaube, *da*ss Sie nun die Wörter „das" und „dass" unterscheiden können.

ent- / end-

Die Vorsilbe **ent-** wird mit **t** geschrieben.	*ent*behren, *ent*decken, *ent*flammbar, *ent*kommen, *Ent*lassung, *Ent*scheidung
Zusammensetzungen mit und Ableitungen von **Ende** werden mit **d** geschrieben.	bee*nd*en, *end*gültig, *end*lich, *End*punkt, *End*silbe, *End*spiel, Woche*nend*e

fer- / ver-

Mit **f** schreibt man das Wort **fertig** und alle verwandten Wörter.	ab*f*ertigen, an*f*ertigen, *F*ertigung, schlag*f*ertig
Mit **v** schreibt man die Vorsilbe **ver-**.	*ver*geben, *ver*lieren, *ver*lassen, *ver*sagen, *ver*sprechen

fiel / viel

fiel ist eine Vergangenheitsform des Verbs (Zeitwortes) **fallen**.	Die Gabel *fiel* auf den Boden.
viel ist ein **unbestimmtes Zahladjektiv** (Zahlwort) und bedeutet **„eine Menge"**.	*viel* Ärger, *viel* Geld *viele* Probleme, *viele* Gegenstände

seit / seid

seit ist eine ■ **Präposition** (ein Verhältniswort) und	*Seit* dem 1. August gilt die neue deutsche Rechtschreibung.
■ **Konjunktion** (ein Bindewort).	*Seit* er das Haus verlassen hat, wird er von der Polizei beobachtet.
seid ist eine konjugierte (gebeugte) Form des Verbs (Zeitworts) **sein**.	*Seid* bitte nett zueinander. *Seid* ihr gut in Regensburg angekommen?

tod- / tot-

Zusammensetzungen mit dem **Substantiv** (Hauptwort) **Tod** werden mit **d** geschrieben. Es handelt sich dabei in der Regel um **Adjektive** (Eigenschaftswörter).	*tod*blass, *tod*elend, *tod*ernst, *tod*krank, *tod*matt, *tod*müde, *tod*schick, *tod*sicher
Zusammensetzungen mit dem **Adjektiv** (Eigenschaftswort) **tot** werden mit **t** geschrieben. Es handelt sich dabei in der Regel um **Verben** (Zeitwörter).	*tot*arbeiten, *tot*fahren, *tot*lachen, *tot*schlagen, *tot*schießen, *tot*treten

wieder / wider

wieder bedeutet **„noch einmal, erneut"**.	Er kommt *wieder*. Der *Wieder*aufbau beginnt. „Recycling" heißt „*Wieder*verwertung".
wider bedeutet **„gegen, entgegen"**.	Sie wird uns *wider*sprechen. Die Behauptung ist nicht *wider*legbar. Er hat seine Aussagen *wider*rufen.

Die Schreibung der Fremdwörter

Angleichung der Fremdwörter	
Häufig verwendete Fremdwörter folgen den Regeln der **deutschen** Rechtschreibung.	Akzent (von lat. accentus) Baracke (von frz. baraque) Büro (von frz. bureau) Kabinett (von frz. cabinet) Keks (von engl. cake) Streik (von engl. strike)
Bei manchen Fremdwörtern stehen die **eingedeutschten** Schreibungen und die in der Fremdsprache üblichen Schreibweisen gleichberechtigt nebeneinander.	Delfin / Delphin, Fassette / Facette, Frigidär / Frigidaire, Ginko / Ginkgo, Jogurt / Joghurt, Justiziar / Justitiar, Katarr / Katarrh, Ketschup / Ketchup, Myrre / Myrrhe, Panter / Panther
Dabei sind folgende Regeln zu beachten: ■ Die Verbindung **ph** kann in allen Wörtern mit den Stämmen **phon, phot** und **graph** durch **f** ersetzt werden.	Dikta*fon* / Dikta*phon* Grammo*fon* / Grammo*phon* Mega*fon* / Mega*phon* Fotogra*fi*e / *Photograph*ie Biogra*fi*e / Bio*graph*ie Lexikogra*fi*e / Lexiko*graph*ie Orthogra*fi*e / Ortho*graph*ie
■ Die französischen Endungen **é** und **ée** können in einigen Wörtern durch **ee** ersetzt werden.	Drap*ee* / Drapé Expos*ee* / Exposé Frapp*ee* / Frappé pass*ee* / passé Romm*ee* / Rommé Separ*ee* / Séparée
■ Wörter mit den Endungen **-tial** und **-tiell** können mit **z** geschrieben werden, wenn **verwandte** Wörter auf **z** existieren.	differen*zial* (zu: Differenz) / differen*tial* essen*ziell* (zu: Essenz) / essen*tiell* poten*ziell* (zu: Potenz) / poten*tiell* substan*ziell* (zu: Substanz) / substan*tiell*

Besonderheiten

In Fremdwörtern aus dem Griechischen finden sich oftmals Schreibweisen mit	
■ **ph,**	Al*ph*abet, Apostro*ph*, As*ph*alt, Katastro*ph*e, Meta*ph*er, *Ph*änomen, *Ph*iloso*ph*ie, *Ph*ysik, S*ph*äre, Stro*ph*e, Trium*ph*
■ **rh,**	*Rh*etorik, *Rh*euma, *Rh*ombus, *Rh*ythmus
■ **th.**	Apo*th*eke, Biblio*th*ek, Disko*th*ek, E*th*os, Leichta*th*letik, Ma*th*ematik, *Th*eater, *Th*eke, *Th*ese, *Th*ron
Eine Reihe von Fremdwörtern wird mit **y** geschrieben, obwohl **ü** gesprochen wird.	Anal*y*se, As*y*l, D*y*namit, D*y*namo, Embr*y*o, G*y*mnastik, H*y*giene, H*y*drant, Ps*y*chologie, P*y*ramide, S*y*nthese, t*y*pisch, Z*y*presse
In Fremdwörtern aus dem Französischen wird der **u**-Laut in der Regel durch **ou** wiedergegeben.	J*ou*rnal, Lim*ou*sine, part*ou*t, R*ou*tine, Ress*ou*rcen, R*ou*te, s*ou*verän, S*ou*ffleuse, S*ou*venir, S*ou*brette **Doppelformen:** N*u*gat / N*ou*gat, Brav*u*r / Brav*ou*r
Bei Fremdwörtern mit den Endungen **-and** und **-end** kommt die **passive** Bedeutung zum Ausdruck.	Examin*and* (jemand, der examiniert wird), Konfirm*and*, Rehabilit*and* Divid*end*, Promov*end*, Subtrah*end*
Bei Fremdwörtern mit den Endungen **-ant** und **-ent** kommt die **aktive** Bedeutung zum Ausdruck.	Demonstr*ant* (jemand, der demonstriert), Protokoll*ant*, Gratul*ant* Assist*ent*, Abonn*ent*, Dirig*ent*, Konkurr*ent*

Die Getrennt- und Zusammenschreibung

Grundlagen

Im Bereich **Getrennt- und Zusammenschreibung** wird die Schreibung zweier im Text aufeinander folgender Wörter geregelt. Dabei wird die **Getrenntschreibung** als Normalfall und nur die **Zusammenschreibung** als regelungsbedürftig betrachtet. Für die Getrennt- und Zusammenschreibung sind in erster Linie **formale** Kriterien ausschlaggebend. Die **Wortarten** einer Verbindung nehmen hierbei eine bedeutende Rolle ein.

Verbindungen mit einem Verb

Verb plus Verb	
Verbindungen aus **Verb** (Zeitwort) plus **Verb** werden immer **getrennt** geschrieben.	baden gehen, kennen lernen, liegen bleiben, sitzen bleiben, spazieren gehen, stehen lassen

Partizip plus Verb	
Verbindungen aus **Partizip** (Mittelwort) plus **Verb** (Zeitwort) werden immer **getrennt** geschrieben.	geliehen bekommen, geschenkt bekommen, getrennt schreiben, gefangen halten, gefangen nehmen, verloren gehen

Adjektiv plus Verb	
Verbindungen aus **Adjektiv** (Eigenschaftswort) und **Verb** (Zeitwort) werden **getrennt** geschrieben, wenn das Adjektiv **gesteigert** oder **erweitert** werden kann. Auch die **Steigerung** mit den Wörtern **sehr** oder **ganz** führt zur **Getrenntschreibung**.	*langsam fahren* **Steigerung:** langsamer fahren **Erweiterung:** *besonders* langsam fahren *sehr* langsam fahren *ganz* langsam fahren **Weitere Beispiele:** geheim halten, gut gehen, krumm nehmen, leicht fallen, nahe bringen, offen lassen, schwer fallen, (sich) zufrieden geben

Verbindungen, die **nicht** sinnvoll erweitert oder gesteigert werden können, schreibt man **zusammen**.	fer*n*sehen (nicht: ferner sehen) hoc*h*rechnen (nicht: höher rechnen) wah*r*sagen (nicht: wahrer sagen)
Verbindungen, in denen das erste Wort **nicht selbstständig** existiert, werden ebenfalls **zusammengeschrieben**.	feh*l*gehen, feh*l*schlagen, fei*l*bieten, kun*d*geben, kun*d*tun, wei*s*machen
Verbindungen aus einem **Adjektiv** (Eigenschaftswort) mit der Endung **-ig** plus **Verb** (Zeitwort) werden **getrennt** geschrieben.	freudi*g* begrüßen, ferti*g* stellen, heili*g* sprechen, übri*g* bleiben

Adverb plus Verb (Teil 1)

Verbindungen aus einem zusammengesetzten **Adverb** (Umstandswort) plus **Verb** (Zeitwort) werden in der Regel **getrennt** geschrieben.	abhande*n* kommen, beiseite legen, vonstatte*n* gehen, zugute halten, zunichte machen, zuteil werden, anheim fallen, fürlieb nehmen, überhand nehmen
Bei bestimmten zusammengesetzten **Adverbien** (Umstandswörtern) und einigen weiteren Partikeln gilt jedoch **Zusammenschreibung**.	dagegen*h*alten, entgegen*k*ommen, gegenüber*s*tellen, herunter*g*ehen, hinein*g*ehen, zurecht*r*ücken

Die **Zusammenschreibung** gilt auch für Verbindungen mit den folgenden ersten Bestandteilen:

ab-, an-, auf-, aus-, bei-, beisammen-, da-, dabei-, dafür-, dagegen-, daher-, dahin-, dahinter-, daneben-, dar-, d(a)ran-, d(a)rauf-, d(a)rauflos-, d(a)rein-, d(a)rin-, da(r)nieder-, d(a)rüber-, d(a)rum-, d(a)runter-, davon-, davor-, dawider-, dazu-, dazwischen-, draus-, durch-, ein-, einher-, empor-, entlang-, entzwei-, fort-, gegen-, gegenüber-, her-, herab-, heran-, herauf-, heraus-, herbei-, herein-, hernieder-, herüber-, herum-, hervor-, herzu-, hin-, hinab-, hinan-, hinauf-, hinaus-, hindurch-, hintan-, hintenüber-, hinter-, hinterdrein-, hinterher-, hinüber-, hinunter-, hinweg-, hinzu-, inne-, los-, mit-, nach-, nebenher-, nieder-, über-, überein-, um-, umher-, umhin-, unter-, vor-, voran-, vorauf-, voraus-, vorbei-, vorher-, vornüber-, vorüber-, vorweg-, weg-, weiter-, wider-, wieder-, zu-, zurück-, zusammen-, zuvor-, zuwider-, zwischen-

Adverb plus Verb (Teil 2)

Verbindungen aus **-einander** plus Verb (Zeitwort) werden **getrennt** geschrieben.	aneinander *d*enken, beieinander *s*ein, aneinander *f*ügen, durcheinander *b*ringen
Verbindungen aus **-wärts** plus Verb (Zeitwort) werden **getrennt** geschrieben.	abwärt*s* gehen, aufwärt*s* gehen, rückwärt*s* gehen, vorwärt*s* bringen

Substantiv plus Verb

Verbindungen aus **Substantiv** (Hauptwort) und **Verb** (Zeitwort) werden in der Regel **getrennt** geschrieben.	Auto *f*ahren, Feuer *f*angen, Rat *s*uchen, Schlange *s*tehen, Schild *t*ragen, Ski *l*aufen, Eis *l*aufen, Kopf *s*tehen, Rad *f*ahren
Wenn das Substantiv (Hauptwort) dabei als verblasst oder **nicht** mehr als selbstständig angesehen wird, schreibt man **zusammen**. Dies gilt für Verbindungen mit ▪ **heim-,** ▪ **irre-,** ▪ **preis-,** ▪ **stand-,** ▪ **statt-,** ▪ **teil-,** ▪ **wett-,** ▪ **wunder-.**	heim*b*ringen, heim*f*ahren, heim*g*ehen irre*f*ühren, irre*l*eiten, irre*w*erden preis*g*eben stand*h*alten statt*f*inden, statt*g*eben, statt*h*aben teil*h*aben, teil*n*ehmen wett*m*achen wunder*n*ehmen
Auch **untrennbare, feste** Verbindungen aus Substantiv (Hauptwort) und Verb (Zeitwort) werden **zusammengeschrieben**.	bauch*r*eden, berg*s*teigen, bruch*l*anden, bruch*r*echnen, kopf*r*echnen, not*l*anden, punkt*s*chweißen, schutz*i*mpfen, segel*f*liegen, seil*t*anzen, seiten*s*chwimmen, sonnen*b*aden, wett*l*aufen, wett*r*ennen, zwangs*r*äumen

Verbindungen mit dem Verb sein

Verbindungen mit dem Verb (Zeitwort) **sein** werden **getrennt** geschrieben.	da *s*ein, dabei *s*ein, hier *s*ein, zusammen *s*ein, (etwas) *s*ein *l*assen

Verbindungen aus Präposition (Verhältniswort) plus Substantiv

Bestimmte häufig gebrauchte Verbindungen aus **Präposition** (Verhältniswort) plus **Substantiv** (Hauptwort) können **zusammen-** oder **getrennt** geschrieben werden.	aufseiten / auf Seiten vonseiten / von Seiten mithilfe / mit Hilfe zugunsten / zu Gunsten zuungunsten / zu Ungunsten zulasten / zu Lasten außerstande / außer Stande (sein) imstande / im Stande (sein) infrage / in Frage (stellen) instand / in Stand (setzen) zugrunde / zu Grunde (gehen) zuleide / zu Leide (tun) zumute / zu Mute (sein) zurande / zu Rande (kommen) zuschanden / zu Schanden (machen) zustande / zu Stande (bringen) zutage / zu Tage (fördern) zuwege / zu Wege (bringen)

Verbindungen mit einem Partizip oder Adjektiv

Substantiv plus Partizip oder Adjektiv

Verbindungen aus **Substantiv** (Hauptwort) plus **Partizip** (Mittelwort) werden **zusammengeschrieben,** wenn der erste Bestandteil für eine **Wortgruppe** steht oder in dieser Form nicht selbstständig vorkommt.	bahnbrechend (sich eine Bahn brechend) freudestrahlend (vor Freude strahlend) herzerquickend (das Herz erquickend) luftgekühlt (mit Luft gekühlt) zeitabhängig (von der Zeit abhängig) schneeweiß (weiß wie Schnee) grenzüberschreitend, friedliebend, nutzbringend
Dies gilt generell bei Zusammensetzungen mit einem **Fugenelement.**	arbeitserleichternd, feuchtigkeitsspendend, altersschwach, anlehnungsbedürftig, lebensfremd; sonnenarm

Partizip plus Adjektiv

Verbindungen aus **Partizip** (Mittelwort) plus **Adjektiv** (Eigenschaftswort) werden **getrennt** geschrieben.	blendend weiße (Zähne) kochend heißes (Wasser)

Einzelfallregelungen

Adjektiv oder Substantiv plus Partizip

Die normalerweise getrennt geschriebenen Verbindungen aus Adjektiv (Eigenschaftswort) oder Substantiv (Hauptwort) plus Partizip (Mittelwort) können auch zusammengeschrieben werden, wenn sie wie ein Adjektiv (Eigenschaftswort) gebraucht und als Einheit empfunden werden.	Erholung *s*uchende / erholung*s*uchende Großstädter dün*n* besiedelte / dün*n*besiedelte Gebiete

Verbindungen mit irgend-

Verbindungen mit **irgend-** werden immer **zusammengeschrieben**.	irgen*dw*ann, irgen*dw*er, irgen*dw*ohin, irgen*d*etwas, irgen*dj*emand

Verbindungen aus nicht plus Adjektiv

Verbindungen aus **nicht** plus **Adjektiv** (Eigenschaftswort) können wahlweise **zusammen-** oder **getrennt** geschrieben werden.	die nich*t*amtliche Nachricht / die nich*t* amtliche Nachricht der nich*t*berufstätige Elternteil / der nich*t* berufstätige Elternteil die nich*t*öffentlichte Verhandlung / die nich*t* öffentliche Verhandlung

Verbindungen aus so / wie / zu plus Adjektiv / Adverb

Verbindungen aus den Wörtern **so, wie, zu** plus Adjektiv (Eigenschaftswort) oder Adverb (Umstandswort) werden **getrennt** geschrieben.	so *v*iel, so *v*iele; wie *v*iel, wie *v*iele; zu *v*iel, zu *w*enig
Ausnahmen: Die Konjunktionen (Bindewörter) **soviel** und **soweit** werden **zusammengeschrieben**.	So*v*iel / So*w*eit mir bekannt ist ...

Die Schreibung mit Bindestrich

Grundlagen

In der deutschen Rechtschreibung gliedert der **Bindestrich** unübersichtliche Zusammensetzungen. Dadurch trägt er zur besseren Lesbarkeit des Textes bei.

Hinweis: Die Regeln zum Gebrauch des Ergänzungsstrichs (oder: Ergänzungsbindestrichs) werden im Abschnitt „Die Zeichensetzung" dargestellt.

Zusammensetzungen mit Einzelbuchstaben, Abkürzungen und Ziffern

Der Bindestrich steht in Zusammensetzungen mit ■ **Einzelbuchstaben,**	A-Dur, b-Moll, s-Laut, T-Shirt, x-beliebig Fugen-s, Dativ-e, Dehnungs-h
■ **Abkürzungen,**	Kfz-Papiere, Lkw-Fahrer, UV-bestrahlt Abt.-Ltr., Dipl.-Ing., Rechng.-Nr.
■ **Ziffern.**	6-jährig, (der/die) 6-Jährige, 3-mal, 100-prozentig, 4-silbig, 3-Karäter, 2-Pfünder, 3-Tonner, 8-Zylinder
Kein Bindestrich wird in der Regel gesetzt, wenn die Ziffer mit einer **Nachsilbe** verbunden ist.	(ein) 10*tel*, (ein) 68*er*
Der Bindestrich steht jedoch, wenn die Ziffer und die Nachsilbe Bestandteile einer **Zusammensetzung** sind.	(die) 20er-Gruppe, (die) 61er-Bildröhre, (die) 68er-Generation
Bei Verbindungen mit **-fach** und dem Wort **Jahr** ist wahlweise die Schreibung **mit** oder **ohne** Bindestrich möglich.	3-*fach* / 3*fach*, (das) 3-*Fache*, (das) 3*fache* (die) 60er-*Jahre* / (die) 60er *Jahre*, (in den) 80er-*Jahren* / (in den) 80er *Jahren*

Der Durchkopplungsbindestrich

Zusammensetzungen mit Einzelbuchstaben, Abkürzungen und Ziffern	
Der Bindestrich steht als Durchkopplungsbindestrich in **Zusammensetzungen** mit ◼ **Einzelbuchstaben,**	A-Dur-Tonleiter, E-Dur-Tonleiter, S-Kurven-reich, Vitamin-C-haltig
◼ **Abkürzungen,**	K.-o.-Schlag, UV-Strahlen-gefährdet
◼ **Ziffern.**	35-Stunden-Woche, 45-Cent-Briefmarke, 100-m-Lauf, 8-Zylinder-Motor

Zusammensetzungen mit aneinander gereihten Substantiven und substantivierten Infinitiven	
Der Bindestrich steht als Durchkopplungsbindestrich ◼ in **Zusammensetzungen** mit **aneinander gereihten Substantiven** (Hauptwörtern) und	Berg-und-Tal-Bahn Frage-und-Antwort-Spiel Wort-für-Wort-Übersetzung
◼ in sonst **unübersichtlichen Zusammensetzungen** mit **substantivierten Infinitiven** (als Hauptwort gebrauchten Grundformen).	zum Aus-der-Haut-Fahren sein das In-den-April-Schicken

Weitere Anwendungsregeln

Hervorhebung einzelner Bestandteile	
Der Bindestrich kann zur **Hervorhebung** von einzelnen Bestandteilen gesetzt werden.	be-greifen, dass-Satz, (die) Hoch-Zeit, (das) Nach-Denken, Soll-Stärke, Vor-Sätze

Gliederung unübersichtlicher Zusammensetzungen	
Der Bindestrich kann zur Gliederung von **unübersichtlichen** Zusammensetzungen gesetzt werden.	Arbeiter-Unfallversicherungsgesetz, Gemeindegrundsteuer-Veranlagung, Eisenbahn-Fahrplan, Lotto-Annahmestelle

Vermeidung von Missverständnissen	
Der Bindestrich kann zur Vermeidung von **Missverständnissen** gesetzt werden.	Drucker-Zeugnis / Druck-Erzeugnis, Musiker-Leben / Musik-Erleben

Zusammentreffen von drei gleichen Buchstaben	
Der Bindestrich kann beim Zusammentreffen von **drei gleichen** Buchstaben gesetzt werden. Daneben ist auch die **Zusammenschreibung** des Wortes möglich.	Blatt-Trieb / Blatt*t*rieb Schiff-Fahrt / Schif*ff*ahrt Kaffee-Ernte / Kaffe*e*ernte Zoo-Orchester / Zo*o*orchester

Der Bindestrich bei mehrgliedrigen Fremdwörtern

Der Bindestrich kann bei **mehrgliedrigen Fremdwörtern** gesetzt werden, um die Übersichtlichkeit zu erhöhen. Daneben ist auch die **Zusammenschreibung** der Wörter möglich.	Blac*k*out / Black-out Coun*t*down / Count-down Fee*db*ack / Feed-back Han*d*out / Hand-out Knoc*k*out / Knock-out La*y*out / Lay-out Midlife*c*risis / Midlife-Crisis Pla*yb*ack / Play-back Science*f*iction / Science-Fiction Air*c*onditioning / Air-Conditioning Swimmin*g*pool / Swimming-Pool
Verbindungen aus **Adjektiv** (Eigenschaftswort) und **Substantiv** (Hauptwort) können wahlweise **zusammen**- oder **getrennt** geschrieben werden.	Big*b*and / Big *B*and Big*b*usiness / Big *B*usiness Blac*k*box / Black *B*ox Commo*n*sense / Commo*n* *S*ense Fai*r*play / Fai*r* *P*lay Fas*t*food / Fas*t* *F*ood Gran*d*slam / Gran*d* *S*lam Happ*y*end / Happy *E*nd Har*d*cover / Har*d* *C*over Har*d*rock / Har*d* *R*ock Ho*t*dog / Hot *D*og
Die Fremdwörter werden jedoch **zusammengeschrieben**, wenn der erste Bestandteil **kein** selbstständiges Wort ist.	afr*o*amerikanisch, Afr*o*look, gall*o*romanisch, Ne*o*liberalismus

Die Groß- und Kleinschreibung

Grundlagen

Im Deutschen gibt es **Großbuchstaben** und **Kleinbuchstaben**. Mit Ausnahme des **ß**, das ausschließlich als Kleinbuchstabe existiert, ist jedem Kleinbuchstaben ein Großbuchstabe zugeordnet. Die beiden Arten von Buchstaben haben im geschriebenen Text unterschiedliche Funktionen, die im Folgenden dargestellt werden.

Die Großschreibung

Die Großschreibung am Satzanfang

Das **erste** Wort eines selbstständigen **Satzes** wird **großgeschrieben**.	*Das* erste Wort eines selbstständigen Satzes wird großgeschrieben. *Das* Telefon fiel auf den Boden. *W*arum hast du mich nicht gefragt?
Dies gilt auch für den Beginn der **direkten** (wörtlichen) **Rede**.	Er fragte: „*W*ohin gehst du?" „*W*ie stellst du dir das vor?", sagte sie.
Ein **Apostroph** (Auslassungszeichen) oder **drei Auslassungspunkte** zu Beginn eines Satzes werden als **Satzanfang** aufgefasst.	's war 'n Erlebnis wert! ... doch sehen Sie selbst!

Die Großschreibung bei Überschriften und Titeln

Das **erste** Wort einer **Überschrift** oder eines **Titels** wird **großgeschrieben**.	*M*ein schönster Traum (Überschrift eines Aufsatzes) *R*ichtiges und gutes Deutsch (Buchtitel) *E*in Fall für zwei (Titel einer Fernsehserie) *D*er Spiegel (Titel eines Wochenmagazins)

Die Großschreibung von Substantiven

Substantive (Hauptwörter) werden **großgeschrieben**.	*A*pfel, *B*all, *F*rau, *F*reiheit, *F*reude, *G*esundheit, *K*ind, *L*iebe, *M*ann, *S*ahne

Dies gilt auch für **Fremdwörter**.	Computer, Linguistik, Orthographie, Psychologie, Reaktor, Tableau; Desktop-Publishing, Know-how, Make-up

Die Großschreibung von substantivierten Wörtern

Substantivierte (als Hauptwörter gebrauchte) **Wörter** werden **großgeschrieben**. Die Substantivierung wird in der Regel durch einen **Begleiter** angekündigt: ■ **Ankündigung** durch einen **Artikel** (ein Geschlechtswort); ■ **Ankündigung** durch ein **Adjektiv** (Eigenschaftswort) als **Attribut** (Beifügung); ■ **Ankündigung** durch eine **Präposition** (ein Verhältniswort); ■ **Ankündigung** durch ein **Pronomen** (Fürwort) oder ein **unbestimmtes Zahladjektiv** (Zahlwort).	das Singen, das Eislaufen, das Blau des Himmels, die Null, ein Hin und Her das kurze Zögern, das langsame Summen, ein heftiges Brummen, ein lautes Schreien beim Reden, im Allgemeinen, im Folgenden, vom Tanzen, zum Lesen dein Schnarchen, etwas Verdächtiges, jeder Beliebige, kein Nachdenken

Substantivierte Verben

Substantivierte **Verben** (Zeitwörter) werden **großgeschrieben**.	das Singen, das Spielen, beim Turnen, im Gehen, vom Laufen, zum Lachen

Substantivierte Adjektive und Partizipien

Substantivierte **Adjektive** (Eigenschaftswörter) und **Partizipien** (Mittelwörter) werden **großgeschrieben**. Vor ihnen stehen oftmals Wörter wie **alles, allerlei, etwas, genug, nichts, viel, wenig**.	alles Gute, allerlei Wichtiges, etwas Neues, genug Aufregendes, nichts Wichtiges, viel Gesüßtes, wenig Nützliches
Dies gilt auch für substantivierte **Adjektive** (Eigenschaftswörter) und **Partizipien** (Mittelwörter) in festen **Redewendungen**.	den Kürzeren ziehen auf dem Laufenden bleiben auf dem Trockenen sitzen aus dem Vollen schöpfen im Dunkeln tappen im Reinen sein im Trüben fischen

Ausnahmen: Feste Verbindungen aus **Präposition** (Verhältniswort) und nichtdekliniertem **Adjektiv** (Eigenschaftswort) **ohne** vorangehenden **Artikel** (Geschlechtswort) werden **kleingeschrieben.** Bei dekliniertem Adjektiv (Eigenschaftswort) kann groß- oder kleingeschrieben werden.	durch *d*ick und *d*ünn über *k*urz oder *l*ang von *f*rüh auf von *f*rüh bis *s*pät von *n*ah und *f*ern von *n*euem / von *N*euem bis auf *w*eiteres / bis auf *W*eiteres seit *l*ängerem / seit *L*ängerem
Auch **Adjektive** (Eigenschaftswörter) in **Paarformeln** zur Bezeichnung von Personen werden **großgeschrieben.**	*A*rm und *R*eich, *G*leich und *G*leich, *G*roß und *K*lein, *J*ung und *A*lt
Substantivierte Zahladjektive	
Substantivierte **Zahladjektive** (Zahlwörter) werden **großgeschrieben.**	eine *S*echs würfeln, eine *Z*wei in Deutsch, am *Z*ehnten des Monats, als *E*rster an der Reihe sein, die Rechte *D*ritter verletzen
Ausnahmen: **Alters-** und **Zeitangaben** werden **kleingeschrieben.**	*a*chtzehn (Jahre) alt werden Personen über *s*echzig um *s*echs (Uhr) anrufen
andere Wortarten	
Auch **andere** Wortarten können die Rolle eines **Substantivs** (Hauptworts) einnehmen. Diese Wörter werden ebenfalls **großgeschrieben.** Dies betrifft ■ substantivierte **Adverbien** (Umstandswörter);	das *A*uf und *N*ieder, das *D*rum und *D*ran, das *H*in und *H*er, das *J*a und *N*ein
■ substantivierte **Präpositionen** (Verhältniswörter) und **Konjunktionen** (Bindewörter);	das *F*ür und *W*ider, das *W*enn und *A*ber, das *A*ls-ob, das *E*ntweder-oder
■ substantivierte **Interjektionen** (Empfindungswörter).	das *B*imbam, das *O*h, das *T*öfftöff, das *W*auwau, das *W*eh und *A*ch

Die Großschreibung des Anredepronomens

Das **Anredepronomen** (Anredefürwort) **Sie** sowie die davon abgeleiteten Formen **Ihre, Ihnen** usw. werden **großgeschrieben**.	Ich danke *I*hnen herzlich für *I*hr Schreiben und freue mich, dass *S*ie uns bald besuchen werden.
Die **Anredepronomen** (Anredefürwörter) **du** und **ihr** sowie die davon abgeleiteten Formen **dein** und **euer** werden **kleingeschrieben**.	Ich danke *d*ir herzlich für *d*ein Schreiben und freue mich, dass *d*u uns bald besuchen wirst. Über *e*ure Worte habe ich lange nachgedacht.

Die Großschreibung von Eigennamen

Eigennamen werden **großgeschrieben**.

Dies betrifft

■ **Personennamen,**	*H*einrich *H*eine, *K*onrad *D*uden, *J*ohann *W*olfgang von *G*oethe
■ **geografische Namen** von Erdteilen, Ländern, Regionen, Städten, Straßen, Landschaften, Meeren, Seen, Flüssen und Bergen,	*E*uropa, *D*eutschland, *N*ordrhein-*W*estfalen, *M*ünchen, *M*annheimer Straße, *B*ayerischer Wald, *S*chwarzes Meer, *D*onau, *Z*ugspitze
■ **Sternbilder** und **Himmelskörper,**	*M*ars, *S*aturn, *O*rion, *K*leiner Bär, *G*roßer Wagen
■ Namen von **Institutionen, Behörden, Parteien, Firmen** usw.,	*D*eutscher Bundestag, *V*ereinte Nationen, *D*eutsche Post
■ **historische Ereignisse,**	die *F*ranzösische Revolution, der *W*estfälische Friede
■ **Titel und Ehrenbezeichnungen.**	der *H*eilige Vater, der *R*egierende Bürgermeister (von Berlin)

Personennamen

Die zu einem Personennamen gehörenden ■ **Adjektive** (Eigenschaftswörter) und **Partizipien** (Mittelwörter),	der *A*lte Fritz, Katharina die *G*roße Albrecht der *E*ntartete
■ **Pronomen** (Fürwörter),	*U*nsere Liebe Frau (Maria als Mutter Gottes)
■ **Zahladjektive** (Zahlwörter) werden ebenfalls **großgeschrieben**.	Elisabeth die *Z*weite, Karl der *A*chte, Ludwig der *E*rste
Von Personennamen abgeleitete **Adjektive** (Eigenschaftswörter) werden dagegen in der Regel **kleingeschrieben**.	*e*insteinsche Relativitätstheorie *f*reudsche Fehlleistung *g*rimmsche Märchen *l*uthersche Bibelübersetzung *o*hmsches Gesetz
Zur Hervorhebung des Personennamens ist es auch möglich, den Namensteil **großzuschreiben** und ihn durch einen **Apostroph** (Auslassungszeichen) von der Endung abzutrennen.	*E*instein'sche Relativitätstheorie *F*reud'sche Fehlleistung *G*rimm'sche Märchen *L*uther'sche Bibelübersetzung *O*hm'sches Gesetz

geografische Namen

Die zu einem geografischen Namen gehörenden **Adjektive** (Eigenschaftswörter) und **Partizipien** (Mittelwörter) werden **großgeschrieben**.	der *B*ayerische *W*ald, das *R*ote Meer, der *I*ndische Ozean, der *S*tille Ozean, das Kap der *G*uten Hoffnung die *V*ereinigten Staaten von Amerika
Von geografischen Namen abgeleitete Wörter auf **-er** werden ausnahmslos **großgeschrieben**.	der *H*amburger Hafen, der *S*chweizer Käse, das *W*iener Schnitzel
Von geografischen Namen abgeleitete Wörter auf **-isch** werden **kleingeschrieben**, wenn sie **nicht** Teil eines Eigennamens sind.	der *b*adische Wein, der *h*olländische Käse, der *i*ndische Tee, das *r*ussische Roulette **aber:** die *M*ecklenburgische Seenplatte

Die Kleinschreibung

Die Kleinschreibung der Wörter, die keine Substantive sind

Alle Wörter, die **keine** Substantive sind, werden **kleingeschrieben.**

Dies betrifft

■ **Verben** (Zeitwörter),	*b*acken, *g*ehen, *l*aufen, *s*ingen, *t*anzen
■ **Adjektive** (Eigenschaftswörter) und **Partizipien** (Mittelwörter),	*a*lt, *j*ung, *k*lein, *n*ett, *s*chnell, *s*chön *l*aufend, *w*inkend; *g*ehört, *g*eschrieben
■ **Artikel** (Geschlechtswörter),	*d*er, *d*ie, *d*as, *e*in, *e*ine
■ **Pronomen** (Fürwörter),	*i*ch, *d*u, *e*r, *s*ie, *e*s, *m*ein, *d*ein, *e*uer
■ **Adverbien** (Umstandswörter),	*g*estern, *h*eute, *l*eider, *g*ern, *s*ehr, *s*ofort
■ **Präpositionen** (Verhältniswörter),	*a*n, *a*uf, *a*us, *b*ei, *w*egen, *w*eil, *s*eitens, *t*rotz
■ **Konjunktionen** (Bindewörter),	*a*ber, *d*och, *n*ur, *o*der, *t*rotzdem, *u*nd
■ **Interjektionen** (Empfindungswörter).	*a*u, *a*utsch, *h*a, *h*uch, *m*uh, *o*h, *p*fui

Die Kleinschreibung von Desubstantivierungen

Substantive, die in eine **andere Wortart** übergetreten sind, werden **kleingeschrieben.**

Dabei kann es sich um

■ **Adverbien** (Umstandswörter),	*a*bends, *m*ittags, *m*orgens, *m*ontags, *a*nfangs, *f*lugs, *r*echtens, *t*eils, *w*illens
■ **Präpositionen** (Verhältniswörter) und	*d*ank, *k*raft, *l*aut, *s*tatt, *t*rotz, *s*eitens
■ **unbestimmte Pronomen** (Fürwörter)	ein *b*isschen, ein *p*aar (einige) **aber:** ein *P*aar (zwei zusammengehörende) Socken

handeln.

Auch die Wörter **angst, bange, gram, leid, pleite** und **schuld** werden in Verbindung mit den Verben (Zeitwörtern) **sein** oder **werden** **kleingeschrieben.**	Mir ist *a*ngst und *b*ange. Er ist mir *g*ram. Ich bin das alles *l*eid. Das Unternehmen ist *p*leite. Daran ist sie *s*chuld. **aber:** (jemandem) *A*ngst und *B*ange machen *P*leite gehen (jemandem) *S*chuld geben (jemandem) leidtun / *L*eid tun
Die aus **Substantiven** (Hauptwörtern) entstandenen **Verbzusätze** werden auch in getrennter Wortstellung **kleingeschrieben.**	preisgeben – (er) gibt *p*reis teilnehmen – (er) nimmt *t*eil wundernehmen – (er) nimmt *w*under

Die Kleinschreibung von allein stehenden Adjektiven und Pronomen

Allein stehende ■ **Adjektive** (Eigenschaftswörter) oder **Partizipien** (Mittelwörter) und	Die neue Rechtschreibung ist leichter zu erlernen als die *a*lte. Frisches Obst hat mehr Vitamine als *g*ekochtes.
■ **Pronomen** (Fürwörter) werden **kleingeschrieben,** wenn ein vorher oder nachher genanntes **Substantiv** (Hauptwort) ergänzt werden kann.	Sein Stuhl stand unmittelbar neben dem *m*einen.

Die Kleinschreibung des Superlativs

Der **Superlativ** (die Höchststufe) mit **am** wird **kleingeschrieben,** wenn man mit **wie** danach fragen kann.	Diese Fremdsprache ist am *s*chwierigsten zu erlernen.
Der **Superlativ** (die Höchststufe) mit **aufs** kann wahlweise **klein-** oder **großgeschrieben** werden.	aufs *b*este / *B*este regeln, (jemanden) aufs *h*erzlichste / *H*erzlichste begrüßen

Die Kleinschreibung der Pronomen, die die Rolle eines Substantivs einnehmen

Pronomen (Fürwörter) werden auch **kleingeschrieben,** wenn sie die Rolle eines Substantivs (Hauptworts) einnehmen.	Sie hat *a*lles vorbereitet. Das sollen die *b*eiden klären. Auch diese Erfahrung sollte *j*eder gemacht haben. In dieser Sache hat schon *m*ancher einen Fehler begangen.

Die Kleinschreibung der Wörter ein, andere, viel und wenig

Die Wörter **ein, andere, viel** und **wenig** werden in allen Beugeformen im Allgemeinen **kleingeschrieben.**	Die *e*inen singen, die *a*nderen tanzen. An der Konferenz nahmen *v*iele teil. Nur *w*enige waren mit dem Inhalt zufrieden.

Die Kleinschreibung von Adverbien als Zeitangabe

Adverbien (Umstandswörter) werden **kleingeschrieben,** wenn sie als **Zeitangabe** verwendet werden.	*v*orgestern, *g*estern, *h*eute, *m*orgen, *ü*bermorgen *f*rüh, *m*ittags, *a*bends, *n*achts
Tageszeiten nach den Adverbien (Umstandswörtern) **vorgestern, gestern, heute, morgen** und **übermorgen** werden dagegen **großgeschrieben.**	vorgestern *A*bend, gestern *N*acht, heute *M*orgen, morgen *V*ormittag, übermorgen *N*achmittag
Ausnahme: Das Adverb (Umstandswort) **früh** kann nach den genannten Wörtern **klein-** oder **großgeschrieben** werden.	gestern *f*rüh / *F*rüh, morgen *f*rüh / *F*rüh

Die Zeichensetzung

Grundlagen

Die **Satzzeichen** gliedern den Text, machen ihn übersichtlich und zeigen Pausen für das Vorlesen an. Außerdem sind die Satzzeichen ein Mittel der **stilistischen Gestaltung:** Mit ihnen kann der Schreibende auch Hervorhebungen, besondere Aussageabsichten und Nuancierungen zum Ausdruck bringen.

Im Deutschen werden folgende Satzzeichen verwendet:
- **Punkt,**
- **Ausrufezeichen,**
- **Fragezeichen,**
- **Komma,**
- **Semikolon** (Strichpunkt),
- **Doppelpunkt,**
- **Gedankenstrich,**
- **Klammern,**
- **Anführungszeichen.**

Daneben gibt es noch so genannte Wortzeichen, die zur Markierung von Auslassungen dienen:
- **Apostroph** (Auslassungszeichen) und
- **Ergänzungsstrich** (Ergänzungsbindestrich).

Der Punkt

Der Punkt als Schlusszeichen	
Der Punkt steht nach einem **Aussagesatz.**	Ich lese dieses Buch mit großem Interesse. Die Satzzeichen gliedern den Text. Der Stift liegt auf dem Tisch. Kann schon sein. Danke, gut.

Der Punkt nach frei stehenden Zeilen

Der Punkt steht **nicht** nach **frei stehenden** Zeilen.	

Innerhalb eines Briefes

Kein Punkt steht nach der	
◼ **Datumsangabe,**	Regensburg, 1. Oktober 2004
◼ **Anschrift,**	Bibliographisches Institut & F. A. Brockhaus AG Postfach 10 03 11 68003 Mannheim
◼ **Betreffzeile,**	Ihr Schreiben vom 20. Juli 2004
◼ **Grußformel,**	Mit freundlichen Grüßen
◼ **Unterschrift.**	Hans Meier

Überschriften, Zeitungs- und Buchtitel

Kein Punkt steht nach	
◼ **Überschriften,**	Vorteile und Gefahren der Medien
◼ **Zeitungs-** und **Buchtiteln.**	Süddeutsche Zeitung Duden – Die deutsche Rechtschreibung

Abschnittsgliederungen und Aufzählungen

Kein Punkt steht bei	
◼ **Abschnittsgliederungen** und	1 Einleitung 2 Die Laut-Buchstaben-Zuordnungen 2.1 Der Laut 2.1.1 Allgemeines ...
◼ zeilenweise abgesetzten **Aufzählungen.**	Teilbereiche der deutschen Rechtschreibung: – Die Laut-Buchstaben-Zuordnungen – Die Getrennt- und Zusammenschreibung – Die Schreibung mit Bindestrich – Die Groß- und Kleinschreibung – Die Zeichensetzung – Die Worttrennung am Zeilenende

Der Punkt nach Abkürzungen

Der Punkt steht nach Abkürzungen, die im **vollen Wortlaut** ausgesprochen werden.	Abb. (Abbildung), ca. (circa), Nr. (Nummer), od. (oder), ppa. (per procura), Str. (Straße)
Kein Punkt steht nach Abkürzungen, die als **solche** ausgesprochen werden.	AG (Aktiengesellschaft), BGB (Bürgerliches Gesetzbuch), BRD (Bundesrepublik Deutschland), GmbH (Gesellschaft mit beschränkter Haftung)
Kein Punkt steht nach **Maßeinheiten** und **Himmelsrichtungen.**	cm (Zentimeter), g (Gramm), km (Kilometer), l (Liter); N (Norden), SO (Südosten)
Wenn **Abkürzungs-** und **Schlusspunkt** aufeinander treffen, ist nur **ein** Punkt am Ende zu setzen.	Roman Herzog ist Bundespräsident a. D. Er beschäftigt sich mit Rechtschreibung, Grammatik, Stilistik usw.
Bei Abkürzungen **ohne** Punkt ist am Satzende ein **Satzschlusspunkt** zu setzen.	Das Kfz-Kennzeichen von München ist M. Sie wohnt in den USA.

Der Punkt nach Ordinalzahlen

Der Punkt steht nach **Ordinalzahlen** (Ordnungszahlen).	Freitag, 6. 8. 2004, König Ludwig II., 4. Stockwerk, 3. Etage

Die Auslassungspunkte

Drei Auslassungspunkte stehen, wenn eine **Rede abgebrochen** oder ein **Gedankenabschluss verschwiegen** wird.	Es ist wohl ratsam, wenn du … Wer einmal lügt … Das Substantiv beginnt mit H…
Drei Auslassungspunkte stehen, wenn ein **zitierter** Text **unvollständig** wiedergegeben wird.	Drei Auslassungspunkte stehen, wenn ein … Text unvollständig wiedergegeben wird.

Das Ausrufezeichen

Das Ausrufezeichen nach Sätzen	
Das Ausrufezeichen steht nach **Ausrufen, Aufforderungen, Befehlen, Wünschen, Bitten** und **Warnungen.**	Viel Spaß! Toll! Herzlichen Glückwunsch! Kommen Sie doch endlich! Lesen Sie bitte weiter! Vorsicht, ein Auto!
Nach einer Aufforderung steht ein **Punkt,** wenn mit ihr **kein besonderer Nachdruck** verbunden ist.	Ergänzen Sie die fehlenden Satzzeichen. Vergleiche Abschnitt 2. Siehe Seite 10.

Das Ausrufezeichen nach Interjektionen	
Das Ausrufezeichen steht nach **Interjektionen** (Empfindungswörtern).	Ah! Au! Bäh! Brr! Buh! Pfui! Pst!

Das Ausrufezeichen in Briefen	
Das Ausrufezeichen kann anstelle des Kommas nach der **Briefanrede** stehen.	Sehr geehrte Damen und Herren! Herzlichen Dank für Ihren Brief ...

Das eingeklammerte Ausrufezeichen	
Das eingeklammerte Ausrufezeichen steht nach Aussagen, die einen **Zweifel** oder eine **besondere Hervorhebung** ausdrücken.	Die deutsche Einheitsorthografie besteht seit über 100 (!) Jahren. Es gibt ein eingeklammertes (!) Satzzeichen.

Das Fragezeichen

Das Fragezeichen nach Sätzen	
Das Fragezeichen steht nach **Fragen.**	Wie spät ist es? Hast du heute Abend Zeit? Gehst du morgen mit mir ins Theater?

Das Fragezeichen nach Fragewörtern

Das Fragezeichen steht nach **Fragewörtern**.	Wer? Wessen? Wem? Wen? Auf die Frage „Wessen?" folgt der Genitiv.

Das eingeklammerte Fragezeichen

Das eingeklammerte Fragezeichen steht nach **unglaubwürdigen** oder **unbewiesenen** Aussagen.	Diese interessante (?) Lektüre werde ich ihm zum Geburtstag schenken.

Das Komma

Das Komma zwischen Satzteilen

Das Komma bei der Aufzählung

Das Komma trennt die Teile einer **Aufzählung**.	Die Bundesrepublik Deutschland besteht aus folgenden Bundesländern: Baden-Württemberg, Bayern, Berlin, Brandenburg, Bremen, Hamburg, Hessen, Mecklenburg-Vorpommern, Niedersachsen, Nordrhein-Westfalen, Rheinland-Pfalz, Saarland, Sachsen, Sachsen-Anhalt, Schleswig-Holstein, Thüringen.
Kein Komma steht, wenn die Teile einer Aufzählung durch ■ **und,** ■ **oder,** ■ **sowie,** ■ **entweder – oder,** ■ **sowohl – als auch,** ■ **weder – noch** verbunden sind.	Sie hat Fleisch *und* Wurst eingekauft. Es wurde darüber verhandelt, ob Bonn *oder* Berlin die Hauptstadt werden sollte. An der Veranstaltung nahmen Kinder *sowie* Jugendliche teil. Heute gehe ich *entweder* in die Stadt *oder* in das Schwimmbad. Wir verbrachten den Urlaub *sowohl* in Frankreich *als auch* in Spanien. Er wird *weder* heute *noch* morgen kommen.

Das Komma in Briefen

Das Komma steht nach der **Briefanrede**. Anstelle des Kommas kann auch ein Ausrufezeichen gesetzt werden.	Sehr geehrte Damen und Herren, herzlichen Dank für Ihren Brief ...

Das Komma bei Appositionen

Die **Apposition** (der Beisatz) wird in Kommas eingeschlossen.	Konrad Duden, der Vater der deutschen Einheitsorthografie, wurde am 3. 1. 1829 auf Gut Bossigt bei Wesel geboren.

Das Komma bei Konjunktionen

Das Komma steht zwischen **Satzteilen,** die durch **Konjunktionen** (Bindewörter) miteinander verbunden sind.	Er möchte gerne eine Fremdsprache lernen, aber nicht seine Zeit dafür opfern. Sie geht heute in die Stadt, jedoch erst am Abend. Der Schüler macht seine Hausaufgaben teils selbst, teils mit Hilfe seines Vaters.

Das Komma bei Infinitiv- und Partizipgruppen

Bei **Infinitiv-** und **Partizipgruppen** (Gruppen der Grundform und des Mittelworts) muss in der Regel **kein** Komma gesetzt werden.	Er versucht (,) die Sache zu klären. Sie erklärte sich bereit (,) den Vorfall zu bereinigen.
Das Komma **kann** stehen, um die **Gliederung** des Satzes zu verdeutlichen oder etwaigen **Missverständnissen** vorzubeugen.	Durch eine Tasse Kaffee gestärkt (,) werden wir unsere Aufgabe fortsetzen.

In drei Fällen **muss** jedoch ein Komma stehen:	
■ Die Infinitiv- oder Partizipgruppe wird durch ein **hinweisendes** Wort **angekündigt**.	Wichtig ist es, sich mit den Regeln auseinander zu setzen.
■ Die Infinitiv- oder Partizipgruppe wird durch ein **hinweisendes** Wort **wieder aufgenommen**.	Diese Sprache zu erlernen, das war ihr großer Wunsch.
■ Die Infinitiv- oder Partizipgruppe fällt aus dem **üblichen Satzbau** heraus.	Der Mann, ohne sich über die Folgen im Klaren zu sein, hatte zugeschlagen.

Das Komma zwischen Sätzen

Das Komma zwischen Hauptsätzen

Das Komma steht zwischen **Hauptsätzen**.	Andrea liest Zeitung, Johannes spielt Gitarre. Thomas spielt im Garten, sein Vater repariert das Auto.

Das Komma zwischen Haupt- und Gliedsatz

Das Komma steht zwischen **Haupt-** und **Gliedsatz** (Nebensatz). Der Gliedsatz kann dabei ■ zu **Beginn**, ■ in der **Mitte**, ■ am **Ende** stehen.	Dass das Auto seinen Zweck erfüllen wird, glaube ich. Das Buch, das ich mir heute gekauft habe, wurde erst kürzlich veröffentlicht. Ich glaube, dass das Auto seinen Zweck erfüllen wird.

Das Komma zwischen Gliedsätzen

Das Komma steht zwischen **Gliedsätzen** (Nebensätzen).	Der Lehrer erwartet, dass der Schüler die Aufgabe erledigt, die er bekommen hat.

Das Semikolon (der Strichpunkt)

Das Semikolon bei Aufzählungen

Das Semikolon grenzt bei längeren Aufzählungen die einzelnen **Sinneinheiten** voneinander ab.	Die Physik beschäftigt sich u. a. mit Arbeit, Leistung, Energie; Schwingungen, Wellen; Lichtquellen, Lichtstärken, Lichtgeschwindigkeiten.

Das Semikolon in Sätzen

Das Semikolon steht zwischen längeren Sätzen, die inhaltlich **eng** miteinander verbunden sind.	Das Semikolon ersetzt den Punkt, wenn dieser zu stark trennt; es ersetzt das Komma, wenn dieses zu schwach trennt.

Der Doppelpunkt

Der Doppelpunkt vor der direkten Rede

Der Doppelpunkt steht vor der **direkten** (wörtlichen) Rede.	Der Abteilungsleiter sagte: „Wir werden das Projekt gleich in Angriff nehmen."

Der Doppelpunkt vor Zitaten

Der Doppelpunkt steht vor **Zitaten.**	Friedrich von Schiller schrieb: „Was ist die Mehrheit? Mehrheit ist der Unsinn; Verstand ist stets bei wen'gen nur gewesen."

Der Doppelpunkt vor Aufzählungen

Der Doppelpunkt steht vor **Aufzählungen,** wenn diese angekündigt werden.	In der deutschen Grammatik unterscheidet man verschiedene Wortarten: Substantiv, Verb, Adjektiv, Artikel, Pronomen …
Wenn die Aufzählung durch **nämlich, das heißt, das ist** oder **zum Beispiel** eingeleitet wird, braucht **kein** Doppelpunkt gesetzt zu werden.	In der deutschen Grammatik unterscheidet man verschiedene Wortarten, zum Beispiel Substantiv, Verb, Adjektiv, Artikel, Pronomen.

Der Doppelpunkt vor Satzstücken und Einzelwörtern

Der Doppelpunkt steht vor **Satzstücken** und **Einzelwörtern,** wenn diese angekündigt werden.	Beginn: 20:00 Uhr Verfasser: Johann Wolfgang von Goethe

Der Doppelpunkt vor Zusammenfassungen und Folgerungen

Der Doppelpunkt kündigt **Zusammenfassungen** und **Folgerungen** an.	Wir halten fest: Der Doppelpunkt kündigt Zusammenfassungen und Folgerungen an.

Der Gedankenstrich

Der Gedankenstrich zwischen Sätzen und Einzelwörtern

Der Gedankenstrich kennzeichnet einen Wechsel

Der Gedankenstrich kennzeichnet einen **Gedanken-** oder **Sprecherwechsel.**	Leider können wir Ihnen in dieser Sache nicht behilflich sein. – Wir müssen unsere Konsequenzen ziehen. „Bist du zu Hause?" – „Ja, ich komme!"

Der Gedankenstrich kennzeichnet Stichwörter

Der Gedankenstrich kennzeichnet die **Stichwörter** in Inhaltsangaben.	Satzzeichen: Punkt – Ausrufezeichen – Fragezeichen – Komma – Semikolon – Doppelpunkt – Gedankenstrich – Klammern – Anführungszeichen

Der Gedankenstrich innerhalb von Sätzen

Der Gedankenstrich steht bei ■ **Kommandos,** ■ **etwas Unerwartetem,** ■ **Gegenüberstellungen,** ■ **Redeabbrüchen.**	Auf die Plätze – fertig – los! Plötzlich – der Mann tauchte wieder auf! alt – neu, hässlich – schön „Jetzt fahrn wir übern See, übern See, jetzt fahrn wir übern –"

Der Gedankenstrich bei Einschüben

Der Gedankenstrich steht vor und nach **Einschüben**, die das Gesagte näher erläutern. Das zum umgebenden Text gehörende Satzzeichen darf dabei nicht weggelassen werden.	Wir glauben – und hier sind wir mit Sicherheit nicht allein der Ansicht –, dass das jetzige Steuersystem verändert werden muss.

Die Klammern

Runde Klammern

Erläuterungen in Klammern

Erläuterungen zu Wörtern oder Sätzen stehen im Allgemeinen in runden Klammern.	Die Zeichensetzung (Interpunktion) kannte man bereits in der Antike.

Eingeschobene Sätze in Klammern

Eingeschobene Sätze, die **ohne** Nachdruck gesprochen werden, stehen im Allgemeinen in runden Klammern.	Der Duden (er liegt jetzt in der 23., neu bearbeiteten Auflage vor) wird von vielen als Volkswörterbuch angesehen.

Eckige Klammern

Die Klammern in der Klammer

Eckige Klammern können bei Wörtern und Sätzen stehen, die bereits in **runde** Klammern gesetzt sind.	Die UNO (United Nations Organization [Organisation der Vereinten Nationen]) wurde 1945 gegründet.

Anmerkungen des Schreibenden

Eckige Klammern können bei **Anmerkungen** stehen, die der **Schreibende** zum fortlaufenden Text vornimmt.	„Die Zeichensetzung [auch Interpunktion genannt] kannte man bereits in der Antike."

Auslassung von Buchstaben

Eckige Klammern können bei **Buchstaben** u. dgl. stehen, die **ausgelassen** werden können.	Vokalverdopp[e]lung, Vorstellung[skraft]

Die Anführungszeichen

Die Anführungszeichen bei der direkten Rede

Die Anführungszeichen stehen bei der **direkten** (wörtlichen) Rede. Der Begleitsatz kann dabei ■ **vor** dem Redesatz,	Er sagte: „Ich muss in den Keller." Sie fragte: „Was machst du da?" Er erwiderte: „Rate doch mal!"
■ **nach** dem Redesatz,	„Ich muss in den Keller", sagte er. „Was machst du da?", fragte sie. „Rate doch mal!", erwiderte er.
■ **zwischen** den Teilen des Redesatzes stehen.	„Am Nachmittag", sagte er, „muss ich zur Arbeit."

Die Anführungszeichen bei Zitaten

Die Anführungszeichen stehen bei **Zitaten.**	„Die Anführungszeichen", so heißt es in dieser Broschüre, „stehen bei Zitaten."

Die Anführungszeichen bei der Hervorhebung von Wörtern

Die Anführungszeichen stehen bei der **Hervorhebung** von **Wörtern.**	Das Wort „behände" wird mit ä geschrieben. Die „Frankfurter Allgemeine Zeitung" ist eine bekannte Tageszeitung. Dies ist ja ein „tolles" Geschenk!

Halbe Anführungszeichen

Halbe Anführungszeichen stehen, wenn innerhalb eines bereits **mit Anführungszeichen versehenen Satzstückes** oder **Satzes** eine direkte (wörtliche) Rede, ein Titel, ein Zitat oder eine andere Hervorhebung kenntlich gemacht werden soll.	Der Arbeitskollege fragt: „Hast du diesen Artikel in der ‚Frankfurter Allgemeinen Zeitung' schon gelesen?" „Kennst du die ‚Wünschelrute' von Eichendorff?", erkundigte sich der Lehrer.

Der Apostroph (das Auslassungszeichen)

Auslassungen	
Der Apostroph zeigt das **Fehlen** eines oder mehrerer Buchstaben in einem Wort an.	's war 'n tolles Erlebnis! 'ne ganz nette Geschichte! die heil'ge Erde
Dabei wird der Apostroph gesetzt, wenn die verkürzten Formen sonst **schwer lesbar** oder **missverständlich** wären.	Bist du's etwa? D'dorf (= Düsseldorf) Ku'damm (= Kurfürstendamm) M'gladbach (= Mönchengladbach)
Kein Apostroph steht ■ für das entfallene **Schluss-e** in bestimmten Formen des **Verbs** (Zeitworts);	Ich komm vorbei. Das hör ich gern!
■ für das entfallene **Schluss-e** in Nebenformen eines **Substantivs** (Hauptworts) oder **Adjektivs** (Eigenschaftsworts);	Bursch (für: Bursche) trüb (für: trübe)
■ in allgemein gebräuchlichen **Verschmelzungen** von **Präposition** (Verhältniswort) und den **Artikeln** (Geschlechtswörtern) – **das,** – **dem,** – **den.**	 ans (an das), aufs (auf das), fürs (für das) beim (bei dem), hinterm (hinter dem) hintern (hinter den), übern (über den)

Namen	
Der Apostroph kennzeichnet den **Genitiv** (Wesfall) von Namen, die auf **s, ss, ß, tz, z** oder **x** enden.	Claudius' Gedichte, Grass' Blechtrommel, Voß' Übersetzungen, Ringelnatz' Gedichte, Leibniz' Philosophie, Marx' Lehre
Gelegentlich wird der Apostroph vor dem Genitiv-s (Wesfall-s) zur Verdeutlichung der **Grundform** eines **Personennamens** gesetzt.	Andrea's Imbissstube Manfred's Schnellgerichte

Der Ergänzungsstrich (Ergänzungsbindestrich)

Der Ergänzungsstrich steht, wenn in **mehreren** Wörtern ein **gleicher** Bestandteil ausgelassen wurde.	
Die Auslassung kann ■ den **letzten** Bestandteil,	Hin- und Rückfahrt, An- und Verkauf, Ein- und Auszahlung, Vor- und Nachteile
■ den **ersten** Bestandteil,	Paketannahme und -ausgabe, Kriegsbefürworter und -gegner
■ den **letzten und ersten** Bestandteil betreffen.	Warenimport- und -exportgeschäfte, Eisenbahnüber- und -unterführungen

Die Worttrennung am Zeilenende

Grundlagen

Am Zeilenende können Wörter **getrennt** werden, wenn der Platz für das gesamte Wort nicht ausreichend ist. Dabei dienen die Regeln für die **Worttrennung am Zeilenende** (Silbentrennung) dazu, die Wörter so zu trennen, dass die **Lesbarkeit** möglichst nicht beeinträchtigt wird.

Die Grundlage für die Worttrennung bildet die **gesprochene** Sprache. So wird bei der Trennung eines Wortes möglichst nach **Sprechsilben** getrennt. Diese Trennstellen ergeben sich bei der langsamen Aussprache eines Wortes.

Als Trennungszeichen wird heute in der Regel ein einfacher Bindestrich verwendet. Wenn am Zeilenende ein Bindestrich steht, gilt dieser zugleich als Trennungsstrich.

Die Trennung von einheimischen Wörtern

Einfache, nicht zusammengesetzte Wörter	
Einfache, nicht zusammengesetzte Wörter werden nach **Sprechsilben** getrennt.	Er-de, kle-ben, Kun-de, Lam-pe, ren-nen, Se-gel, se-hen, Sei-te, Ses-sel, Vo-gel
Ein **einzelner** Konsonant (Mitlaut) wird immer auf die **neue** Zeile gesetzt.	Ha-se, le-gen, Ru-te, schla-fen, sie-ben
Bei mehreren Konsonanten (Mitlauten) wird der **letzte** auf die **neue** Zeile gesetzt.	es-sen, fan-gen, Schif-fe, set-zen, tan-zen, Fens-ter, Kis-te, meis-tens, rann-te
Die Buchstabenverbindungen **ch, sch** und **ck** gelten als ein Laut und werden daher **nicht** getrennt.	Brü-che, Dra-chen, Ka-chel, la-chen Bö-schung, Fla-sche, na-schen, Ta-sche Bä-cker, De-cke, Mü-cke, Rü-cken, Zu-cker
Ein **einzelner** Vokal (Selbstlaut) am **Wortanfang** kann abgetrennt werden.	a-ber, A-bend, A-del, o-ben, O-fen, ü-ber
Zwei gleiche Vokale, die eine Klangeinheit bilden, und **Diphthonge** (Doppellaute) dürfen nur zusammen abgetrennt werden.	Aa-le, Waa-ge; Ei-er, Ei-mer, Eu-le, Eu-ter

Zusammengesetzte Wörter

Zusammengesetzte Wörter werden in der Regel nach ihren **sprachlichen Bestandteilen** getrennt.	Diens-tag, Gar-ten-lau-be, Haus-tür, Le-se-zei-chen, Mut-ter-tag, Wand-ta-fel
Dies gilt auch für Wörter mit einer **Vorsilbe.**	aus-ge-hen, be-pflan-zen, durch-ge-hen, ein-ho-len, um-kom-men, vor-füh-ren
Wörter, die **nicht** mehr als **Zusammen-setzungen** erkannt werden, können auch nach **Sprechsilben** getrennt werden.	dar-um / da-rum, dar-un-ter / da-run-ter, ein-an-der / ei-nan-der, her-an / he-ran, hin-auf / hi-nauf, war-um / wa-rum

Die Trennung von Fremdwörtern

Einfache, nicht zusammengesetzte Fremdwörter

Einfache, nicht zusammengesetzte Fremdwörter werden ebenfalls nach **Sprechsilben** getrennt.	Bal-kon, Ho-tel, Na-ti-o-nen, Or-ga-nis-mus, prä-mie-ren, Tro-pen
In Fremdwörtern können die folgenden Buchstabengruppen ungetrennt bleiben oder getrennt werden: ■ **bl – cl – fl – gl – kl – pl – phl,** ■ **gn – kn,** ■ **br – cr – dr – fr – gr – kr – pr – phr – tr – thr – vr.**	mö-bliert / möb-liert, Zy-klus / Zyk-lus Ma-gnet / Mag-net, py-knisch / pyk-nisch Fe-bru-ar / Feb-ru-ar, Hy-drant / Hyd-rant, Qua-drat / Quad-rat, neu-tral / neut-ral

Zusammengesetzte Fremdwörter

Fremdwörter, die **nicht** mehr als Zusammensetzungen erkannt werden, können nach ihren **Wortbestandteilen** oder nach **Sprechsilben** getrennt werden.	Chir-urg / Chi-rurg He-li-ko-pter / He-li-kop-ter Lin-ole-um / Li-no-le-um Päd-ago-gik / Pä-da-go-gik par-al-lel / pa-ral-lel

Deutsche Grammatik
im Überblick

Wörter und Wortarten

Die Form der Wörter

Neben unveränderlichen Wörtern *(und, auf, über, bis …)* gibt es eine große Anzahl von Wörtern, die sich je nach ihrer Funktion im Satzzusammenhang in ihrer Form verändern können. Diese Formveränderung nennt man **Flexion** (Beugung). Die Flexion wird unterteilt in **Deklination**, **Konjugation** und **Steigerung (Komparation)**.

Deklination: Dekliniert werden Substantive, Adjektive, Artikel, Pronomen nach Geschlecht (Genus: männlich, weiblich, sächlich), Zahl (Numerus: Einzahl, Mehrzahl) und Fall (Kasus: Nominativ, Genitiv, Dativ, Akkusativ).	das alte Schloss des alten Schlosses dem alten Schloss das alte Schloss	die alten Schlösser der alten Schlösser den alten Schlössern die alten Schlösser
Konjugation: Konjugiert werden Verben nach Person, Zahl, Zeit, Aussageweise und Handlungsart (Aktiv, Passiv).	ich sage du sagst er/sie/es sagte	wir werden sagen ihr sagtet sie hätten gesagt es wird gesagt
Steigerung: Die Steigerung ist eine besondere Art der Formveränderung bei Adjektiven (und einigen Adverbien). Es gibt drei Steigerungsstufen: Grundstufe, Höherstufe, Höchststufe.	kühl kühler der kühlste [Tag]	viel mehr am meisten

Der Aufbau der Wörter

	Vor-silbe(n)	Stamm	Nach-silbe	Flexions-endung
Wörter setzen sich meist aus Wortteilen (Morphemen) zusammen. Man unter-scheidet gewöhnlich: Stamm, Vorsilbe (Präfix), Nachsilbe (Suffix), Flexions-endung. Viele Wortteile kommen nicht für sich allein vor; sie haben aber doch eine eigene Bedeutung, mit der sie zur Gesamtbedeutung eines Wortes beitragen.	un	klar		
		Klar	heit	
		klär		t
	Ver	klär	ung	
	un-er	klär	lich	e

Wortbildung

Aus einem Grundbestand aus Wörtern und Wortteilen können nach bestimmten Regeln oder Mustern neue Wörter gebildet werden. Man unterscheidet
zwei Hauptarten von Wortbildung, die Zusammensetzung (Komposition)
und die Ableitung (Derivation).

1. Zusammensetzung (Kompositum, Pl. Komposita): Ein zusammengesetztes Wort besteht aus zwei oder mehreren selbstständig vorkommenden Wörtern, gewöhnlich aus einem Grundwort und einem voran-gehenden Bestimmungswort.	Tisch-bein Hunde-futter heim-gehen wasser-dicht
2. Ableitung (Derivat, Pl. Derivate): Eine Ableitung besteht aus einem selbstständig vorkommenden Wort (bzw. seinem Stamm) und einem oder mehreren unselbstständigen Wortteilen.	er-kennen ur-alt Mess-ung lieb-lich

Wortarten

Wörter lassen sich anhand bestimmter Merkmale in Klassen einteilen, die
man Wortarten nennt:

Wortart	Merkmale		
	der Form	der Verwendung im Satz	der Bedeutung
Verb	flektierbar: Konjugation	Rolle: v. a. Prädikat (Satzaussage) Verteilung: in Übereinstimmung mit dem Subjekt (Personal- form)	Zustände, Vorgänge, Tätigkeiten, Handlungen
Sub- stantiv	flektierbar: Deklination	Rolle: Subjekt (Satzgegenstand), Objekt (Ergänzung), adverbiale Bestimmung (Umstandsangabe), Attribut (Beifügung) Verteilung: mit Artikel	Lebewesen, Sachen (Dinge), Begriffe (Abstrakta)
Adjektiv	flektierbar: Deklination (Steigerung)	Rolle: Attribut (Beifügung), adverbiale Bestimmung (Umstandsangabe) Verteilung: mit Substantiv bzw. Verb	Eigenschaften, Merkmale
Artikel, Pro- nomen	flektierbar: Deklination	Rolle: Attribut (Beifügung) oder selbstständig Verteilung: mit Substantiv oder anstelle eines Substantivs	Verweis, nähere Bestimmung
Adverb	nicht flektierbar	Rolle: Attribut (Beifügung) oder Umstandsangabe Verteilung: mit Substantiv, Adjektiv, Verb	nähere Umstände
Prä- position	nicht flektierbar	Rolle: Präpositionalkasus (Präpositionalfall) Verteilung: vor Substantiven (Pronomen)	Verhältnisse, Beziehungen
Kon- junktion	nicht flektierbar	Rolle: Verbindung, Einleitung, Unterordnung Verteilung: zwischen Sätzen, innerhalb von Satzgliedern und Attributen	Verknüpfung im logischen, zeitlichen, begründenden, modalen u. ä. Sinn
Inter- jektion	nicht flektierbar	gewöhnlich syntaktisch isoliert; dialogsteuernde und -gliedernde Funktion	Empfindungen, Gefühle, Stellungnahmen

Das Verb (Tätigkeitswort, Tu[n]wort, Zeitwort)

Neben einfachen Verben *(trinken, lesen ...)* gibt es viele Verben, die durch Ableitung oder Zusammensetzung entstanden sind *(be-kommen, teil-nehmen ...)*. Zusammengesetzte Verben gehören in der Regel zu den trennbaren Verben *(nahm ... teil)*; Verben mit Vorsilbe sind teils trennbar, teils untrennbar. Nach ihrer Grundbedeutung unterscheidet man:

1. Zustandsverben; **2. Vorgangsverben;** **3. Tätigkeitsverben.**	Claudia *ist* krank. Der Schaden *beträgt* 3000 EUR. Ich konnte nicht *einschlafen.* Er ist spät *aufgewacht.* Der Fahrer wollte *abbiegen.* Die Kinder *spielen.*

Vollverben: Vollverben sind alle Verben, die allein im Satz vorkommen können.	Sie *liebt* ihn. Der Fahrer *übersah* den entgegenkommenden Bus. Der Unfall *forderte* zwei Verletzte.

Hilfsverben *(haben, sein, werden):* Hilfsverben kommen zusammen mit einem Vollverb vor und dienen dazu, bestimmte Zeitformen *(haben, sein:* Perfekt, Plusquamperfekt; *werden:* Futur) und das Passiv *(werden)* zu bilden.	Die Kinder *haben* geschlafen/ *sind* aufgewacht, *hatten* geschlafen/ *waren* aufgewacht, *werden* schlafen; *werden/wurden* geweckt.
Haben, sein und *werden* können auch selbstständig, als Vollverben, auftreten.	Ich *habe* keine Zeit. Gestern *waren* wir im Kino. Er *wird* Ingenieur. *Werde* bald wieder gesund.

Modalverben: Modalverben drücken in Verbindung mit einem Vollverb im Infinitiv aus, dass etwas möglich, notwendig, gewollt, erlaubt, gefordert ist.	*Können* wir uns morgen treffen? Ich *muss* den Termin absagen. Wir *möchten/ wollen* ins Kino gehen. *Darf* ich rauchen? Wir *sollen* uns gedulden.

Modifizierende Verben: Modifizierende Verben wandeln in Verbindung mit einem Vollverb im Infinitiv mit *zu* dessen Inhalt ab.	Er *drohte* (war im Begriff) zu ertrinken. Es *schien* (hatte den Anschein) zu glücken. Auf dem Foto *war* nichts zu erkennen (konnte man nichts erkennen). Ich *habe* noch zu arbeiten (muss noch arbeiten).

Funktionsverben: Funktionsverben verlieren in Verbindung mit bestimmten Substantiven ihre eigentliche Bedeutung. Die Verbindungen mit einem Funktionsverb **(Funktionsverbgefüge)** stehen gewöhnlich als Umschreibung für ein einfaches Verb: zur Aufführung bringen = aufführen.	zum Abschluss bringen; zur Verteilung gelangen; zur Anwendung kommen; in Erwägung ziehen.

Persönliche und unpersönliche Verben: Persönliche Verben können in allen drei Personen gebraucht werden. Unpersönliche Verben können nur mit *es* verbunden werden. Bei übertragenem Gebrauch können sie auch ein anderes Pronomen oder Substantiv bei sich haben.	Ich *laufe*. Du *lachst*. Sie *arbeitet*. Es *regnet/nieselt/donnert/blitzt/schneit*. Die Küche *blitzt* vor Sauberkeit.

Reflexive Verben: Echte reflexive Verben treten immer mit einem Reflexivpronomen, das sich auf das Subjekt des Satzes bezieht, auf. Unechte reflexive Verben können statt mit einem Reflexivpronomen auch mit einem Substantiv oder Pronomen gebraucht werden.	Ich schäme *mich*. Freust du *dich* nicht? Sie schafft *sich* ein Auto an. (Reflexiv:) Sie wäscht *sich*. (Nicht reflexiv:) Sie wäscht *das Kind/es*.

Das Verb und seine Ergänzungen

Jedes Verb fordert (»regiert«) eine bestimmte Anzahl von Ergänzungen. Diesen Sachverhalt bezeichnet man als Wertigkeit (Valenz) des Verbs. Man unterscheidet:

– Verben, die nur ein Subjekt haben;	Das Baby schläft. Die Sonne scheint.
– Verben mit Subjekt und Akkusativobjekt;	Er repariert sein Auto. Sie liest einen Roman.
– Verben mit Subjekt und Dativobjekt;	Das Buch gehört mir. Sie dankte den Rettern.
– Verben mit Subjekt, Dativ- und Akkusativobjekt;	Sie schenkt ihm ein Buch.
– Verben mit Subjekt und Genitivobjekt;	Sie gedachten der Toten.
– Verben mit Präpositionalobjekt;	Inge achtete auf ihre Schwester.
– Verben mit einem Prädikatsnomen;	Das Essen schmeckt gut. Er wird Maurer. Sie ist intelligent.
– Verben mit Subjekt und Raum-, Zeit- oder Artergänzung.	Die Sitzung dauerte zwei Stunden.

Transitive und intransitive Verben: Verben, die eine Akkusativergänzung haben und von denen ein Passiv gebildet werden kann, nennt man transitive (»zielende«) Verben. Alle anderen Verben nennt man intransitive (»nicht zielende«) Verben.	Die Feuerwehr *löschte* den Brand. (Passiv:) Der Brand *wurde* von der Feuerwehr *gelöscht.*

Die Konjugation

Die wichtigsten Unterschiede in der Konjugation der Verben bestehen in den Formen des Präteritums und des Partizips II. Nach den Bildungsweisen dieser beiden Formen unterscheidet man:

	Stammformen		
	Infinitiv	1. Pers. Sg. Prät.	Partizip II
1. regelmäßige (»schwache«) Konjugation: Bei den schwachen Verben bleibt der Stammvokal in allen Formen gleich; das Präteritum wird mit -t- zwischen dem Stamm und den Endungen gebildet, das Partizip II mit der Vorsilbe *ge-* und mit der Endung -t.	s*a*gen	s*a*gte	ges*a*gt
	l*ie*ben	l*ie*bte	gel*ie*bt
2. unregelmäßige (»starke«) Konjugation: Bei den starken Verben wechselt der Stammvokal (Ablaut); das Partizip II wird mit der Vorsilbe *ge-* und mit der Endung -*en* gebildet.	r*ei*ten	r*i*tt	ger*i*tten
	spr*e*chen	spr*a*ch	gespr*o*chen
	b*i*nden	b*a*nd	geb*u*nden
	w*e*rfen	w*a*rf	gew*o*rfen
Bei einigen Verben verändert sich auch der auf den Stammvokal folgende Konsonant.	z*ie*hen	z*o*g	gez*o*gen
	st*e*hen	st*a*nd	gest*a*nden
Eine weitere Gruppe der unregelmäßigen Verben hat im Präteritum und Partizip II Vokal- (und Konsonanten-)wechsel, wird aber in den Endungen regelmäßig konjugiert.	br*e*nnen	br*a*nnte	gebr*a*nnt
	d*e*nken	d*a*chte	ged*a*cht
	br*i*ngen	br*a*chte	gebr*a*cht

Verbformen

1. Personalform:

Verbformen, die in Person und Zahl mit dem Subjekt übereinstimmen, heißen Personalformen (finite Verbformen, konjugierte Verbformen). Person und Zahl werden durch Endungen (Personalendungen) angezeigt, die an den Verbstamm angefügt werden. Die Personalform des Verbs gibt Auskunft über:

1. die Person;	1., 2., 3. Person	Wer tut etwas?
2. die Zahl (Numerus);	Singular, Plural	Wie viele tun etwas?
3. die Zeit (Tempus);	Präsens, Perfekt, Präteritum, Plusquamperfekt, Futur I/II	Wann geschieht etwas?
4. die Handlungsart (Genus);	Aktiv	Tut die Person etwas?
	Passiv	Wird etwas getan?
5. die Aussageweise (Modus).	Indikativ	Geschieht etwas wirklich?
	Konjunktiv	Ist es möglich, dass etwas geschieht?
	Imperativ	Aufforderung, etwas zu tun

2. Infinitiv und Partizip:

Der Infinitiv (Grund- oder Nennform) besteht aus dem Verbstamm und der Endung *-en* oder (bei Verben auf *-el, -er*) *-n* (komm-en, les-en, dunkel-n, kletter-n). Der Infinitiv steht:

– in Verbindung mit anderen Verben (vor allem mit dem Hilfsverb *werden* und Modalverben); – als Satzglied oder als Attribut zu einem Substantiv. – Hängen von einem Infinitiv andere Wörter oder Wortgruppen ab, liegt eine **Infinitivgruppe** (erweiterter Infinitiv) vor.	Ich muss *abreisen*. Er scheint noch nicht ganz wach zu *sein*. Wann werden wir uns *wiedersehen?* Satzglied: *Reisen* bildet den Menschen. Attribut: Unser Entschluss *abzureisen* stand fest. *Dieses Problem zu lösen* ist schwierig. Er nahm sich vor, *im neuen Jahr ein besserer Mensch zu werden.*

Infinitiv oder Partizip II: Manche Verben, die mit einem anderen Verb im Infinitiv verbunden werden, ersetzen die Form des Partizips II durch den Infinitiv (immer bei Modalverben und *brauchen*).	Das hätte er mir auch schreiben *können* (nicht: *gekonnt*). Sie hätte sich besser vorbereiten *sollen*. Wir haben nicht lange zu warten *brauchen*.

Partizip I (Mittelwort I): – Bildung: Infinitiv + *-d;* – Gebrauch: als Attribut zu einem Sub- stantiv oder als Artangabe.	kommen-*d*, weinen-*d*, blühen-*d;* Attribut: ein *weinendes* Kind; Artangabe: Das Kind lief *weinend* zur Mutter.

Partizip II (Mittelwort II): – Bildung: In der Regel erhält es die Vorsilbe *ge-; ge-* entfällt bei untrennbaren Verben, Verben auf *-ieren, -eien* u. a. und bei Zusammensetzungen mit Verben dieser beiden Gruppen. – Bei trennbaren Verben tritt *-ge-* zwischen Vorsilbe und Verbstamm. – Gebrauch: hauptsächlich in der Verbindung mit Hilfsverben (Zeitformen und Passiv); als Attribut zu einem Substantiv oder als Artangabe. Partizipien, die nur noch als Adjektive empfunden werden, können auch Steigerungsformen bilden und in Verbindung mit *sein, werden* etc. als Arergänzung dienen.	stellen – gestellt, arbeiten – gearbeitet, brechen – gebrochen, bestellen – bestellt, verarbeiten – verarbeitet, zerbrechen – zerbrochen, prophezeien – prophezeit, vorbestellen – vorbestellt; vorstellen – vorgestellt, anbinden – angebunden; er hat *gesagt*/er hatte *gesagt* (Perf./ Plusqu.); er wird *gesagt* haben/es wird *gesagt* (Fut. II/Passiv); Attribut: ein *geprügelter* Hund; Artangabe: Sie dachte *angestrengt* nach. Partizip I: Die Reise war *anstrengender,* als ich dachte. Partizip II: Er ist *gewandter* geworden. Du hast immer die *verrück- testen* Ideen.

Partizipialgruppe und Partizipialsatz: Hängen von einem Partizip andere Wörter oder Wortgruppen ab, liegt eine Partizipialgruppe (ein erweitertes Partizip) vor. Partizipialgruppen als Artangaben haben fast den Charakter eines Nebensatzes (Partizipialsatz).	der *dem Prozess* (Dativ) *vorausgegangene* Streit = der Streit, der dem Prozess (Dativ) vorausgegangen ist; *Laut lachend* ging er aus dem Zimmer (= Er ging aus dem Zimmer, indem er laut lachte).

Die sechs Zeitformen im Deutschen und ihr Gebrauch

1. Das Präsens: Mit dem Präsens kann ausgedrückt werden: – ein gegenwärtiges Geschehen; – eine allgemeine Gültigkeit; – ein zukünftiges Geschehen (Zeitangabe); – ein vergangenes Geschehen (historisches Präsens).	Wohin *gehst* du? Ich *gehe* nach Hause. Zwei mal drei *ist* sechs. Morgen *fliege* ich nach Irland. Das *bereut* er noch. Im Jahre 55 v. Chr. *landen* die Römer in Britannien.
2. Das Präteritum: Das Präteritum schildert ein Geschehen als vergangen oder in der Vergangenheit ablaufend; es dient auch der Kennzeichnung unausgesprochener Gedanken (»erlebte Rede«).	Es *war* einmal ein König, der *hatte* drei Töchter. Im Jahre 44 v. Chr. *wurde* Cäsar *ermordet*. Er dachte angestrengt nach. Wie *konnte* das geschehen?
3. Das Perfekt: Das Perfekt wird gebildet mit den Präsensformen des Hilfsverbs *sein* oder *haben* und dem Partizip II; die meisten Verben (alle transitiven) bilden das Perfekt mit *haben*, intransitive Verben bilden das Perfekt teils mit *haben*, teils mit *sein*. Das Perfekt dient der Darstellung eines abgeschlossenen Geschehens oder eines erreichten Zustandes, gelegentlich auch in der Zukunft.	Intransitive Verben, die einen Zustand oder ein Geschehen in seiner **Dauer** ausdrücken: Wir *haben* früher in Bochum *gewohnt*. Ich *habe* die ganze Nacht nicht *geschlafen*. Im Urlaub *haben* wir viel *geschwommen*. Intransitive Verben, die eine Zustands- oder Orts**veränderung** bezeichnen: Er *ist* nach Bochum *gefahren*. Erst gegen Morgen *bin* ich *eingeschlafen*. Einmal *sind* wir bis zu der Insel *geschwommen*. Es *hat geschneit*. *Hast* du das Buch *gekauft?* Sie *sind* gestern *abgefahren*. Morgen *haben* wir es *geschafft*.

4. Das Plusquamperfekt:	
Das Plusquamperfekt wird gebildet mit den Präteritumformen des Hilfsverbs *haben* oder *sein* und dem Partizip II; es dient der Darstellung eines abgeschlossenen Geschehens. In Verbindung mit dem Präteritum oder dem Perfekt drückt es aus, dass ein Geschehen zeitlich vor einem anderen liegt (Vorzeitigkeit; Vorvergangenheit).	Ich *hatte gespielt.* Du *warst gekommen.* Er gestand, dass er das Buch *gestohlen hatte.* Als er kam, *waren* seine Freunde schon *gegangen.* Er *hatte* zwar etwas anderes *vorgehabt,* aber er *hat* uns trotzdem *begleitet.*
5. Das Futur I:	
Das Futur I wird gebildet mit den Präsensformen des Hilfsverbs *werden* und dem Infinitiv; es drückt aus: – eine Ankündigung, Voraussage; – eine Absicht, ein Versprechen; – eine nachdrückliche Aufforderung; – eine Vermutung.	Ich *werde lesen.* Du *wirst kommen.* Nachts *wird* der Wind *auffrischen.* Ich *werde* pünktlich da *sein.* Du *wirst* das sofort *zurücknehmen.* Er *wird* schon längst in Rom *sein.*
6. Das Futur II:	
Das Futur II wird gebildet mit den Präsensformen des Hilfsverbs *werden* und dem Infinitiv Perfekt; es dient der Darstellung eines Geschehens, das zu einem künftigen Zeitpunkt beendet sein wird (vollendete Zukunft), oder drückt eine Vermutung über ein vergangenes Geschehen aus.	Ich *werde abgereist sein.* Bis morgen *werde* ich die Aufgabe *erledigt haben.* Du *wirst geträumt haben.* Es *wird* schon nicht so schlimm *gewesen sein.*

Die Aussageweise (Modus, Pl.: Modi)

Im Deutschen gibt es drei Aussageweisen. Sie werden durch bestimmte Verbformen angezeigt: **Indikativ** (Wirklichkeitsform), **Konjunktiv** (Möglichkeitsform) und **Imperativ** (Befehlsform).

Indikativ: Der Indikativ ist die Grund- oder Normalform sprachlicher Äußerungen. Er stellt einen Sachverhalt als gegeben dar.	Peter *hat* das Abitur *bestanden* und *geht* jetzt auf die Universität. Schnell *sprang* das Rotkäppchen aus dem Bauch des Wolfes und die Großmutter auch.
Konjunktiv: Nach Bildung und Verwendung unterscheidet man: – Konjunktiv I, gebildet vom Präsensstamm des Verbs; – Konjunktiv II, gebildet vom Präteritumstamm. Die *würde*-Form des Konjunktivs ist aus den Konjunktiv-II-Formen von *werden* und dem Infinitiv Präsens bzw. Perfekt gebildet.	Indikativ Präsens: er *geh-t* Indikativ Präteritum: er *ging* Konjunktiv I: er *geh-e* Konjunktiv II: er *ging-e* er *würde gehen* / er *würde gegangen sein*

Der Gebrauch des Konjunktivs

Konjunktiv I als Ausdruck des Wunsches und der Aufforderung: Selten; gewöhnlich nur noch in festen Formeln und Redewendungen und kaum noch in Anweisungstexten.	Dem Himmel *sei* Dank! Er *lebe* hoch! Er *ruhe* in Frieden. Man *nehme:* …
Konjunktiv II als Ausdruck der Nichtwirklichkeit: – drückt aus, wenn etwas nur vor- gestellt, nicht wirklich der Fall (»irreal«) ist; – besonders häufig in »irrealen Bedingungssätzen«; – ebenso in »irrealen Vergleichs- sätzen«; – auch in höflichen Aufforderungen (in Form einer Frage) oder vorsich- tigen Feststellungen.	Stell dir vor, es *wären* Ferien, … Wenn er Zeit *hätte, käme* er mit. Er rannte, als wenn es um sein Leben *ginge.* *Hätten* Sie einen Moment Zeit für mich? Ich *würde* sagen/meinen/dafür plädieren, …

Der Konjunktiv in der indirekten Rede

Der Konjunktiv ist das Hauptzeichen der indirekten Rede. In der indirekten Rede wird eine Äußerung vom Standpunkt des berichtenden Sprechers aus wiedergegeben. Sie wird meist durch ein Verb des Sagens (auch Fragens) oder Denkens oder durch entsprechende Substantive eingeleitet.

Konjunktiv I in der indirekten Rede:
Die indirekte Rede sollte immer im Konjunktiv I stehen.
Die indirekte Rede steht immer in derselben Zeit wie die entsprechende direkte Rede.

Direkte Rede:		Indirekte Rede:
Kann ich ins Kino gehen?	Sie fragt/fragte/wird fragen usw.,	ob sie ins Kino gehen *könne.*
Ich *habe* nichts *gesehen.*/ Ich *sah* nichts.	Er behauptet/behauptete/ wird behaupten usw.,	er *habe* nichts *gesehen.*
Ich *werde* nicht *auftreten.*	Er erklärt/erklärte/wird erklären usw.,	dass er nicht *auftreten werde.*

Konjunktiv II in der indirekten Rede: Lautet der Konjunktiv I mit dem Indikativ gleich, wird in der indirekten Rede der Konjunktiv II verwendet, um Unklarheiten und Missverständnisse zu vermeiden.	Der Minister berichtete über den Verlauf der Verhandlungen: Die Partner *hätten* intensiv miteinander gesprochen; die Gespräche *hätten* zu guten Ergebnissen geführt.

Der Imperativ

Imperativ:	
– Drückt eine Aufforderung (Befehl, Verbot, Anweisung, Empfehlung, Rat, Wunsch, Bitte, Mahnung, Warnung) aus und tritt nur in der 2. Person (Singular und Plural) und in der Höflichkeitsform mit *Sie* auf. Er wird gebildet vom Präsensstamm des Verbs und endet im Singular im Allgemeinen mit -*e*.	*Komm! Kommt! Kommen Sie!* *Beeil(e) dich! Putz(e) dir die Zähne!* *Halte/Halten Sie das bitte fest!*
– Einige starke Verben, die im Präsens zwischen *e* und *i (ie)* wechseln, bilden den Imperativ immer endungslos und mit dem Stammvokal *i (ie)*.	*Sprich* (nicht: *Sprech*) lauter! *Lies* (nicht: *Les*) das! *Hilf* (nicht: *Helf*) mir! **Aber:** *Werd* (nicht: *Wird*) endlich vernünftig.

Aktiv und Passiv (Tat- und Leideform; Genus Verbi)

Die Verbformen **Aktiv** und **Passiv** drücken eine unterschiedliche Blickrichtung bzw. Handlungsart aus. Zu allen Verben kann ein Aktiv gebildet werden, nicht jedoch zu allen ein Passiv.

Aktiv:	
Im Aktiv wird das Geschehen von seinem Träger (»Täter«) her dargestellt.	Der Vorstand *beschloss* den Spielerkauf. Die Mitschüler *wählten* ihn zum Klassensprecher.

Vorgangspassiv (*werden*-Passiv):	
Das Vorgangspassiv wird gebildet mit *werden* und dem Partizip II des betreffenden Verbs; es stellt den Vorgang (das Geschehen, die Handlung) in den Vordergrund; der Handelnde muss nicht immer genannt werden.	Der Motor *wurde* von den Mechanikern *ausgebaut.* Die Fenster *sind* vom Hausmeister *geöffnet worden.* Die Rechnung *wurde bezahlt.*

Zustandspassiv (*sein*-Passiv): Das Zustandspassiv wird gebildet mit den Formen von *sein* und dem Partizip II des entsprechenden Verbs; es drückt aus, dass ein Zustand besteht (als Folge eines vorausgegangenen Vorganges).	Das Gelände *ist* von Demonstranten *besetzt.* Die Autobahn *ist* wegen Bauarbeiten *gesperrt.* Der Antrag *ist* bereits *abgelehnt.*

Passivfähige Verben: – Passivfähig sind die meisten Verben mit einer Akkusativergänzung; die Akkusativergänzung (das Objekt) des Aktivsatzes wird im Passivsatz zum Subjekt; dem Subjekt des Aktivsatzes entspricht im Passivsatz ein Satzglied mit einer Präposition (in der Regel mit *von*).	Die Behörde *lehnte* den Antrag *ab.* Der Antrag *wurde* von der Behörde *abgelehnt.*
– Von einigen Verben, die eine Akkusativergänzung haben, kann kein Passiv gebildet werden (*haben, besitzen, bekommen, kennen, wissen, enthalten* usw.). – Von den intransitiven Verben können nur bestimmte Tätigkeitsverben (*helfen, lachen, tanzen, feiern, sprechen*) ein unpersönliches Passiv bilden.	Sie *hat* eine neue Frisur (nicht möglich: Eine neue Frisur *wird* von ihr *gehabt*). Damit *ist* mir auch nicht *geholfen.* Gestern *ist* bei uns lange *gefeiert worden.* Es *wurde* viel *gelacht.*

Andere passivartige Formen: – *bekommen/erhalten* + Part. II (Art des Vorgangspassivs); – *sein* + Infinitiv mit *zu* (entspricht Vorgangspassiv mit *können* oder *müssen*); – *sich lassen* + Infinitiv (entspricht Vorgangspassiv mit **können**); – bestimmte Funktionsverbgefüge werden häufig anstelle eines Vorgangspassivs gebraucht.	Sie *bekam* einen Blumenstrauß *überreicht.* Er *erhielt* ein winziges Zimmer *zugeteilt.* Der Motor *war* nicht mehr *zu reparieren.* Das Formular *ist* mit Bleistift *auszufüllen.* Die Uhr *ließ* sich nicht mehr *aufziehen.* Nicht abgeholte Fundsachen *kommen zur Versteigerung.*

Konjugationstabellen

Konjugationsmuster für das Aktiv

1. regelmäßige (schwache) Konjugation:

	Indikativ	Konjunktiv I	Konjunktiv II
Präsens	ich frag-e du frag-st er sie frag-t es wir frag-en ihr frag-t sie frag-en	ich frag-e du frag-est er sie frag-e es wir frag-en ihr frag-et sie frag-en	
Präteritum	ich frag-t-e du frag-t-est er sie frag-t-e es wir frag-t-en ihr frag-t-et sie frag-t-en		ich frag-t-e du frag-t-est er sie frag-t-e es wir frag-t-en ihr frag-t-et sie frag-t-en
Perfekt	ich habe gefragt du hast gefragt er sie hat gefragt es wir haben gefragt ihr habt gefragt sie haben gefragt	ich habe gefragt du habest gefragt er sie habe gefragt es wir haben gefragt ihr habet gefragt sie haben gefragt	
Plusquamperfekt	ich hatte gefragt du hattest gefragt er sie hatte gefragt es wir hatten gefragt ihr hattet gefragt sie hatten gefragt		ich hätte gefragt du hättest gefragt er sie hätte gefragt es wir hätten gefragt ihr hättet gefragt sie hätten gefragt
Futur I	ich werde fragen du wirst fragen er sie wird fragen es wir werden fragen ihr werdet fragen sie werden fragen	ich werde fragen du werdest fragen er sie werde fragen es wir werden fragen ihr werdet fragen sie werden fragen	
Futur II	ich werde du wirst er sie wird gefragt haben es wir werden ihr werdet sie werden	ich werde du werdest er sie werde gefragt haben es wir werden ihr werdet sie werden	

Infinitiv Präsens: fragen
Infinitiv Perfekt: gefragt haben

Partizip I: fragend
Partizip II: gefragt

Imperativ Singular: frag[e]!
Imperativ Plural: fragt!
Höflichkeitsform: fragen Sie!

2. unregelmäßige (starke) Konjugation:

	Indikativ	Konjunktiv I	Konjunktiv II
Präsens	ich komm-e du komm-st er ⎤ sie ⎟ komm-t es ⎦ wir komm-en ihr komm-t sie komm-en	ich komm-e du komm-est er ⎤ sie ⎟ komm-e es ⎦ wir komm-en ihr komm-et sie komm-en	
Präteritum	ich kam du kam-st er ⎤ sie ⎟ kam es ⎦ wir kam-en ihr kam-t sie kam-en		ich käm-e du käm-(e)st er ⎤ sie ⎟ käm-e es ⎦ wir käm-en ihr käm-(e)t sie käm-en
Perfekt	ich bin gekommen du bist gekommen er ⎤ sie ⎟ ist gekommen es ⎦ wir sind gekommen ihr seid gekommen sie sind gekommen	ich sei gekommen du sei(e)st gekommen er ⎤ sie ⎟ sei gekommen es ⎦ wir seien gekommen ihr seiet gekommen sie seien gekommen	
Plusquamperfekt	ich war gekommen du warst gekommen er ⎤ sie ⎟ war gekommen es ⎦ wir waren gekommen ihr wart gekommen sie waren gekommen		ich wäre gekommen du wär(e)st gekommen er ⎤ sie ⎟ wäre gekommen es ⎦ wir wären gekommen ihr wär(e)t gekommen sie wären gekommen
Futur I	ich werde kommen du wirst kommen er ⎤ sie ⎟ wird kommen es ⎦ wir werden kommen ihr werdet kommen sie werden kommen	ich werde kommen du werdest kommen er ⎤ sie ⎟ werde kommen es ⎦ wir werden kommen ihr werdet kommen sie werden kommen	
Futur II	ich werde ⎤ du wirst ⎟ er ⎟ sie ⎟ werde⎟ gekommen sein es ⎟ wir werden ⎟ ihr werdet ⎟ sie werden ⎦	ich werde ⎤ du werdest ⎟ er ⎟ sie ⎟ werde ⎟ gekommen sein es ⎟ wir werden ⎟ ihr werdet ⎟ sie werden ⎦	

Infinitiv Präsens: kommen   **Partizip I:** kommend   **Imperativ Singular:** komm!
Infinitiv Perfekt: gekommen sein   **Partizip II:** gekommen   **Imperativ Plural:** kommt!
    Höflichkeitsform: kommen Sie!

Lautliche Besonderheiten:

e-Einschub vor der Endung bei Verben, deren Stamm auf *d* oder *t* ausgeht: du *find-e-st,* ihr *hielt-e-t,* und bei Verben, deren Stamm auf Konsonant + *m* oder *n* (außer *lm, ln, rm, rn*) endet: du *atm-e-st,* sie *rechn-e-t* (aber: du *lern-st,* du *qualm-st*);

s-Ausfall bei Verben, deren Stamm auf *s, ß, ss, x* oder *z* endet: reisen – du *reist,* mixen – du *mixt,* reizen – du *reizt;* das *s* bleibt erhalten, wenn der Verbstamm auf *sch* endet: du *wäschst,* du *herrschst;*

e-Ausfall bei den Verben auf *-eln* und *-ern* in der 1. und 3. Person Plural Präsens: handeln – wir *handeln,* sie *handeln,* ändern – wir *ändern,* sie *ändern;* bei Verben auf *-eln* meist auch in der 1. Person Singular Präsens und im Imperativ Singular: ich *handle,* ich *lächle; handle!, lächle!;* bei Verben auf *-ern* bleibt das *e* gewöhnlich erhalten: ich *ändere,* ich *wandere; ändere!, wandere!;*

Umlaut bei den meisten unregelmäßigen Verben mit dem Stammvokal *a, au* oder *o* in der 2. und 3. Person Singular Präsens: tragen – du *trägst,* er *trägt,* laufen – du *läufst,* er *läuft,* stoßen – du *stößt,* er *stößt;*

e/i-Wechsel bei einer Reihe von unregelmäßigen Verben in der 2. und 3. Person Singular Präsens und im Imperativ Singular: geben – du *gibst,* er *gibt; gib!,* nehmen – du *nimmst,* er *nimmt; nimm!,* sehen – du *siehst;* er *sieht; sieh!*

Konjugationsmuster für das Passiv

In den folgenden vereinfachten Mustern ist nur die 3. Person Singular aufgeführt; die übrigen Personalformen können leicht ergänzt werden.

1. *werden*-Passiv:

	Indikativ	Konjunktiv I	Konjunktiv II
Präsens	er sie wird gefragt es	er sie werde gefragt es	
Präteritum	er sie wurde gefragt es		er sie würde gefragt es
Perfekt	er sie ist gefragt es worden	er sie sei gefragt es worden	

Plusquam-perfekt	er sie es	war gefragt worden			er sie es	wäre gefragt worden
Futur I	er sie es	wird gefragt werden	er sie es	werde gefragt werden		
Futur II	er sie es	wird gefragt worden sein	er sie es	werde gefragt worden sein		

2. *sein*-Passiv:

	Indikativ		Konjunktiv I		Konjunktiv II	
Präsens	er sie es	ist gefragt	er sie es	sei gefragt		
Präteritum	er sie es	war gefragt			er sie es	wäre gefragt
Perfekt	er sie es	ist gefragt gewesen	er sie es	sei gefragt gewesen		
Plusquam-perfekt	er sie es	war gefragt gewesen			er sie es	wäre gefragt gewesen
Futur I	er sie es	wird gefragt sein	er sie es	werde gefragt sein		
Futur II	er sie es	wird gefragt gewesen sein	er sie es	werde gefragt gewesen sein		

Die Konjugation der Verben **haben, sein** und **werden** und der **Modalverben**
Die mehrgliedrigen Verbformen (Perfekt, Plusquamperfekt, Futur I, Futur II)
werden nur beispielhaft (in der 3. Person Singular) aufgeführt.

1. *haben:*

	Indikativ	Konjunktiv I	Konjunktiv II
Präsens	ich habe du hast er sie ¦ hat es wir haben ihr habt sie haben	ich habe du habest er sie ¦ habe es wir haben ihr habet sie haben	
Präteritum	ich hatte du hattest er sie ¦ hatte es wir hatten ihr hattet sie hatten		ich hätte du hättest er sie ¦ hätte es wir hätten ihr hättet sie hätten
Perfekt	er sie ¦ hat gehabt es	er sie ¦ habe gehabt es	
Plusquam-perfekt	er sie ¦ hatte gehabt es		er sie ¦ hätte gehabt es
Futur I	er sie ¦ wird haben es	er sie ¦ werde haben es	
Futur II	er sie ¦ wird gehabt es ¦ haben	er sie ¦ werde gehabt es ¦ haben	

Infinitiv Präsens: haben
Infinitiv Perfekt: gehabt haben
Partizip I: habend
Partizip II: gehabt

Imperativ Singular: hab[e]!
Imperativ Plural: habt!
Höflichkeitsform: haben Sie!

2. *sein:*

	Indikativ	Konjunktiv I	Konjunktiv II
Präsens	ich bin du bist er sie ¦ ist es wir sind ihr seid sie sind	ich sei du sei(e)st er sie ¦ sei es wir seien ihr seiet sie seien	
Präteritum	ich war du warst er sie ¦ war es wir waren ihr wart sie waren		ich wäre du wär(e)st er sie ¦ wäre es wir wären ihr wär(e)t sie wären
Perfekt	er sie ¦ ist gewesen es	er sie ¦ sei gewesen es	
Plusquam-perfekt	er sie ¦ war gewesen es		er sie ¦ wäre gewesen es
Futur I	er sie ¦ wird sein es	er sie ¦ werde sein es	
Futur II	er sie ¦ wird gewesen sein es	er sie ¦ werde gewesen sein es	

Infinitiv Präsens: sein
Infinitiv Perfekt: gewesen sein
Partizip I: seiend
Partizip II: gewesen

Imperativ Singular: sei!
Imperativ Plural: seid!
Höflichkeitsform: seien Sie!

3. *werden:*

	Indikativ	Konjunktiv I	Konjunktiv II
Präsens	ich werde du wirst er ¦ sie ¦ wird es ¦ wir werden ihr werdet ihr werdet	ich werde du werdest er ¦ sie ¦ werde es ¦ wir werden ihr werdet sie werden	
Präteritum	ich wurde du wurdest er ¦ sie ¦ wurde es ¦ wir wurden ihr wurdet sie wurden		ich würde du würdest er ¦ sie ¦ würde es ¦ wir würden ihr würdet sie würden
Perfekt	er ¦ sie ¦ ist geworden es ¦	er ¦ sie ¦ sei geworden es ¦	
Plusquam-perfekt	er ¦ sie ¦ war es ¦ geworden		er ¦ sie ¦ wäre es ¦ geworden
Futur I	er ¦ sie ¦ wird werden es ¦	er ¦ sie ¦ werde werden es ¦	
Futur II	er ¦ wird sie ¦ geworden es ¦ sein	er ¦ werde sie ¦ geworden es ¦ sein	

Infinitiv Präsens: werden
Infinitiv Perfekt: (ge)worden sein
Partizip I: werdend
Partizip II: (Vollverb:) geworden
Partizip II: (Hilfsverb:) worden

Imperativ Singular: werd[e]!
Imperativ Plural: werdet!
Höflichkeitsform: werden Sie!

4. Modalverben und *wissen:*
Die mehrgliedrigen Formen werden mit *haben* (Perfekt, Plusquamperfekt) bzw. *werden* (Futur I, Futur II) gebildet.

		dürfen	können	mögen	müssen	sollen	wollen	wissen
Indikativ Präsens	ich	darf	kann	mag	muss	soll	will	weiß
	du	darfst	kannst	magst	musst	sollst	willst	weißt
	er sie es	darf	kann	mag	muss	soll	will	weiß
	wir	dürfen	können	mögen	müssen	sollen	wollen	wissen
	ihr	dürft	könnt	mögt	müsst	sollt	wollt	wisst
	sie	dürfen	können	mögen	müssen	sollen	wollen	wissen
Konjunktiv I	ich	dürfe	könne	möge	müsse	solle	wolle	wisse
	du	dürfest	könnest	mögest	müssest	sollest	wollest	wissest
	er sie es	dürfe	könne	möge	müsse	solle	wolle	wisse
	wir	dürfen	können	mögen	müssen	sollen	wollen	wissen
	ihr	dürfet	könnet	möget	müsset	sollet	wollet	wisset
	sie	dürfen	können	mögen	müssen	sollen	wollen	wissen
Indikativ Präteritum	ich	durfte	konnte	mochte	musste	sollte	wollte	wusste
	du	durftest	konntest	mochtest	musstest	solltest	wolltest	wusstest
	er sie es	durfte	konnte	mochte	musste	sollte	wollte	wusste
	wir	durften	konnten	mochten	mussten	sollten	wollten	wussten
	ihr	durftet	konntet	mochtet	musstet	solltet	wolltet	wusstet
	sie	durften	konnten	mochten	mussten	sollten	wollten	wussten
Konjunktiv II	ich	dürfte	könnte	möchte	müsste	sollte	wollte	wüsste
	du	dürftest	könntest	möchtest	müsstest	solltest	wolltest	wüsstest
	er sie es	dürfte	könnte	möchte	müsste	sollte	wollte	wüsste
	wir	dürften	könnten	möchten	müssten	sollten	wollten	wüssten
	ihr	dürftet	könntet	möchtet	müsstet	solltet	wolltet	wüsstet
	sie	dürften	könnten	möchten	müssten	sollten	wollten	wüssten

Partizip II: gedurft, gekonnt, gemocht, gemusst, gesollt, gewollt, gewusst

Die gebräuchlichsten unregelmäßigen Verben

Verben mit Vorsilbe werden nur in Ausnahmefällen aufgeführt; in der Regel sind ihre Formen unter dem entsprechenden einfachen Verb nachzuschlagen. Bei der 1. Stammform wird die 2. Person Singular Präsens hinzugesetzt, wenn Umlaut oder *e/i*-Wechsel auftritt; bei der 2. Stammform wird der Konjunktiv II angegeben, wenn er Umlaut aufweist; bei der 3. Stammform wird deutlich gemacht, ob das Perfekt mit *haben* oder *sein* gebildet wird.

1. Stammform (Infinitiv)	2. Stammform (Präteritum)	3. Stammform (Partizip II)	1. Stammform (Infinitiv)	2. Stammform (Präteritum)	3. Stammform (Partizip II)
backen du bäckst/ backst	backte/buk büke	hat gebacken	dringen	drang	hat/ist gedrungen
befehlen du befiehlst	befahl beföhle/befähle	hat befohlen	dürfen	durfte dürfte	hat gedurft
beginnen	begann begänne/begönne	hat begonnen	empfangen du empfängst	empfing	hat empfangen
beißen	biss	hat gebissen	empfehlen du empfiehlst	empfahl empföhle/ empfähle	hat empfohlen
bergen du birgst	barg bärge	hat geborgen	erlöschen du erlischst	erlosch erlösche	ist erloschen
bersten du birst	barst bärste	ist geborsten	erschrecken du erschrickst	erschrak erschräke	ist erschrocken
bewegen	bewog bewöge	hat bewogen	essen du isst	aß äße	hat gegessen
biegen	bog böge	hat/ist gebogen	fahren du fährst	fuhr führe	hat/ist gefahren
bieten	bot böte	hat geboten	fallen du fällst	fiel	ist gefallen
binden	band bände	hat gebunden	fangen du fängst	fing	hat gefangen
bitten	bat bäte	hat gebeten	fechten du fichtst	focht föchte	hat gefochten
blasen du bläst	blies	hat geblasen	finden	fand fände	hat gefunden
bleiben	blieb	ist geblieben	flechten du flichtst	flocht flöchte	hat geflochten
braten du brätst	briet	hat gebraten	fliegen	flog flöge	hat/ist geflogen
brechen du brichst	brach bräche	hat/ist gebrochen	fliehen	floh flöhe	ist geflohen
brennen	brannte brennte	hat gebrannt	fließen	floss flösse	ist geflossen
bringen	brachte brächte	hat gebracht	fressen du frisst	fraß fräße	hat gefressen
denken	dachte dächte	hat gedacht			

1. Stammform (Infinitiv)	2. Stammform (Präteritum)	3. Stammform (Partizip II)	1. Stammform (Infinitiv)	2. Stammform (Präteritum)	3. Stammform (Partizip II)
frieren	fror fröre	hat gefroren	klingen	klang klänge	hat geklungen
gären	gor göre	hat/ist gegoren	kneifen	kniff	hat gekniffen
gebären du gebierst	gebar gebäre	hat geboren	kommen	kam käme	ist gekommen
geben du gibst	gab gäbe	hat gegeben	können	konnte könnte	hat gekonnt
gedeihen	gedieh	ist gediehen	kriechen	kroch kröche	ist gekrochen
gehen	ging	ist gegangen	laden du lädst	lud lüde	hat geladen
gelingen	gelang gelänge	ist gelungen	lassen du lässt	ließ	hat gelassen
gelten du giltst	galt gölte/gälte	hat gegolten	laufen du läufst	lief	ist gelaufen
genießen	genoss genösse	hat genossen	leiden	litt	hat gelitten
geschehen es geschieht	geschah geschähe	ist geschehen	leihen	lieh	hat geliehen
gewinnen	gewann gewönne/ gewänne	hat gewonnen	lesen du liest	las läse	hat gelesen
gießen	goss gösse	hat gegossen	liegen	lag läge	hat gelegen
gleichen	glich	hat geglichen	lügen	log löge	hat gelogen
gleiten	glitt	ist geglitten	mahlen	mahlte	hat gemahlen
glimmen	glomm glömme	hat geglommen	meiden	mied	hat gemieden
graben du gräbst	grub grübe	hat gegraben	messen du misst	maß mäße	hat gemessen
greifen	griff	hat gegriffen	misslingen	misslang misslänge	ist misslungen
haben	hatte hätte	hat gehabt	mögen	mochte möchte	hat gemocht
halten du hältst	hielt	hat gehalten	müssen	musste müsste	hat gemusst
hängen	hing	hat gehangen	nehmen du nimmst	nahm nähme	hat genommen
hauen	hieb	hat gehauen	nennen	nannte nennte	hat genannt
heben	hob höbe	hat gehoben	pfeifen	pfiff	hat gepfiffen
heißen	hieß	hat geheißen	preisen	pries	hat gepriesen
helfen du hilfst	half hülfe/hälfe	hat geholfen	quellen du quillst	quoll quölle	ist gequollen
kennen	kannte kennte	hat gekannt	raten du rätst	riet	hat geraten

1. Stammform (Infinitiv)	2. Stammform (Präteritum)	3. Stammform (Partizip II)	1. Stammform (Infinitiv)	2. Stammform (Präteritum)	3. Stammform (Partizip II)
reiben	rieb	hat gerieben	schreiten	schritt	ist geschritten
reißen	riss	hat/ist gerissen	schweigen	schwieg	hat geschwiegen
reiten	ritt	hat/ist geritten	schwimmen	schwamm schwömme/ schwämme	hat/ist geschwommen
rennen	rannte rennte	ist gerannt			
riechen	roch röche	hat gerochen	schwinden	schwand schwände	ist geschwunden
ringen	rang ränge	hat gerungen	schwingen	schwang schwänge	hat geschwungen
rinnen	rann ränne/rönne	ist geronnen	schwören	schwor schwüre/schwöre	hat geschworen
rufen	rief	hat gerufen	sehen du siehst	sah sähe	hat gesehen
saufen du säufst	soff söffe	hat gesoffen	sein	war wäre	ist gewesen
schaffen	schuf schüfe	hat geschaffen	senden	sandte sendete	hat gesandt
scheiden	schied	hat/ist geschieden	singen	sang sänge	hat gesungen
scheinen	schien	hat geschienen	sinken	sank sänke	ist gesunken
scheißen	schiss	hat geschissen			
schelten du schiltst	schalt schölte	hat gescholten	sinnen	sann sänne	hat gesonnen
schieben	schob schöbe	hat geschoben	sitzen	saß säße	hat gesessen
schießen	schoss schösse	hat/ist geschossen	sollen	sollte	hat gesollt
schlafen du schläfst	schlief	hat geschlafen	spalten	spaltete	hat gespalten
			speien	spie	hat gespien
schlagen du schlägst	schlug schlüge	hat geschlagen	sprechen du sprichst	sprach spräche	hat gesprochen
schleichen	schlich	ist geschlichen	sprießen	spross sprösse	ist gesprossen
schleifen	schliff	hat geschliffen			
schließen	schloss schlösse	hat geschlossen	springen	sprang spränge	ist gesprungen
schlingen	schlang schlänge	hat geschlungen	stechen du stichst	stach stäche	hat gestochen
schmeißen	schmiss	hat geschmissen	stecken (= sich in etwas befinden)	stak stäke	hat gesteckt
schmelzen du schmilzt	schmolz schmölze	ist geschmolzen			
schneiden	schnitt	hat geschnitten	stehen	stand stünde/stände	hat gestanden
schreiben	schrieb	hat geschrieben	stehlen du stiehlst	stahl stähle/stöhle	hat gestohlen
schreien	schrie	hat geschrien			

1. Stammform (Infinitiv)	2. Stammform (Präteritum)	3. Stammform (Partizip II)
steigen	stieg	ist gestiegen
sterben du stirbst	starb stürbe	ist gestorben
stinken	stank stänke	hat gestunken
stoßen du stößt	stieß	hat/ist gestoßen
streichen	strich	hat gestrichen
streiten	stritt	hat gestritten
tragen du trägst	trug trüge	hat getragen
treffen du triffst	traf träfe	hat getroffen
treiben	trieb	hat getrieben
treten du trittst	trat träte	hat/ist getreten
trinken	trank tränke	hat getrunken
trügen	trog tröge	hat getrogen
tun	tat täte	hat getan
verderben du verdirbst	verdarb verdürbe	hat/ist verdorben
vergessen du vergisst	vergaß vergäße	hat vergessen
verlieren	verlor verlöre	hat verloren

1. Stammform (Infinitiv)	2. Stammform (Präteritum)	3. Stammform (Partizip II)
verlöschen du verlischst	verlosch verlösche	ist verloschen
wachsen du wächst	wuchs wüchse	ist gewachsen
waschen du wäschst	wusch wüsche	hat gewaschen
weben	wob wöbe	hat gewoben
weichen	wich	ist gewichen
weisen	wies	hat gewiesen
wenden	wandte wendete	hat gewandt
werben du wirbst	warb würbe	hat geworben
werden du wirst	wurde würde	ist geworden
werfen du wirfst	warf würfe	hat geworfen
wiegen	wog wöge	hat gewogen
winden	wand wände	hat gewunden
wissen	wusste wüsste	hat gewusst
wollen	wollte	hat gewollt
ziehen	zog zöge	hat/ist gezogen
zwingen	zwang zwänge	hat gezwungen

Das Substantiv (Hauptwort; Nomen, Pl.: Nomina)

Substantive machen den bei Weitem größten Teil des Wortschatzes aus und
können auf vielfältige Weise zu neuen Wörtern zusammengesetzt werden.
Wörter aller anderen Wortarten können substantiviert werden. Substantive
haben in der Regel ein festes Geschlecht. Sie verändern sich aber nach Zahl
(Numerus) und Fall (Kasus). Man unterscheidet:

1. Gegenstandswörter (Konkreta)	*Tisch, Lampe; Tulpe, Rose; Auto, Hammer, Werkstatt, Schiedsrichter.*
– Eigennamen;	*Anna, Neumann, Japan, Rom, Goethehaus, Feldberg.*
– Gattungsbezeichnungen;	*Mensch, Frau, Freund, Katze, Rose, Stern, Haus, Tisch.*
– Stoffbezeichnungen.	*Stahl, Silber, Holz, Leder, Leinen, Wolle, Öl, Fleisch.*
2. Begriffswörter (Abstrakta).	*Mut, Stress, Alter, Torheit, Verstand, Frieden, Abrüstung.*

Die Deklinationsarten

Im Satz treten die Substantive in verschiedenen Fällen auf, und sie können –
in der Regel – Einzahl (Singular) und Mehrzahl (Plural) bilden. Sie werden also
nach Fall (Kasus), Zahl (Numerus) und Geschlecht (Genus) dekliniert. Nach
den Formen des Genitivs Singular und der Bildung des Plurals unterscheidet
man starke, schwache und gemischte Deklination:

Starke Deklination		**männlich**	**weiblich**	**sächlich**
Der Genitiv Singular der männlichen und sächlichen Substantive endet auf *-es/-s*.	**Nominativ**	der Vogel	die Nacht	das Bild
	Genitiv	des Vogel-s	der Nacht	des Bild-es
	Dativ	dem Vogel	der Nacht	dem Bild(-e)
	Akkusativ	den Vogel	die Nacht	das Bild
Es treten verschiedene Pluralformen auf.	**Nominativ**	die Vögel	die Nächt-e	die Bild-er
	Genitiv	der Vögel	der Nächt-e	der Bild-er
	Dativ	den Vögel-n	den Nächt-en	den Bild-ern
	Akkusativ	die Vögel	die Nächt-e	die Bild-er

-es steht:
– bei Substantiven auf
  -s, -ß, -ss, -x, -z, -tz;
– häufig bei einsilbigen
  Substantiven mit Konsonant
  (Mitlaut) am Ende;
 	
– häufig bei mehrsilbigen Substantiven mit Endbetonung
  und bei Zusammensetzungen mit Fugen-*s.*
	des Hauses, des Fußes, des Fasses,
	des Komplexes, des Schmerzes, des Gesetzes;
	des Bildes, des Raumes, des Buches, des Stuhles;
	
	des Betrages, des Besuches, des Arbeitsplanes.

-s steht:
– immer bei Substantiven
  auf *-el, -em, -en, -er, -chen,*
  -lein;
– meist bei Substantiven
  mit Vokal *(+ h)* am Ende;
– meist bei mehrsilbigen
  Substantiven ohne Endbetonung.
	des Vogels, des Atems, des Gartens, des Lehrers,
	des Mädchens, des Bäumleins;
	
	des Knies, des Neubaus, des Schuhs;
	
	des Monats, des Antrags, des Urlaubs.

Dativ-*e:* – heute nur noch ganz selten; – noch in bestimmten festen Wendungen.	am nächsten *Tag(e)*, auf dem *Weg(e)*; in diesem *Sinne*, im *Laufe* der Zeit, im *Grunde*.

Schwache Deklination		männlich	weiblich
(keine sächlichen Substantive): Der Singular der männlichen Substantive (außer Nominativ) endet auf *-en.*	Nominativ	der Mensch	die Frau
	Genitiv	des Mensch-en	der Frau
	Dativ	dem Mensch-en	der Frau
	Akkusativ	den Mensch-en	die Frau
Im Plural steht nur *-en.*	Nominativ	die Mensch-en	die Frau-en
	Genitiv	der Mensch-en	der Frau-en
	Dativ	den Mensch-en	den Frau-en
	Akkusativ	die Mensch-en	die Frau-en

Gemischte Deklination		Singular	Plural
Einige männliche und sächliche Substantive (*Auge, Ohr, Doktor* u. a.) werden im Singular stark und im Plural schwach dekliniert.	**Nominativ**	der Staat	die Staat-en
	Genitiv	des Staat-(e)s	der Staat-en
	Dativ	dem Staat(-e)	den Staat-en
	Akkusativ	den Staat	die Staat-en

Männliche Substantive

	Kasus	stark	schwach	gemischt
Singular	Nominativ: wer oder was?	der Tag	der Mensch	der Staat
	Genitiv: wessen?	des Tag-*(e)s*	des Mensch-*en*	des Staat-*(e)s*
	Dativ: wem?	dem Tag*(-e)**	dem Mensch-*en*	dem Staat
	Akkusativ: wen oder was?	den Tag	den Mensch-*en*	den Staat
Plural	Nominativ: wer oder was?	die Tag-*e*	die Mensch-*en*	die Staat-*en*
	Genitiv: wessen?	der Tag-*e*	der Mensch-*en*	der Staat-*en*
	Dativ: wem?	den Tag-*en*	den Mensch-*en*	den Staat-*en*
	Akkusativ: wen oder was?	die Tag-*e*	die Mensch-*en*	die Staat-*en*
	Merkmale	im Genitiv Singular: *-(e)s* im Dativ Plural: *-n* Pluralklassen: -*e:* der Tisch, die Tisch*e* -*e,* umgelautet: der Bart, die Bär*te* -*er:* der Geist, die Geist*er* -*er,* umgelautet: der Wald, die Wäld*er* - (endungslos): der Balken, die Balken - (endungslos) umgelautet: der Faden, die Fäden -*s:* der Uhu, die Uhu*s*	im Singular: in allen Fällen außer dem Nominativ *-en* im Plural: in allen Fällen *-(e)n*	im Singular: *-(e)s* im Plural: *-(e)n*

* Die Endung *-e* der starken männlichen Substantive im Dativ Singular kommt heute nur noch selten vor.

Weibliche Substantive

	Kasus	stark	schwach	gemischt
Singular	**Nominativ:** wer oder was?	die Mutter	die Frau	–
	Genitiv: wessen?	der Mutter	der Frau	–
	Dativ: wem?	der Mutter	der Frau	–
	Akkusativ: wen oder was?	die Mutter	die Frau	–
Plural	**Nominativ:** wer oder was?	die Mütter	die Frau-*en*	–
	Genitiv: wessen?	der Mütter	der Frau-*en*	–
	Dativ: wem?	den Mütter-*n*	den Frau-*en*	–
	Akkusativ: wen oder was?	die Mütter	die Frau-*en*	–
	Merkmale	**im Singular:** - (endungslos) **im Dativ Plural:** -*n* **Pluralklassen:** -*e:* die Drangsal, die Drangsal*e* -*e,* umgelautet: die Kraft, die Kräft*e* - (endungslos) umgelautet: die Tochter, die Töchter -*s:* die Kamera, die Kamera*s*	**im Singular:** - (endungslos) **im Plural:** -*(e)n*	

Sächliche Substantive

	Kasus	stark	schwach	gemischt
Singular	**Nominativ:** wer oder was?	das Jahr	–	das Ohr
	Genitiv: wessen?	des Jahr-*(e)s*	–	des Ohr-*(e)s*
	Dativ: wem?	dem Jahr-*e**	–	dem Ohr
	Akkusativ: wen oder was?	das Jahr	–	das Ohr
Plural	**Nominativ:** wer oder was?	die Jahr-*e*	–	die Ohr-*en*
	Genitiv: wessen?	der Jahr-*e*	–	der Ohr-*en*
	Dativ: wem?	den Jahr-*en*	–	den Ohr-*en*
	Akkusativ: wen oder was?	die Jahr-*e*	–	die Ohr-*en*
Merkmale		**im Genitiv Singular:** *-(e)s* **im Dativ Plural:** *-n*		**im Genitiv Singular:** *-(e)s*
		Pluralklassen: *-e:* das Pferd, die Pferd*e* *-e,* umgelautet: das Floß, die Flöß*e* *-er:* das Kind, die Kind*er* *-er,* umgelautet: das Dach, die D*ä*ch*er* - (endungslos): das Messer, die Messer - (endungslos) umgelautet: das Kloster, die Klöster *-s:* das Echo, die Echo*s*		**im Plural:** *-en*

* Die Endung *-e* der starken sächlichen Substantive im Dativ Singular kommt heute nur noch selten vor.

Zur Deklination der Personennamen vgl. die folgende Tabelle:

	ohne Artikel	mit Artikel
ein Name	mit -s im Genitiv *die Rede Meiers*	ohne -s im Genitiv *die Rede des Meier*
mehrere Namen	nur der letzte mit -s im Genitiv *die Rede Horst Meiers*	ohne -s im Genitiv *die Rede des Horst Meier*
ein Titel o. Ä. + Name	Der Name wird dekliniert *die Rede Direktor Meiers*	Der Titel wird dekliniert *die Rede des Direktors Meier*
mehrere Titel o. Ä. + Name	Der Name wird dekliniert *die Rede Direktor Professor Meiers*	Nur der 1. Titel wird dekliniert *die Rede des Direktors Professor Meier*
Herr (+ Titel) + Name	*Herr* wird immer dekliniert *die Rede Herrn Meiers*	*Herr* wird immer dekliniert *die Rede des Herrn Direktor Meier*
Doktor (Dr.) + Name	*Dr.* wird nie dekliniert *die Rede Doktor Meiers*	*Dr.* wird nie dekliniert *die Rede des Doktor Meier*

Geografische Namen erhalten, soweit sie männlich oder sächlich sind, im Genitiv die Endung -s, wenn sie ohne Artikel gebraucht werden.	die Einheit *Deutschlands,* *Schwedens* Königin, die Nationalmannschaft *Uruguays,* die Geschichte *Roms.*

Singular und Plural (Einzahl und Mehrzahl)

Singular: Aufgrund ihrer Bedeutung nur im Singular stehen können:

– viele Abstrakta;	Adel, Epik, Hitze, Kälte, Verborgenheit;
– Stoffbezeichnungen (außer in Fachsprachen).	Gold, Stahl, Blei (technisch auch: Stähle, Bleie).

Plural: Es gibt im Deutschen verschiedene Arten, den Plural zu bilden. Manchmal kann eine Mehrzahl allerdings nur durch zusammengesetzte Wörter ausgedrückt werden (z. B. Fleisch – *Fleischsorten*, Regen – *Regenfälle*). Manche Substantive kommen nur im Plural vor (z. B. *Einkünfte, Jugendjahre, Kosten*).

Mit doppelten Pluralformen werden häufig verschiedene Bedeutungen des Wortes unterschieden, z. B. *Bank – Bänke* (Sitzgelegenheiten), *Banken* (Geldinstitute); besondere Pluralformen haben viele Fremdwörter aus dem Griechischen, Lateinischen und Italienischen (z. B. *das Album – die Alben, das Cello – die Celli, das Praktikum – die Praktika*).	-*en*	die Frau, der Mensch	die Frauen, die Menschen
	-*n*	der Bote, die Nadel	die Boten, die Nadeln
	-*e*	der Tag, das Brot	die Tage, die Brote
	-*e* + Umlaut	die Nacht, der Sohn	die Nächte, die Söhne
	–	der Zettel, das Segel	die Zettel, die Segel
	Umlaut	der Vogel, der Garten	die Vögel, die Gärten
	-*er*	das Bild, das Feld	die Bilder, die Felder
	-*er* + Umlaut	der Wald, das Haus	die Wälder, die Häuser
	-*s*	das Auto, der Park	die Autos, die Parks

Das Geschlecht (Genus)

Jedes Substantiv hat ein bestimmtes grammatisches Geschlecht. Es ist entweder männlich (maskulin), weiblich (feminin) oder sächlich (neutral). Einige Substantive haben schwankendes Geschlecht (z. B. *der/das Barock*). Bei manchen Substantiven zeigt verschiedenes Geschlecht unterschiedliche Bedeutung an (z. B. *der Band, die Bände* ⟨–⟩ *das Band, die Bänder*).

Das Geschlecht wird durch den bestimmten Artikel *(der, die, das)* angezeigt.	männlich (maskulin): der Baum, der Apfel, der Ball; weiblich (feminin): die Tanne, die Birne, die Uhr; sächlich (neutral): das Holz, das Obst, das Blei.

Wortbildung des Substantivs

1. Substantivierungen: – des Verbs; – des Adjektivs; – von unflektierbaren Wörtern.	das *Rauschen* des Flusses; das *Blau* des Himmels; alles *Liebe* zum Geburtstag; vergiss das *Gestern*.

2. Zusammensetzungen:
– Das Geschlecht des Grundwortes
  legt das Geschlecht des ganzen
  zusammengesetzten Substantivs fest
  (z. B. die Haus*tür*).
	Substantiv + Substantiv:
	Haus-tür, Hof-hund;
	Verb + Substantiv:
	Kehr-woche, Mal-kasten;
	Adjektiv + Substantiv:
	Hoch-altar, Blau-licht;

Bestimmungswort und (seltener) Grundwort können mehrgliedrig sein;	Um welt schutz organisation

Bei einem Teil der Zusammensetzungen
werden zwischen die Bestandteile
bestimmte Laute bzw. Buchstaben
eingefügt (Fugenzeichen).
	-(e)s Geburtstag, Liebesdienst,
	     Arbeitsplatz;
	-e Hundehütte, Mauseloch, Lesebuch,
	     Wartesaal
	-(e)n Nummernschild, Taschentuch,
	     Strahlenschutz;
	-er Wörterbuch, Kindergarten,
	     Rinderbraten.

3. Ableitungen:
– mithilfe von Vorsilben (Präfixen)
  aus Substantiven;
– mithilfe von Nachsilben (Suffixen)
  aus anderen Wörtern.
	Miss-erfolg, Un-sinn, Anti-teilchen,
	Ex-kanzler, Poly-gamie, Pseudo-krupp;
	landen → Landung, retten → Rettung;
	schön → Schönheit, heiter → Heiterkeit;
	reiten → Reiter, bohren → Bohrer;
	Lehrer → Lehrerin.

4. Kurzformen von Substantiven sind: – Kurzwörter; – Abkürzungswörter; – Buchstabenabkürzungen.	Rad ← Fahrrad; Krimi ← Kriminalroman; Kripo ← Kriminalpolizei; Juso ← Jungsozialist; Ufo ← (unbekanntes Flugobjekt).

Die Apposition (Beisatz)

Als Attribut (Beifügung) zu einem Substantiv oder Pronomen kann ein Substantiv (oder eine Substantivgruppe) treten, das (oder die) in der Regel im gleichen Fall wie das Bezugswort steht.

– Vornamen, Beinamen, Bezeichnungen des Berufs, Titel u. Ä. sind Appositionen; – nähere Bestimmungen für Mengen. – Appositionen können vor- oder nachgestellt sein; – Appositionen können mit *wie* oder *als* angeschlossen werden.	*Peter* Müller; er spricht über Karl *den Großen; Direktor Dr.* Schmidt; mein *Onkel* Theo; ein Glas *Wein;* mit einer Tasse *Kaffee;* mit einem Pfund *Nüssen.* Peter hat Herrn Müller, *seinen Klassenlehrer,* auf der Straße gesehen. Unternehmungen *wie einen Ausflug* schätzt er nicht. Ihm *als dem Kapitän* des Schiffes ist zu vertrauen.

Begleiter und Stellvertreter des Substantivs

Der **bestimmte Artikel** *(der, die, das)* tritt mit Substantiven auf; er bezeichnet in seinen deklinierten Formen deren Geschlecht, Zahl und Fall.

	Singular			Plural
Nom.	der Stuhl	die Lampe	das Bild	die Stühle, Lampen, Bilder
Gen.	des Stuhles	der Lampe	des Bildes	der Stühle, Lampen, Bilder
Dativ	dem Stuhl	der Lampe	dem Bild	den Stühlen, Lampen, Bildern
Akk.	den Stuhl	die Lampe	das Bild	die Stühle, Lampen, Bilder

Der **unbestimmte Artikel** *(ein, eine, ein)* tritt mit Substantiven auf, jedoch ohne Pluralform.

Nom.	ein Stuhl	eine Lampe	ein Bild
Gen.	eines Stuhles	einer Lampe	eines Bildes
Dativ	einem Stuhl	einer Lampe	einem Bild
Akk.	einen Stuhl	eine Lampe	ein Bild

Ohne Artikel stehen häufig: – Abstrakta; – Stoffbezeichnungen;	*Widerstand* ist zwecklos. *Ende* der Woche. Er trinkt gern *Wein*. *Gold* ist ein Edel- metall.
– Substantive in festen Fügungen oder in Aufzählungen;	*Fuß* fassen, *Widerstand* leisten, *Frieden* schließen, an *Bord* gehen, bei *Tisch*.
– Substantive in verkürzten Äußerungen; – Personennamen.	*Fraktion* fordert *Mitspracherecht*. *Johann Wolfgang von Goethe* starb in Weimar.
– Geografische Namen stehen teils ohne, teils mit Artikel. Namen von Bergen, Gebirgen, Flüssen, Seen und Meeren stehen mit Artikel.	Deutschland, Frankreich, die Niederlande; der Königstuhl, das Riesengebirge, der Rhein, der Bodensee

Das **Personalpronomen** bezeichnet den Sprecher (1. Person), den Angesproche-
nen (2. Person), die Person oder Sache, über die man spricht (3. Person). Nur in
der dritten Person steht es stellvertretend für das Substantiv.

	Singular					Plural		
Nom.	ich	du	er	sie	es	wir	ihr	sie
Gen.	meiner	deiner	seiner	ihrer	seiner	unser	euer	ihrer
Dativ	mir	dir	ihm	ihr	ihm	uns	euch	ihnen
Akk.	mich	dich	ihn	sie	es	uns	euch	sie

Das **Reflexivpronomen** bezieht sich gewöhnlich auf das Subjekt des Satzes und
stimmt in Person und Zahl mit ihm überein. Der Fall hängt vom Verb ab.

– Für die 3. Person hat es die Form *sich*.	(Dativ Singular:) Damit schadet er *sich* nur. (Akkusativ Singular:) Sie schminkt *sich*. (Dativ Plural:) Sie haben *sich* viel erzählt. (Akkusativ Plural:) Die Gäste begrüßten *sich*.
– Für die 1. und 2. Person werden die entsprechenden Formen des Personalpronomens verwendet.	Ich langweile *mich*. Damit schadest du *dir* nur. Wir haben *uns* sehr über die Geschenke gefreut. Ihr werdet *euch* wundern!

Das **Possessivpronomen** gibt ein Besitzverhältnis an, drückt aber auch eine Zugehörigkeit, Zuordnung oder Verbundenheit aus. Es kann Begleiter oder Stellvertreter des Substantivs sein; seine Form richtet sich nach der Person, auf die es sich bezieht; es stimmt in Fall, Zahl und Geschlecht mit dem Substantiv überein, vor dem es steht. Das Possessivpronomen lautet im Singular und Plural in der ersten Person *mein/unser,* in der zweiten Person *dein/euer* und in der dritten Person (männlich; weiblich; sächlich) *sein; ihr; sein/ihr.*

	Singular			Plural
Nom.	mein Sohn	mein-e Tochter	mein Kind	mein-e Söhne/Töchter/Kinder
Gen.	mein-es Sohnes	mein-er Tochter	mein-es Kindes	mein-er Söhne/Töchter/Kinder
Dativ	mein-em Sohn(e)	mein-er Tochter	meinem Kind(e)	mein-en Söhnen/Töchtern/Kindern
Akk.	mein-en Sohn	mein-e Tochter	mein Kind	mein-e Söhne/Töchter/Kinder

Steht das Possessivpronomen stellvertretend für ein Substantiv, hat die männliche Form im Nominativ Singular die Endung *-er,* die sächliche im Nominativ und Akkusativ Singular die Endung *-(e)s.*	Mein Mantel ist zerrissen und *deiner* auch. Ich habe genug Geld, du kannst *dein(e)s* behalten.

Das **Demonstrativpronomen** weist auf etwas hin, was entweder bereits bekannt oder im Folgenden näher zu bestimmen ist. Es richtet sich in Geschlecht, Zahl und Fall nach dem Substantiv, bei dem es steht oder das es vertritt.

		Singular			Plural
		männlich	weiblich	sächlich	
Dieser und *jener* kommen sowohl als Begleiter wie als Stellvertreter des Substantivs vor. Dabei weist *dieser* auf etwas Näheres, *jener* auf etwas Entfernteres hin.	**Nom.**	dies-er	dies-e	dies(-es)	dies-e
	Gen.	dies-es	dies-er	dies-es	dies-er
	Dativ	dies-em	dies-er	dies-em	dies-en
	Akk.	dies-en	dies-e	dies(-es)	dies-e

Derjenige kann bei einem Substantiv oder an der Stelle eines Substantivs stehen. *Derselbe/der gleiche* wird wie *derjenige* dekliniert.	Nom.	der-jenige	die-jenige	das-jenige	die-jenigen
	Gen.	des-jenigen	der-jenigen	des-jenigen	der-jenigen
	Dativ	dem-jenigen	der-jenigen	dem-jenigen	den-jenigen
	Akk.	den-jenigen	die-jenige	das-jenige	die-jenigen
Das Demonstrativpronomen *der* als Stellvertreter des Substantivs ist vom Artikel *der* (als Begleiter des Substantivs) zu unterscheiden. Es ist im Allgemeinen voraus- und zurückweisend.	Nom.	der	die	das	die
	Gen.	dessen	deren/derer	dessen	deren/derer
	Dativ	dem	der	dem	denen
	Akk.	den	die	das	die

Die Indefinitpronomen

jemand – niemand – etwas – nichts Mit *jemand* werden ganz allgemein und unbestimmt Lebewesen bezeichnet, mit *etwas* Dinge, Sachverhalte u. Ä.; *etwas* und *nichts* können nur im Nominativ, im Akkusativ oder nach Präpositionen gebraucht werden.	*jemanden/etwas* loben, *jemandes* gedenken, *jemandem etwas* schenken, *jemanden* an *jemanden* verweisen. *Etwas* ist geschehen. Ich weiß davon *nichts*. Ich habe *etwas* darüber gehört. Daraus wird *nichts*.
alle – jeder – kein *Alle* bezeichnet eine Gesamtheit und wird im Allgemeinen wie ein Adjektiv dekliniert, das vor einem Nomen steht; *jeder* bezieht sich dagegen auf die einzelnen Teile oder Glieder dieser Gesamtheit; es wird im Allgemeinen wie ein Adjektiv dekliniert, das vor einem Nomen steht; *kein* ist das Gegenwort zu *jeder*.	Sie haben *allen* Schülern etwas geschenkt. *Alles* Hoffen/*Alle* Mühe war umsonst. *Jeder* Schüler wurde aufgerufen. *Jeder* musste ein Gedicht vortragen. Sie haben *jedem* dasselbe Buch geschenkt. Ich haben *keinen* Hund besessen. Ich habe *keinen*.
manche – mehrere – einige bezeichnen eine unbestimmte Anzahl; sie werden im Allgemeinen wie ein Adjektiv vor einem Nomen dekliniert.	*Manche* kamen nie an. *Mehreren* von ihnen dauerte es zu lang. *Einige* sind gegangen.

man	
Mit *man* wird ganz unbestimmt von einer Person gesprochen; es hat nur diese Form und wird nur im Nominativ Singular gebraucht.	*Man* sagt, er gehe oft ins Theater. *Man* hat ihn gestern im Theater gesehen.

Die Interrogativpronomen

Das Fragepronomen *wer/was* wird als Stellvertreter des Substantivs gebraucht; es hat nur Singularformen und unterscheidet nur zwischen Person *(wer)* und Sache bzw. Sachverhalt *(was)*.	**Nom.**	*Wer* kauft ein?	*Was* ist das?
	Gen.	*Wessen* Hemd ist das?	–
	Dativ	*Wem* gehört das Hemd?	–
	Akk.	*Wen* sehe ich da?	*Was* sehe ich da?

Das Fragepronomen *welcher, welche, welches* kommt als Begleiter und als Stellvertreter des Substantivs vor, fragt nach Personen oder Sachen, und zwar auswählend aus einer bestimmten Art oder Menge; es wird wie *dieser* dekliniert.	*Welches* Kleid soll ich nehmen (– das blaue oder das schwarze)? *Welches* steht mit besser? *Welche* Partei wählt er eigentlich? (Ich hätte gern 100 g Schinken.) *Welcher* darfs denn sein? Mit *welchem* Zug kommst du? *Welche* von diesen Sachen sollen wir aufheben, *welche* können weggeworfen werden?
Mit *was für ein(er)* fragt man nach der Art, Beschaffenheit von Personen oder Sachen; *was* bleibt immer unverändert; nur *ein(er)* wird dekliniert.	*Was für ein* Mensch ist das eigentlich? – *Was für einer* ist das eigentlich? *Was für einen* Wein möchten Sie (– einen trockenen oder einen lieblichen)?

Die **Relativpronomen** *der, die, das* und das wenig gebräuchliche *welcher, welche, welches* leiten einen Nebensatz (Relativsatz) ein. In Geschlecht und Zahl richten sie sich nach dem Bezugswort im übergeordneten Satz; der Fall ist dagegen abhängig vom Verb (oder einer Präposition) des Relativsatzes selbst (z. B. Ich sah *den Mann, der* den Brief eingeworfen hat. Er begrüßt *die Frau, welche* ihn eingeladen hat. Wer ist *der* Mann, *dem* ich das Paket geben soll?).

Das Relativpronomen *wer/was* bezeichnet allgemein eine Person oder eine Sache bzw. einen Sachverhalt. Es leitet einen Nebensatz ein, der eine Ergänzung des übergeordneten Satzes vertritt.	*Wer* nicht hören will, muss fühlen. Ich kann mir denken, *wen/was* du meinst. Mach, *was* du willst.

Das Adjektiv (Eigenschaftswort)

Man unterscheidet im Allgemeinen drei Arten von Adjektiven:

Eigenschaftswörter im eigentlichen Sinne: Sie beschreiben/bewerten, wie jemand oder etwas beschaffen ist (Farbe, Form, Ausdehnung, Qualität), wie etwas vor sich geht.	*Rote* Rosen sind ihre Lieblingsblumen. Es war ein *kalter* Winter. Mit *großer* Freude haben wir von seinem *guten* Examen erfahren.
Beziehungsadjektive: Sie drücken eine bestimmte Beziehung zwischen Personen oder Gegenständen aus.	Urheber: *polizeiliche* Maßnahmen, *ärztliche* Hilfe; Raum/Zeit: die *finnischen* Seen, der *gestrige* Tag; Bezugspunkt/ *wirtschaftliche* Bereich: Zusammenarbeit, *technischer* Fortschritt.
Zahladjektive: Adjektive sind alle Zahlwörter, die als Beifügung (Attribut) zu einem Substantiv stehen können: – Grundzahlen; – Ordnungszahlen; – Bruchzahlen; – Vervielfältigungszahlwörter; – unbestimmte Zahladjektive.	die *erste* Gruppe; mit *fünf* Punkten; am *zweiten* April; ein(s), zwei, siebzehn, achtundachtzigtausend; der/die/das Erste, Dritte, Siebenundzwanzigste; halb, drittel, achtel, zwanzigstel, hundertstel; dreifach, fünffach, tausendfach; ganz, viel, wenig, zahllos, sonstig.

Die Deklination des Adjektivs

Fast alle Adjektive werden, wenn sie als Attribut (Beifügung) vor einem Substantiv stehen, in Übereinstimmung (Kongruenz) mit dem Substantiv nach Geschlecht, Zahl und Fall dekliniert. Nach den Wortformen, die in einer Substantivgruppe vor dem Adjektiv stehen können, unterscheidet man die Deklination des Adjektivs:

ohne Artikel (starke Deklination):		
ebenso nach:		
– endungslosen Zahladjektiven (z. B. Er sah *zwei* helle Lichter.);		
– *manch, solch, welch, viel, wenig* (z. B. bei *solch* schönem Wetter; *welch* herrlicher Blick);		
– *etwas* und *mehr* (z. B. mit *etwas* gutem Willen; ich brauche *mehr* helles Licht);		
– *deren/dessen* (z. B. Der Libero, von *dessen* überlegtem Spiel alle begeistert waren.).		
Singular		
Nom.	hell-er Tag	hell-e Nacht	hell-es Licht
Gen.	hell-en Tages	hell-er Nacht	hell-en Lichtes
Dativ	hell-em Tag(e)	hell-er Nacht	hell-em Licht
Akk.	hell-en Tag	hell-e Nacht	hell-es Licht
Plural		
Nom.	hell-e Tage / Nächte / Lichter		
Gen.	hell-er Tage / Nächte / Lichter		
Dativ	hell-en Tagen / Nächten / Lichtern		
Akk.	hell-e Tage / Nächte / Lichter		

nach dem bestimmten Artikel (schwache Deklination):
ebenso nach den Pronomen *dieser, jener, derselbe, derjenige, jeder, welcher.*

Singular

Nom.	der hell-e Tag	die hell-e Nacht	das hell-e Licht
Gen.	des hell-en Tages	der hell-en Nacht	des hell-en Lichtes
Dativ	dem hell-en Tag(e)	der hell-en Nacht	dem hell-en Licht
Akk.	den hell-en Tag	die hell-e Nacht	das hell-e Licht

Plural

Nom.	die hell-en Tage / Nächte / Lichter
Gen.	der hell-en Tage / Nächte / Lichter
Dativ	den hell-en Tagen / Nächten / Lichtern
Akk.	die hell-en Tage / Nächte / Lichter

nach dem unbestimmten Artikel (gemischte Deklination):
ebenso nach den Pronomen *mein, dein, sein, ihr* usw.

Singular

Nom.	ein hell-er Tag	eine hell-e Nacht	ein hell-es Licht
Gen.	eines hell-en Tages	einer hell-en Nacht	eines hell-en Lichtes
Dativ	einem hell-en Tag(e)	einer hell-en Nacht	einem hell-en Licht
Akk.	einen hell-en Tag	eine hell-e Nacht	ein hell-es Licht

Plural

Nom.	keine hell-en Tage / Nächte / Lichter
Gen.	keiner hell-en Tage / Nächte / Lichter
Dativ	keinen hell-en Tagen / Nächten / Lichtern
Akk.	keine hell-en Tage / Nächte / Lichter

– Mehrere Adjektive vor einem Substantiv werden parallel dekliniert.	Es geschah an einem *schönen, sonnigen* Morgen. Er besitzt ein *altes, klappriges* Auto.
– Nach Personalpronomen wird das (substantivierte) Adjektiv im Allgemeinen stark dekliniert.	Ich *altes* Kamel; du *armer* Junge; du *lieber* Himmel; du *Guter* (männlich), du *Gute* (weiblich).
– Bei *mir, dir, wir* und *ihr* wird das Adjektiv meist schwach dekliniert.	Mir *alten, erfahrenen* Frau; dir *jungen* Kerl (neben: dir *jungem* Kerl); wir *alten* Freunde.

Bei unbestimmten Pronomen (*alle, manche* usw.) und unbestimmten Zahladjektiven (*viele, wenige* usw.) schwankt die Deklination des Adjektivs:

	schwach (wie nach *der*)	parallel (gleiche Endung)	
all-	■		Bei allem *guten* Willen, das geht entschieden zu weit. Aller *guten* Dinge sind drei.
ander-		■	Man hat noch anderes *belastendes* Material gefunden. Es gibt noch andere *fähige* Leute.
beide	■		Die Vorsitzenden beider *großen* Parteien sind anwesend. Beide *kleinen* Mädchen weinten.
einig-		■	Wir haben noch einiges *französisches* Geld übrig. Ich greife einige *wichtige* Punkte heraus.
etlich-		■	Im Keller stand etliches *altes* Gerümpel. Der Betrieb hat etliche *alte* Mitarbeiter entlassen.
folgend-	■ (im Sing.)	■ (im Plur.)	Die Maschine arbeitet nach folgendem *einfachen* Prinzip. Der Test hat folgende *neue* Erkenntnisse gebracht.

irgendwelch-	■		Er hat irgendwelches *dumme* Zeug geredet. Die Meinung irgendwelcher *fremden* Leute interessiert mich nicht.
manch-	■		Wir haben manches *freie* Wochenende dort verbracht. Man trifft dort manche *interessanten* Leute.
mehrere		■	Er hat mehrere *folgenschwere* Fehler gemacht. Er steht wegen mehrerer *kleiner* Vergehen vor Gericht.
sämtlich-	■		Sämtliches *gestohlene* Geld konnte sichergestellt werden. Sie alarmiert sämtliche *erreichbaren* Nachbarn.
solch-	■		Solches *herrliche* Wetter hatten wir lange nicht mehr. Sie sagt immer solche *merkwürdigen* Sachen.
viel-		■	Das hat er in vieler *mühsamer* Kleinarbeit gebastelt. Sie haben viele *schöne* Reisen zusammen gemacht.
wenig-		■	Die Flüsse führen nur noch weniges *trübes* Wasser. Er hat nur wenige *gute* Freunde.

	stark	schwach
Substantivierte Adjektive: Substantivierte Adjektive werden dekliniert wie attributive (bei einem Substantiv stehende) Adjektive, also stark, wenn sie ohne Artikel oder nach endungslosen Wörtern stehen, und schwach, wenn sie nach Wörtern mit Endung stehen.	*Vorsitzender* ist Herr Müller. Ich wünsche dir nur *Gutes*. *Liberale* und *Grüne* stimmten dagegen. Mein *Bekannter* ist *Angestellter* bei der Bank. *Reisende* ohne Gepäck bitte zu Schalter 3. Im Westen nichts *Neues*.	Der *Vorsitzende* heißt Müller. Ich wünsche dir alles *Gute*. Die *Liberalen* und die *Grünen* stimmten dagegen. Die *Angestellten* der Bank sind unsere *Bekannten*. Die *Reisenden* nach Hongkong bitte zur Abfertigung. Hast du schon das *Neueste* gehört?

Adjektive ohne Deklinationsformen: – Grundzahlwörter ab *zwei;* – Ableitungen von Orts- und Ländernamen; – Adjektive wie *super, fit, egal, klasse;* nur wenige von ihnen können als Beifügung stehen; – Farbadjektive wie *rosa, lila, orange.*	*sieben* Raben; die *sieben* Raben; von *sieben* Raben die Türme des *Ulmer* Münsters; ein *super* Essen; ein *klasse* Auto. Er packt das Buch in *rosa* Geschenkpapier.

Die Steigerung des Adjektivs

Viele Adjektive können Vergleichs- oder Steigerungsformen bilden. Man unterscheidet: **Grundstufe** (Positiv: *schnell*), **Höherstufe** (Komparativ: *schneller*) und **Höchststufe** (Superlativ: *am schnellsten*). An -er und -st treten die üblichen Endungen, wenn das Adjektiv attributiv bei einem Substantiv steht.

Gebrauch der Vergleichsformen: – **Positiv:** Eine Eigenschaft ist bei den verglichenen Personen oder Gegenständen in gleichem Maße vorhanden;	Klaus ist *so alt wie* Peter.
– **Komparativ:** drückt den ungleichen (höheren oder niedrigeren) Grad einer Eigenschaft aus;	Maria ist *älter als* Claudia.
– **Superlativ:** drückt den höchsten Grad einer Eigenschaft aus oder, wenn kein Vergleich zugrunde liegt, ganz allgemein einen sehr hohen Grad (Elativ).	Er ist der *jüngste* von drei Brüdern. Das ist das *Neueste*, was es auf dem Markt gibt. Der Betrieb arbeitet mit *modernsten* Maschinen.

Bei manchen Adjektiven werden durch die Steigerung lautliche Veränderungen bedingt; *gut* bildet die Höher- und Höchststufe in einem anderen Wortstamm *(gut, besser, best)*.	*-er, -st*	tief	tiefer	tiefste
	-er, -st, Umlaut	warm	wärmer	wärmste
	-er, -st, Umlaut und Konsonantenwechsel	hoch	höher	höchste
		nah	näher	nächste
	-er, -st, e-Ausfall	dunkel	dunkler	dunkelste
	-er, -est	heiß	heißer	heißeste
	-er, -est, Umlaut	kalt	kälter	kälteste

Adjektive ohne Vergleichsformen: Bei vielen Adjektiven ist eine Steigerung nur möglich, wenn sie in übertragener Bedeutung zur Kennzeichnung einer Eigenschaft (z. B. das *lebendigste* Kind = das *lebhafteste* Kind) oder in bestimmten Kontexten umgangssprachlich gebraucht werden. (Z. B. Das neue Programm ist noch optimaler als der Vorgänger.)	»absolute« Adjektive	tot, lebendig, stumm, blind, kinderlos
	Adjektive, die bereits einen höchsten Grad ausdrücken	maximal, minimal, optimal, total, absolut, erstklassig
	Formadjektive	rund, viereckig, quadratisch, kegelförmig
	Beziehungsadjektive	karibisch, wirtschaftlich, dortig, jetzig
	Zahladjektive	drei, halb, siebenfach, ganz, einzig

Die Wortbildung des Adjektivs

Die weitaus meisten Adjektive sind abgeleitete *(un-schön, berg-ig, zeit-lich)* oder zusammengesetzte *(hell-rot, stein-hart, bären-stark)* Adjektive. Daneben gibt es solche, die aus Fügungen »zusammengebildet« sind (ein *viertüriges* Auto = ein Auto *mit vier Türen*).

1. Ableitungen von Adjektiven: – mithilfe von Vorsilben (Präfixen); – mithilfe von Nachsilben (Suffixen).	atypisch, intolerant, unzufrieden, erzkonservativ, uralt; dehnbar, hölzern, seiden, fehlerhaft, sandig, italienisch, gewerblich, reparabel, katastrophal, formell, intensiv.
2. Zusammensetzungen: – Sie bestehen aus zwei (selten mehr) Wörtern, wovon das zweite immer ein Adjektiv (oder Partizip) ist. – Meist wird der zweite Bestandteil (das Adjektiv) durch das vorangehende Wort näher bestimmt. – Bei einigen Adjektiv-Adjektiv-Zusammensetzungen sind die Teile einander gleichgeordnet.	Verb + Adjektiv: röst-frisch, koch-fertig, denk-faul; Adjektiv + Adjektiv: hell-rot, bitter-böse, nass-kalt; Substantiv + Adjektiv: stein-hart, wetter-fest; steinhart = hart wie Stein, kochfertig = fertig zum Kochen, denkfaul = faul im Denken; nasskalt (= nass und kalt), taubstumm, dummdreist, feuchtwarm, wissenschaftlich-technisch.

Steigerung zusammengesetzter Adjektive: – Der erste Teil (Bestimmungswort) wird gesteigert, wenn beide Glieder noch ihre Bedeutung tragen. In diesen Fällen wird getrennt geschrieben. – Das Grundwort wird in die Steigerungsform gesetzt, wenn die Zusammensetzung einen einheitlichen, neuen Begriff bildet.	eine *leicht verdauliche* Speise – eine noch *leichter verdauliche* Speise – die *am leichtesten verdauliche* Speise; in *altmodischster* Kleidung; die *weittragendsten* Entscheidungen; die *hochfliegendsten* Pläne; *zartfühlender* sein.

Die Verwendung des Adjektivs im Satz

Adjektive können als Beifügung zu einem Substantiv (attributiv), in Verbindung mit *sein, werden* und ähnlichen Verben (prädikativ) und in Verbindung mit anderen Verben (adverbial) gebraucht werden.

Als Attribut steht das Adjektiv – in der Regel vor dem Substantiv und wird dekliniert; – gelegentlich hinter dem Substantiv und undekliniert.	ein *trockener* Wein; die *bunten* Bilder; *blaue* Augen; Whisky *pur;* Röslein *rot.*

Adjektive in Verbindung mit *sein, werden* und ähnlichen Verben: – Das Adjektiv ist Artergänzung und wird nicht dekliniert. – Bei Adjektiven in der Höchststufe wird das Adjektiv dekliniert und mit Artikel gebraucht.	Sie ist *neugierig.* Es wird *dunkel.* Er blieb *freundlich.* Die Westküste ist die *schönste.* Dieses Foto ist das *neueste.*
Adjektive bei anderen Verben: – Das Adjektiv ist nicht notwendige Artangabe und wird nicht dekliniert.	Der Vater liest *laut* vor. Sie spricht *leise.* Sie hatte ihn *sehnsüchtig* erwartet. Sie lag *ohnmächtig* da.

Adjektive können oder müssen in Verbindung mit bestimmten Verben eine Ergänzung zu sich nehmen. Man unterscheidet:

– Adjektive mit einer Ergänzung im Genitiv; – Adjektive mit einer Ergänzung im Dativ; – Adjektive mit einer Ergänzung im Akkusativ; – Adjektive mit einer Ergänzung, die mit einer Präposition angeschlossen wird; – Adjektive mit einer Ortsergänzung.	*einer Sache* schuldig, bewusst, eingedenk, gewiss sein; *jemandem* behilflich, bekömmlich, ähnlich, bekannt sein; *eine Sache* wert sein; *jemanden* leid sein; *auf etwas* angewiesen, gespannt sein; *bei jemandem* beliebt sein; *für jemanden* nachteilig sein; *irgendwo* wohnhaft, beheimatet, tätig sein.

Das Adverb (Umstandswort)

Adverbien beziehen sich auf einzelne Wörter, Wortgruppen oder auf den ganzen Satz. Sie bezeichnen die Umstände eines Geschehens. Adverbien gehören zu den undeklinierbaren Wortarten. Nur einige wenige Adverbien können gesteigert werden. Die wichtigsten Arten von Adverbien sind:

Lokaladverbien/ Umstandswörter des Ortes	wo? wohin? woher?	da, daher, dorthin, hierher, drinnen, innen, vorn, links, oben, unten, vorwärts, unterwegs …
Temporaladverbien/ Umstandswörter der Zeit	wann? seit wann? bis wann? wie lange?	jetzt, nie, jemals, niemals, bald, stets, immer, einst, bisher, neuerdings, allezeit, heute, morgen, winters, zeitlebens, jahrelang, vorher …
Modaladverbien/ Umstandswörter der Art und Weise	wie? wie sehr? auf welche Art und Weise?	allein, zusammen, umsonst, beinahe, fast, genau, gewiss, nur, gern, durchaus, leider, möglicherweise, etwa, wohl, kopfüber …
Kausaladverbien/ Umstandswörter des Grundes	warum? weshalb? wozu? wodurch? worüber?	daher, darum, deswegen, demzufolge, folglich, dadurch, deshalb …

Die Wortbildung des Adverbs

1. Ableitung von Adverbien: mithilfe von Nachsilben (Suffixen).	morgens, abends, anfangs, frühestens; ostwärts, talwärts; glücklicherweise, seltsamerweise; zugegebenermaßen.
2. Zusammengesetzte Adverbien: Größte Gruppe sind die Adverbien, die aus *da, hier, wo* und einer Präposition gebildet sind. Beginnt die Präposition mit einem Vokal, wird an *da* und *wo* ein *r* angefügt.	daran, dabei, dahinter, danach, darüber, dazwischen; hierauf, hierdurch, hierfür, hiermit, hierunter, hiervor; voraus; wobei, worin, worüber, wovon, wozu.

Pronominaladverbien (Präpositionaladverbien)

Pronominaladverbien wie *darauf, hierüber* etc. werden häufig wie bestimmte Pronomen stellvertretend für eine bestimmte Substantivgruppe (mit Präposition) gebraucht. Man unterscheidet:

Präpositionaladverb (Bezug auf Sachen):	Präposition + Pronomen (Bezug auf Personen):
Wir diskutieren gerade über die Pausenregelung. Wissen Sie etwas Genaueres *darüber?* Kann ich mich *darauf* verlassen, dass die Arbeit morgen fertig ist? *Hiermit* will ich nichts zu tun haben.	Wir sprechen gerade über den neuen Chef. Wissen Sie etwas Genaueres *über ihn?* Er ist eine gute Kraft. *Auf ihn* kann man sich verlassen. *Mit dem/ihm/denen* ... will ich nichts zu tun haben.

Die Steigerung von Adverbien

Nur einige wenige Adverbien haben Steigerungs- oder Vergleichsformen. Meist werden die Höher- und die Höchststufe von einem anderen Wortstamm als dem der Grundstufe gebildet.		
oft	öfter	am öftesten/häufigsten
bald	eher	am ehesten
gern	lieber	am liebsten
sehr	mehr	am meisten
wohl (= gut)	besser/wohler	am besten/wohlsten

Die Verwendung des Adverbs im Satz

| – als selbstständiges Satzglied (adverbiale Bestimmung), wenn es sich auf das Verb oder den ganzen Satz bezieht;
 – als Attribut, wenn es einzelnen Wörtern oder Wortgruppen zugeordnet ist;
 – als Attribute können Adverbien vor- oder nachgestellt werden. | *Hier* entstehen fünf Neubauten. *Gestern* hat es geregnet. Ich konnte *leider* nicht kommen. Warum sagst du mir das *jetzt?* Sie ist *sehr* nett. *Bald* nach dem Vorfall ist sie weggezogen. Die Läden schließen hier *schon* um 18 Uhr. *So* einfach ist das nicht. Die Vorstellung *gestern* war ausverkauft. Die zweite Straße *links* führt zum Bahnhof. In dem Haus *dort* haben wir früher gewohnt. |
| – Bei Präpositionalgruppen, die eine Zahlangabe enthalten, können Gradadverbien auch innerhalb der Fügung hinter der Präposition stehen. | Ich bin in *spätestens* zwei Tagen/ *spätestens* in zwei Tagen zurück. Sie kommt in *frühestens/frühestens* in zwanzig Minuten zurück. |

Präpositionen (Verhältniswörter)

Präpositionen sind ihrer Form nach unveränderlich. Sie treten immer mit einem anderen Wort, in der Regel einem Substantiv oder Pronomen, auf, dessen Fall sie bestimmen (»regieren«). Viele Präpositionen können auch zwei Fälle »regieren«. Präpositionen stehen meist vor dem regierten Wort. Zusammen mit diesem bilden sie die Präpositionalgruppe. Man kann vier Hauptbedeutungsgruppen unterscheiden:

1. Ort (lokal):	*an* (der Grenze), *auf* (dem Hof), *aus* (Frankreich), *in* (der Stadt), *neben* (dem Haus), *über* (den Wolken), *vor* (der Baustelle);
2. Zeit (temporal):	*an* (diesem Tage), *in* (der nächsten Woche), *seit* (zwei Jahren), *um* (12 Uhr), *während* (des Krieges);
3. Grund, Folge, Zweck u. a. (kausal):	*wegen* (Bauarbeiten), *dank* (seiner Hilfe), *aus* (Mitleid), *durch* (Neugierde), *zu* (Ihrer Information);
4. Art und Weise (modal):	*ohne* (mein Wissen), *mit* (ihrer Zustimmung), *gemäß* (den Vorschriften), *gegen* (seinen Rat).

Die wichtigsten Präpositionen und ihre Rektion

ab **Dat./Akk.**	bezüglich **Gen./Dat.**	hinsichtlich **Gen./Dat.**
abseits **Gen.**	binnen **Gen./Dat.**	hinter **Dat./Akk.**
abzüglich **Gen./Dat.**	bis **Akk.**	in **Dat./Akk.**
an **Dat./Akk.**	dank **Gen./Dat.**	infolge **Gen.**
angesichts **Gen.**	diesseits **Gen.**	inklusive **Gen./Dat.**
anhand **Gen.**	durch **Akk.**	inmitten **Gen.**
anlässlich **Gen.**	einschließlich **Gen./Dat.**	innerhalb **Gen./Dat.**
(an)statt **Gen./Dat.**	entgegen **Dat.**	jenseits **Gen.**
anstelle **Gen.**	entlang **Gen./Dat./Akk.**	kraft **Gen.**
auf **Dat./Akk.**	entsprechend **Dat.**	längs **Gen./Dat.**
aufgrund **Gen.**	exklusive **Gen./Dat.**	laut **Gen./Dat.**
aus **Dat.**	für **Akk.**	mangels **Gen./Dat.**
ausschließlich **Gen./Dat.**	gegen **Akk.**	mit **Dat.**
außer **Dat.**	gegenüber **Dat.**	mittels **Gen./Dat.**
außerhalb **Gen./Dat.**	gemäß **Dat.**	nach **Dat.**
bei **Dat.**	halber **Gen.**	neben **Dat./Akk.**

oberhalb **Gen.**	unter **Dat./Akk.**	zu **Dat.**
ohne **Akk.**	unterhalb **Gen.**	zufolge **Gen./Dat.**
seit **Dat.**	von **Dat.**	zuliebe **Dat.**
trotz **Gen./Dat.**	vor **Dat./Akk.**	zu(un)gunsten **Gen.**
über **Dat./Akk.**	während **Gen./Dat.**	zuzüglich **Gen./Dat.**
um **Akk.**	wegen **Gen./Dat.**	zwischen **Dat./Akk.**
um – willen **Gen.**	wider **Akk.**	
ungeachtet **Gen.**	zeit **Gen.**	

Präpositionen mit unterschiedlicher Rektion

lokal: mit Dativ (Ort, wo?) mit Akkusativ (Richtung, wohin?)	Das Bild hängt an der Wand. Sie hängt das Bild an die Wand.	an, auf, hinter, in, neben, über, unter, vor, zwischen
lokal: mit Dativ **temporal:** mit Dativ oder Akkusativ	ab unserem Werk; ab erstem/ersten Juli;	ab
im Allgemeinen mit Genitiv; mit Dativ, wenn Wortformen nicht als Genitiv erkennbar sind oder die Präpositional- gruppe einen weiteren Genitiv enthält.	abzüglich der bezahlten Kosten; abzüglich Steuer- freibeträgen; während Herrn Meiers langem Vortrag.	abzüglich, zuzüglich, ausschließlich, ein- schließlich, außerhalb, innerhalb, mangels, mittels, trotz, während, wegen

– Präpositonen, die den gleichen Fall regieren, können gereiht und auf ein Substantiv oder Pronomen bezogen werden. – Bei unterschiedlicher Rektion wählt man den Fall der zuletzt stehenden Präposition.	Sie suchte *in und unter dem Schrank.* *Vor, hinter und neben dem Minister* drängten sich die Reporter. *Diesseits und jenseits der Grenze* herrschte reger Verkehr. Kommt ihr *mit oder ohne* (+ Akk.) *Kinder?* Sie kommen *teils ohne, teils mit* (+ Dat.) *Kindern.*

Die Stellung der Präposition

– Die meisten Präpositionen stehen vor dem regierten Wort.	*für* mich, *nach* Feierabend, *im Auto;*
– Einige Präpositionen können vor oder hinter dem regierten Wort stehen.	*wegen* der Kinder/der Kinder *wegen,* *nach* meiner Meinung/meiner Meinung *nach, entlang* dem Fluss/des Flusses (Dativ/Gen.)/den Fluss *entlang* (Akk.);
– Einige wenige Präpositionen werden nur nachgestellt; »Doppelpräpositionen« umschließen das regierte Element.	dem Pressesprecher *zufolge,* der Wahrheit *halber;* um des lieben Friedens *willen, von* morgen *an.*

Verschmelzung von Präposition und Artikel

– Einige Präpositionen können mit Formen des Artikels zu einer Wortform verschmelzen.	an/in + dem → am/im, bei + dem → beim, an/in + das → ans/ins, von + dem → vom, zu + dem/der → zum/zur;
– In vielen Fügungen und festen Wendungen sind nur die verschmolzenen Formen möglich.	*am schönsten* sein, *zum Tanzen* auffordern, *im Juli* beginnen, *aufs Ganze* gehen, *hinters Licht* führen.

Konjunktionen (Bindewörter)

Konjunktionen gehören zu den unveränderlichen Wörtern. Sie verbinden Sätze und Teile von Sätzen miteinander. Es gibt nebenordnende Konjunktionen *(und, oder, aber, denn)* und unterordnende Konjunktionen *(weil, obwohl, dass, ob)*. Konjunktionen stellen eine bestimmte inhaltliche Beziehung zwischen den verbundenen Sätzen bzw. Satzteilen her. Neben einfachen Konjunktionen wie *oder, aber, ob* gibt es mehrteilige wie z. B. *sowohl – als auch, entweder – oder.*

Nebenordnende Konjunktionen (s. o.) verbinden: – gleichrangige Haupt- und Nebensätze;	Es klingelte an der Tür, *aber* sie machte nicht auf. Wir hoffen, dass es dir gut geht *und* (dass) dir der Aufenthalt gefällt.
– Wortgruppen;	*Sowohl* in Rom *als auch* in Paris; durch List *oder* durch Gewalt;
– Wörter;	auf *und* ab; arm, *aber* glücklich; rechts *oder* links;
– Wortteile. Zu den nebenordnenden Konjunktionen gehören *als* und *wie*, wenn sie bei den Vergleichsformen des Adjektivs stehen.	West- *und* Osteuropa; be- *oder* entladen. Er ist ein besserer Schüler *als* sein Freund. Heute ist das Wetter nicht so schön *wie* gestern.
Unterordnende Konjunktionen: – Unterordnende Konjunktionen wie *dass, weil, nachdem, bis* schließen immer einen Nebensatz an einen Hauptsatz an; – *um zu, ohne zu, (an)statt zu* leiten Nebensätze ein, in denen das Verb im Infinitiv steht.	Er konnte nicht glauben, *dass* das schon die Entscheidung gewesen sein *sollte.* Es dauerte lange, *bis* das nächste Tor *fiel.* Die Mannschaft kämpfte, *um* das Spiel *herumzureißen.* Sie kämpfte, *ohne* zum Erfolg *zu kommen.*

Bei den **neben-ordnenden Konjunktionen** unterscheidet man vier Bedeutungsgruppen:	Reihung, Zusammenfassung:	und, (so)wie, sowohl – als/wie, sowohl – als auch/wie auch;
	verschiedene Möglichkeiten:	oder, entweder – oder, bzw. (= beziehungsweise);
	Gegensatz, Einschränkung:	aber, (je)doch, allein, sondern;
	Grund:	denn.
Die wichtigsten Bedeutungsgruppen der **unterordnenden Konjunktionen** sind:	Zeit (temporal):	als, nachdem, bis, während, ehe, bevor, sobald, solange, wenn;
	Grund (kausal):	weil, da, zumal;
	Zweck (final):	damit, dass, um zu;
	Bedingung (konditional):	wenn, falls, sofern, soweit;
	Gegensatz (konzessiv):	obwohl, obgleich, obschon, wenn auch;
	Art und Weise (modal):	indem, wie, als ob, ohne dass;
	ohne eigene Bedeutung:	dass, ob.

Interjektionen (Ausrufe-, Empfindungswörter)

Interjektionen stellen eigene, selbstständige Äußerungen dar und stehen im Satz isoliert. Sie kommen vor allem in gesprochener Sprache vor und drücken oft eine Empfindung oder eine Haltung des Sprechers aus (Überraschung, Freude, Überlegen, Zögern, Schreck). Man unterscheidet:

– Empfindungswörter; – Aufforderungswörter; – Lautnachahmungen; – Gesprächswörter; – Antwortpartikel.	ach, ah, au, hurra, igitt, oh; hallo, he, heda, tschüs, dalli, hü, pst; haha, hatschi, miau, kikeriki, peng, klirr; hm, ja, aha, genau, richtig, bitte?, was?; ja, nein.

Der Satz

Sätze sind selbstständige sprachliche Einheiten, aus denen Texte bestehen. Nach Form und Äußerungsabsicht unterscheidet man:

Aussagesätze: In Aussagesätzen steht die Personalform des Verbs an zweiter Stelle.	Wir *fahren* heute Nachmittag nach Frankfurt. Stephan *kommt* heute aus Rostock zurück. Das *ist* ja toll!
Fragesätze: – Entscheidungsfragen (Antwort: ja/nein) beginnen mit der Personalform des Verbs; – Ergänzungsfragen (Antwort: Einzelheiten zu einem Sachverhalt) beginnen mit einem Fragewort.	*Fährst* du zum Zoo? *Kann* ich auch mitkommen? *Womit* fahrt ihr denn? *Über wen* sprecht ihr?
Aufforderungssätze: – Sie beginnen mit der Befehlsform (Imperativ) des Verbs. – Bezieht sich der Sprecher in die Aufforderung mit ein oder siezt er die angesprochene Person, steht das Verb im Konjunktiv I Präsens. – Bei allgemeinen Aufforderungen steht das Verb meist im Infinitiv.	*Fahr* doch endlich! *Seid* möglichst pünktlich! *Seien* wir doch ganz ehrlich! *Seien* Sie unbesorgt! Vor Gebrauch *schütteln!*

Gesamtsatz und Teilsatz

Der Sprecher kann in einfachen Sätzen (Einzelsätzen) oder aber in zusammengesetzten Sätzen sprechen, wenn er komplizierte Zusammenhänge (z. B. Begründung für ein Geschehen) ausdrücken will. Diese Gesamtsätze bestehen aus Teilsätzen (Hauptsatz und Nebensatz [Gliedsatz]).

Nebensätze sind durch Wörter wie *weil, als, nachdem* an einen anderen Satz gebunden oder gefügt; die gebeugte Form des Verbs (Personalform) steht am Satzende. Sie können nicht ohne den Hauptsatz, an den sie gebunden sind, gebraucht werden. Der Nebensatz kann dem Hauptsatz nachgestellt (a), vorangestellt (b) oder in ihn eingeschoben sein (c).	a) Er kam nach Mannheim zurück, *nachdem er drei Wochen in Rom gewesen war.* b) *Nachdem er drei Wochen in Rom gewesen war,* kam er nach Mannheim zurück. c) Er kam, *nachdem er drei Wochen in Rom gewesen war,* nach Mannheim zurück.

Bauteile des Satzes

Ein Satz besteht aus Bauteilen (Satzgliedern), die in bestimmter Weise zusammengefügt sind. Die Satzglieder kann man mit der **Verschiebeprobe** oder der **Umstellprobe** ermitteln. Satzglieder sind in der Regel diejenigen Teile des Satzes, die man innerhalb des (Aussage)satzes als selbstständige Teile oder Blöcke verschieben kann. Sie sind mit Wörtern und Wortgruppen austauschbar, die im Satz an derselben Satzgliedstelle gebraucht werden können (**Ersatzprobe**). Sie bestehen aus Einzelwörtern oder Wortgruppen.

Verschiebeprobe:	*Nach einer Weile*	kommt	*Pauls Schwester.*
	Pauls Schwester	kommt	*nach einer Weile.*
Ersatzprobe: Die Ersatzprobe zeigt, dass ein Satzglied immer nur durch ein Satzglied der gleichen Art ersetzt werden kann.	Pauls Schwester	kommt	nach einer Weile.
	Elke	kommt	später.
	Sie	kommt	in einer Stunde.

Die Satzaussage (Prädikat)

Der Satzteil, der durch die Personalform des Verbs vertreten wird und bei der Verschiebeprobe seinen festen Platz behält, heißt **Satzaussage (Prädikat)**. In der Prädikatsrolle stehen Verben, die nach Person und Zahl mit dem **Satzgegenstand (Subjekt)** übereinstimmen (grammatische Kongruenz). Die Personalform des Verbs drückt aus, was in der Prädikatsrolle geschieht (geschehen ist/wird/soll etc.), was jemand tut.

	Personalform			**Restform** (Infinitive/Verbzusatz)
Das Prädikat kann einteilig oder mehrteilig sein.		*hilft*		–
		hat		*geholfen.*
	Peter	*will*	seinem Vater	*helfen.*
		pflegt		*zu helfen.*
		hilft		*aus.*

Der Satzgegenstand (Subjekt)

Mit dem Prädikat wird etwas über denjenigen Teil des Satzes ausgesagt, der auf die Frage *wer?/was?* antwortet. Die *Wer?/Was?*-Rolle heißt **Satzgegenstand (Subjekt)**.

Das Subjekt kann aus einem Nomen, Pronomen oder einer Substantivgruppe bestehen.	*Der Lehrer/Er/Sie/Man*	
	Ein erkälteter Mensch	
	Ein Mensch, der Schnupfen hat,	*niest.*
	Der Leiter der Schule	
	Jeder in der Klasse	
Das Subjekt kann auch aus einem ganzen Satz bestehen (**Subjektsatz**).	*Ob er kommt/Dass er kommt,*	
	Wann er kommt,	*interessiert uns nicht.*
	Wen er besuchen will,	

Das Prädikat und seine Ergänzungen

Die Satzglieder, die Subjekt und Prädikat zu einem Satz vervollständigen, nennt man **Ergänzungen**. Grundsätzlich hängt es vom Verb ab, wie viele und welche Ergänzungen nötig sind, damit ein vollständiger Satz entsteht. Verben ohne Ergänzungen nennt man **absolute Verben**, Verben mit einer oder mehreren Ergänzungen nennt man **relative Verben**, Verben mit Akkusativergänzung nennt man **transitiv**, alle anderen **intransitiv**.

Akkusativergänzung (Akkusativobjekt) (Fragewort: wen?/was?): Als Akkusativergänzungen kommen vor allem Substantivgruppen und Pronomen vor, bei bestimmten Verben auch Nebensätze. Einige Verben können nur mit einer »persönlichen« Akkusativergänzung stehen.	Der Junge ruft *den Hund/die Kinder/ihn.* Ich weiß, *dass er teilnimmt/was los ist.* *Mich* friert. Es ekelt *ihn.*
Dativergänzung (Dativobjekt) (Fragewort: wem?): Als Dativergänzungen kommen fast nur Substantivgruppen und Pronomen vor.	Sie hilft *ihrem Freund/den wilden Tieren/ihm.*

Dativ- und Akkusativergänzung:
Die Akkusativergänzung ist in einem Satz mit mehreren Ergänzungen notwendiger Bestandteil; auf das Dativobjekt kann verzichtet werden.

Peter zeigt (wem?)		(was?)	
	Frank		*das Buch.*
	dem Vater		*das Bild.*
	ihm/ihr		*den Bären.*
	seiner Klasse		*Berlin.*

Genitivergänzung (Genitivobjekt) (Fragewort: wessen?): Nur wenige Verben stehen mit einer Genitivergänzung. Als Genitivergänzung kommen Substantivgruppen und Pronomen vor, selten auch Nebensätze (Infinitivsätze).	Wir gedenken *unserer Verstorbenen/seiner.* Er enthielt sich *eines Urteils.* Er befleißigt sich *liebenswürdig zu sein.*

Ergänzung mit einer Präposition (Präpositionalobjekt) (Präposition + Fragewort): Als Präpositionalergänzung kommen vor allem Präpositionalgruppen und Pronominaladverbien vor. Bei einigen Verben steht es dem Sprecher frei, ob er das Objekt mit oder ohne Präposition anschließen will.	Die Spieler warten *auf den Anpfiff.* Er begnügt sich *damit,* dass er schweigt. Können wir uns *darauf* verlassen? Er beginnt *mit der Arbeit/die Arbeit.* Sie vertraut *auf ihn/ihm.*
Gleichsetzungsergänzung (Gleichsetzungsnominativ) (Fragewort: was?):	Inge ist (bleibt/wird ...) *Vorsitzende.*
Adverbiale Ergänzungen: – Raumergänzungen (Fragewort: wo?, wohin?, woher?); – Zeitergänzungen (Fragewort: wann?); – Artergänzungen (Fragewort: wie?).	Sein Onkel wohnt *in Bremen/* fährt *nach Hamburg/*kommt *aus München.* Das Unglück geschah *frühmorgens.* Die Lage ist *ernst.*

Angaben (Umstandsangaben/adverbiale Bestimmungen)

Der Sprecher kann in einen Satz, in dem alle notwendigen Rollen besetzt sind, zusätzlich Angaben einfügen, die das Verb oder den ganzen Satz genauer bestimmen. Im Gegensatz zu den adverbialen Ergänzungen, die vom Verb gefordert werden und notwendige Satzglieder sind, handelt es sich bei den adverbialen Angaben um freie Satzglieder. Man unterscheidet vier Hauptgruppen von Angaben:

Raumangaben		
Ort	wo?	Sie traf ihn *auf dem Markt.*
Richtung	wohin?	Sie verschwand *ins Freie.*
Herkunft	woher?	Er kam *aus der Dunkelheit* zurück.
Entfernung	wie weit?	Er ist *den ganzen Weg* zu Fuß gegangen.

Zeitangaben		
Zeitpunkt	wann?	*Eines Tages* stand sie einfach vor der Tür.
Wiederholung	wie oft?	Er läuft *jeden Tag* diese Strecke.
Erstreckung	wie lang? / seit / bis wann?	Sie arbeitet *ein ganzes Jahr/seit einem Jahr/bis 16 Uhr.*

Angaben des Grundes		
Grund/Ursache	warum?	Er tötete sie *aus Eifersucht.* Er starb *an seinen Verletzungen.*
Bedingung	in welchem Fall? / unter welcher Bedingung?	*Bei Regen/Unter diesen Umständen* kommt er nicht.
Folge	mit welcher Folge? / mit welchem Ergebnis?	Er weinte *zum Steinerweichen.*
Folgerung	aufgrund welcher Prämisse?	*Angesichts des Wetters* gehen wir nicht. *Bei seinem Einkommen* kann er sich das leisten.
Zweck	wozu? / in welcher Absicht?	Wir fahren *zur Erholung* ans Meer.
(wirkungsloser) Gegengrund	mit welcher Einräumung? / trotz welchen Umstands?	*Trotz/Ungeachtet des Regens* kam er.

Angaben der Art und Weise		
Beschaffenheit	wie?	Er geht *sehenden Auges* ins Unglück.
Quantität	wie viel?	Otto arbeitet *genug/zu wenig.*
Grad/Intensität	wie sehr?	Er peinigt mich *bis aufs Blut.*
graduelle Differenz	um wie viel?	Der Index ist *um fünf Punkte* gestiegen.
stoffliche Beschaffenheit	woraus?	Er schnitzt *aus Holz* eine Figur.
Mittel/Werkzeug	womit/wodurch?	Er schneidet das Brot *mit dem Messer.*
Begleitung	mit wem?	Sie fährt *mit ihrem Mann* nach Hamburg.

Die Wortstellung

Die Bedeutung eines Satzes ergibt sich aus seinen einzelnen Teilen und ihrer Anordnung (Wortstellung). Damit ist nicht die Stellung einzelner Wörter, sondern die Satzgliedstellung und die Stellung des Prädikats gemeint.

Im Unterschied zu anderen Sprachen hat das Deutsche eine relativ freie Wortstellung.	*Heute* liefert die Spedition die neuen Möbel an. Die Spedition liefert *heute* die neuen Möbel an. Die Spedition liefert die neuen Möbel *heute* an.

Die Stellung des Prädikats und die Satzklammer

Im einfachen Aussagesatz steht als zweites Satzglied die Personalform (finite Form) des Verbs. Ändert man die Zweitstellung der Personalform des Verbs im Satz, verändert sich auch die Satzart.

	Fragesatz Aufforderungssatz	Aussagesatz	Gliedsatz
Spitzenstellung	*Kommt* Elke später? *Komm* später, Elke!		
Zweitstellung		Elke *kommt* später.	
Endstellung			(Ich vermute,) dass Elke später *kommt*.

Man nennt die auseinander tretenden Prädikatsteile die **Satzklammer (Verbklammer)**. In den Nebensätzen besteht sie aus der einleitenden Konjunktion und dem Prädikat.	*Ist* er heute wieder nicht *erschienen?* ... weil er heute wieder nicht *erschienen ist.*

Nebensätze

Nebensätze sind Sätze, die einen Satzteil eines anderen Satzes vertreten. Sie können nicht für sich allein stehen, sind dem Hauptsatz untergeordnet und bilden mit ihm zusammen eine Äußerung. Nach der Form (abhängend vom Einleitungswort des Nebensatzes) unterscheidet man Konjunktionalsätze, Relativsätze, indirekte Fragesätze und Infinitiv- und Partizipialsätze. Je nachdem, welchen Teil des Hauptsatzes die Nebensätze vertreten, unterscheidet man Ergänzungssätze, Adverbialsätze und Attributsätze.

Konjunktionalsätze, Relativsätze, Fragesätze, Infinitiv- und Partizipialsätze

– Konjunktionalsatz (Einleitungswort: Konjunktion);	Es ist nicht sicher, *ob er spielen kann.*
– Relativsatz (Einleitungswort: Relativpronomen);	Siehst du den Mann, *der dort arbeitet?*
– indirekter Fragesatz, *w*-Satz (Einleitungswort: *w*-Wort);	Ich habe alles gesagt, *was ich weiß.* Zeig ihm, *wie man das Schloss ausbaut.* Weiß jemand, *wo die Küche ist?*
– Infinitivsatz;	*Vater werden* ist nicht schwer. Ich freue mich *euch wieder zu sehen.*
– Partizipialsatz.	*Vor Anstrengung keuchend* konnte er nichts sagen.

Ergänzungssätze

Ergänzungssätze stehen anstelle eines notwendigen Satzgliedes im Hauptsatz. Man unterscheidet Subjektsätze und Objektsätze. Am häufigsten kommen Objektsätze anstelle einer Akkusativergänzung vor.

– Subjekt (wer oder was?);	*Dass du mich besuchen willst,* freut mich. *Ob er kommt,* ist völlig ungewiss.
– Akkusativergänzung (wen oder was?);	Er sagt, *dass er krank sei.* Ich weiß, *wo sie wohnt.* Sie beschloss, *eine Pause zu machen.* Er sagte, *Peter sei krank.* Ich glaube, *sie wohnt in Berlin.*
– Genitivergänzung (wessen?);	Peter rühmt sich, *dass er unschlagbar sei.* Peter rühmt sich *unschlagbar zu sein.*
– Dativergänzung (wem?);	Sie hilft nur, *wem sie helfen will.*
– Präpositionalergänzung;	Er kümmert sich darum, *dass nichts verloren geht.*
– Gleichsetzungsergänzung.	Peter ist [das], *was er schon immer war.*

Adverbialsätze

Ein Adverbialsatz liegt vor, wenn eine adverbiale Angabe (Umstandsangabe) in Form eines Satzes auftritt. Man unterscheidet:

Temporalsätze: Zeitform des Verbs und bestimmte Konjunktionen zeigen an, ob das Geschehen des Nebensatzes – vor dem Hauptsatzgeschehen liegt (Vorzeitigkeit: *nachdem, als, seit[dem]*);	*Nachdem er die Bestellung zusammengestellt hat*, füllt er den Lieferschein aus.
– parallel zum Hauptsatzgeschehen abläuft (Gleichzeitigkeit: *als, während, wenn, wie, sobald, solange*); – nach dem Hauptsatzgeschehen abläuft (Nachzeitigkeit: *bevor, ehe, bis*).	*Als er das Fenster öffnete*, verursachte er einen gewaltigen Durchzug. *Bevor wir verreisen*, müssen wir noch manches erledigen.
Kausalsätze (Begründungssätze): – Kausalsätze werden mit *weil* oder *da* eingeleitet.	Er kann nicht kommen, *weil er keine Zeit hat.* *Da er verreist war*, konnte er nicht kommen.
Konditionalsätze (Bedingungssätze): – Konditionalsätze werden vor allem mit *wenn* und *falls* eingeleitet.	*Wenn das wahr ist*, dann müssen wir uns beeilen. *Falls die Tür geschlossen ist*, geh durch den Hof.
Konzessivsätze (Einräumungssätze): – Konzessivsätze werden mit *obwohl, obgleich, obschon, wenn auch* eingeleitet.	*Obwohl/Obgleich er nur wenig Zeit hatte*, kam er. Sie geht ins Büro, *obwohl/obgleich sie krank ist.*
Konsekutivsätze (Folgesätze): – Konsekutivsätze stehen immer hinter dem Hauptsatz; einleitende Konjunktion ist vor allem *(so)dass*.	Sie sangen, *dass sie heiser wurden.* Die Sonne blendete ihn, *sodass er nichts sah.*
Finalsätze (Absichtssätze): – Finalsätze werden meist mit *damit* oder *um zu* + *Infinitiv* eingeleitet.	Er beeilte sich, *damit er pünktlich war.*

Modalsätze:
– Modalsätze sind Nebensätze, die die Art und Weise, auch das Mittel oder die Begleitumstände einer Handlung erläutern; die typische Konjunktion ist *indem*. Zu den Modalsätzen zählen auch Vergleichssätze.

Er begrüßte ihn, *indem er sich verbeugte.*
Er machte sich bemerkbar, *indem (dadurch, dass) er schrie.*
Er ist so groß, *wie sein Vater ist.*

Attributsätze

Ein Attributsatz ist ein Nebensatz, der nicht ein ganzes Satzglied, sondern nur einen Teil, und zwar ein Attribut (Beifügung), vertritt.

Relativsatz:
Der Relativsatz ist die wichtigste Form des Attributsatzes; er wird durch ein Relativpronomen eingeleitet, das in Geschlecht und Zahl mit der Beifügung des Hauptsatzes übereinstimmt und sich im Fall (Kasus) nach dem Verb des Relativsatzes richtet; der Relativsatz steht unmittelbar hinter dem Bezugswort.
Manche Relativsätze drücken einen neuen Gedanken aus, der sich auf den gesamten im Hauptsatz genannten Sachverhalt bezieht (**weiterführender Relativsatz**).

Ich kenne den Mann nicht,

der (Subjekt) dort steht.

dem (Dativergänzung) Gaby gerade zulächelt.

den (Akkusativergänzung) du mir gezeigt hast.

mit dem (Präpositionalergänzung) Eva spricht.

Wir wollten unsere Lehrerin besuchen, *die aber nicht zu Hause war.*
Ich komme aus der Stadt, *wo ich Zeuge eines Unglücks gewesen bin.*

Andere Arten des Attributsatzes:
– legen den Inhalt des Bezugswortes dar; Bezugswort ist oft eine Substantivbildung von einem Verb.

Mein Entschluss, *das Spiel abzubrechen,* stand fest.
Die Vermutung lag nahe, *dass der Spion zu den engsten Mitarbeitern des Ministers gehörte.* Seine Behauptung, *er sei zu Hause gewesen,* trifft nicht zu.

Die Verknüpfung von Sätzen

Man unterscheidet grundsätzlich zwei Arten von Satzverknüpfung: die nebenordnende und die unterordnende.

– Nebenordnung;	Ich wollte gehen, da schaltete die Ampel auf Rot. Sie war krank, deswegen konnte sie nicht kommen.
– Unterordnung.	Ich bin gegangen, als die Ampel auf Rot schaltete. Weil sie krank war, konnte sie nicht kommen.
Satzreihe: Eine Satzreihe besteht aus zwei oder mehreren Hauptsätzen.	Am Sonntag fuhren wir nach Frankfurt, denn wir wollten zum Flughafen. Wir kamen um 15 Uhr an und gerade landete die Maschine aus München. Vertrauen ist gut, Kontrolle ist besser.
– Satzteile, die den aneinander gereihten Sätzen gemeinsam sind, können im angeschlossenen Satz (manchmal auch im ersten Satz) weggelassen werden.	Er geht auf das Gymnasium und sein Bruder geht auf die Realschule. – Er geht auf das Gymnasium und sein Bruder auf die Realschule.
Satzgefüge: Ein Satzgefüge besteht aus einem Hauptsatz und mindestens einem Nebensatz. – Kommen mehrere Nebensätze im Satzgefüge vor, kann es verschiedene Stufen und Grade der Unterordnung geben. – Dem Hauptsatz können auch zwei oder mehrere gleichrangige Nebensätze untergeordnet sein.	Am Sonntag fuhren wir nach Frankfurt, weil wir zum Flughafen wollten. Der Fahrer des Unfallwagens hatte zu spät gebremst, weil er glaubte, dass er Vorfahrt vor dem Wagen, der von links kam, hätte. Er ging nach Hause, weil es schon spät war und weil er noch zu tun hatte.

Grundsätzlich gibt es drei Möglichkeiten der Stellung von Nebensätzen im
Verhältnis zum Hauptsatz:

– vorangestellt;	*Wer einmal hier gewesen ist,* kommt immer wieder.
– nachgestellt; – eingeschoben.	Ich will wissen, *was hier gespielt wird.* Die Platte, *die du mir geschenkt hast,* gefällt mir.

Das gesamte Spektrum der deutschen Sprache in 12 Bänden

Duden, Band 1: Die deutsche Rechtschreibung

Das umfassende Standardwerk zu allen Fragen der Rechtschreibung auf der Grundlage der neuen amtlichen Regeln. Mehr als 125 000 Stichwörter mit über 500 000 Bedeutungserklärungen und Angaben zur Worttrennung, Aussprache, Grammatik und Etymologie. Zahlreiche Infokästen mit Beispielen und Erklärungen für schwierige Zweifelsfälle.
1 152 Seiten.

Duden, Band 2: Das Stilwörterbuch

Die deutsche Sprache ist vielfältig – ihre umfassenden Ausdrucksmöglichkeiten stellt das Stilwörterbuch mit mehr als 100 000 Satzbeispielen, Wendungen, Redensarten und Sprichwörtern dar.
980 Seiten.

Duden, Band 3: Das Bildwörterbuch

Wörter und vor allem Termini aus den Fachsprachen lassen sich oft nur mit einem Bild erklären. Im Bildwörterbuch beschreiben deshalb mehr als 400 farbige Bildtafeln – nach Sachgebieten gegliedert –, was womit gemeint ist. Register mit 30 00 Stichwörtern.
992 Seiten.

Duden, Band 4: Die Grammatik

Diese Grammatik entspricht dem allerneuesten Forschungsstand. Wissenschaftlich exakt und umfassend wird hier der Aufbau der deutschen Sprache dargestellt: vom Laut bzw. Buchstaben über das Wort und den Satz bis, ganz neu, hin zum Text. Als erste Gebrauchsgrammatik beschreibt sie auch systematisch die Eigenschaften gesprochener Sprache.
1 344 Seiten.

Duden, Band 5: Das Fremdwörterbuch

Das unentbehrliche Nachschlagewerk für jeden, der wissen will, was Fremdwörter bedeuten und wie sie korrekt benutzt werden. Rund 55 000 Fremdwörter, mehr als 40 000 Angaben zu Bedeutung, Aussprache, Herkunft, Grammatik, Schreibvarianten und Worttrennungen.
1 104 Seiten.

Duden, Band 6: Das Aussprachewörterbuch

Das Wörterbuch der deutschen Standardaussprache. Unterrichtet umfassend über Betonung und Aussprache sowohl der heimischen als auch der fremden Wörter. Über 130 000 Stichwörter.
864 Seiten.

Dudenverlag
Mannheim · Leipzig · Wien · Zürich

Das gesamte Spektrum der deutschen Sprache in 12 Bänden

Duden, Band 7: Das Herkunftswörterbuch

Stellt die Geschichte der Wörter von ihrem Ursprung bis zur Gegenwart dar und gibt Antwort auf die Frage, woher ein Wort kommt und was es eigentlich bedeutet.
960 Seiten.

Duden, Band 8: Das Synonymwörterbuch

Ein Wörterbuch sinnverwandter Wörter. 300 000 Synonyme zu mehr als 20 000 Stichwörtern helfen dabei, immer den passenden Ausdruck zu finden. Mit vielen hilfreichen Gebrauchshinweisen zu brisanten Wörtern und Infokästen zu zahlreichen Redewendungen.
1104 Seiten.

Duden, Band 9: Richtiges und gutes Deutsch

Behandelt Zweifelsfälle der deutschen Sprache von A bis Z. Dieser Band bietet Antworten auf grammatische und stilistische Fragen, Formulierungshilfen und Erläuterungen zum Sprachgebrauch.
983 Seiten.

Duden, Band 10: Das Bedeutungswörterbuch

Die Grundbausteine unseres Wortschatzes. Der Duden 10 vermittelt Zusammenhänge, ist wichtig für den Spracherwerb und fördert den schöpferischen Umgang mit der deutschen Sprache.
1104 Seiten.

Duden, Band 11: Redewendungen

Die geläufigen Redewendungen, Redensarten und Sprichwörter der deutschen Sprache. Alle Einträge werden in ihrer Bedeutung, Herkunft und Anwendung genau und leicht verständlich erklärt.
960 Seiten.

Duden, Band 12: Zitate und Aussprüche

Vom Klassiker bis zum Zitat aus Film, Fernsehen oder Werbung werden hier die Herkunft und der aktuelle Gebrauch der im Deutschen geläufigen Zitate erläutert. Mit einer umfangreichen Sammlung geistreicher Aussprüche und Aphorismen.
960 Seiten.

Dudenverlag
Mannheim · Leipzig · Wien · Zürich

Praxisnahe Helfer zu vielen Themen
die **Taschenbücher von Duden**

Komma, Punkt und alle anderen Satzzeichen

Die Zeichensetzung auf der Grundlage der neuen Rechtschreibung. Leicht verständliche Erläuterungen, Faustregeln und Tipps für die tägliche Schreibpraxis.
224 Seiten.

Wörterbuch neue Rechtschreibung – Was Duden empfiehlt

Diese 50 000 Stichwörter nach den Duden-Empfehlungen verhelfen zu einer einheitlichen Schreibung und Silbentrennung. Das Wörterbuch verzeichnet aus der Vielzahl der Schreib- und Trennvarianten nur jeweils eine Schreibweise.
575 Seiten.

Das Wörterbuch der Abkürzungen

Rund 50 000 nationale und internationale Abkürzungen und Kurzwörter mit ihren Bedeutungen. Mit einem Sonderteil „Vom Wort zur Abkürzung".
480 Seiten.

Lexikon der Vornamen

Herkunft, Bedeutung und Gebrauch von rund 7 000 Vornamen.
396 Seiten

Redensarten

Die Herkunft und Bedeutung von über 1 000 bekannten Redensarten wie z. B. „die Feuerprobe bestehen" und „eine lange Leitung haben".
256 Seiten.

Satz und Korrektur Materialien

Zahlreiche Tabellen zu Schriften, Alphabeten, Transkriptionen, Korrekturzeichen, Sonderzeichen und Empfehlungen für die Bearbeitung in Lektorat, Redaktion und Satzbetrieben.
216 Seiten.

Das überzeugende Zitat

Die 1 000 bedeutendsten Zitate zu den wichtigsten Themen des Alltags, geordnet nach ca. 100 Schlagworten wie „Beziehung", „Motivation" und „Zukunft".
256 Seiten.

Große Namen, bedeutende Zitate

Über 500 bedeutende Zitate wichtiger Zitatgeber. Ihre Herkunft, Bedeutung und der aktuelle Gebrauch.
256 Seiten.

Wie sagt man in Österreich?

Wörterbuch der österreichischen Besonderheiten.
382 Seiten.

Schriftliche Arbeiten im technisch-naturwissenschaftlichen Studium

Ein Leitfaden zur effektiven Erstellung schriftlicher Arbeiten und zum Einsatz moderner Arbeitsmethoden. Von der Seminar- über die Examensarbeit bis zur Diplom- bzw. Doktorarbeit.
176 Seiten.

Geographische Namen in Deutschland

Herkunft und Bedeutung der Namen von Ländern, Städten, Bergen und Gewässern.
318 Seiten.

Jiddisches Wörterbuch

Mit Hinweisen zur Schreibung, Grammatik und Aussprache.
204 Seiten.

Weitere Bände sind in Vorbereitung

Dudenverlag
Mannheim · Leipzig · Wien · Zürich

Die universellen Seiten der deutschen Sprache
Duden –
Deutsches Universalwörterbuch

Das umfassende Bedeutungswörterbuch der deutschen Gegenwartssprache
mit über 250 000 Wörtern, Redewendungen, Anwendungsbeispielen und
mehreren Hunderttausend Angaben zu Rechtschreibung, Aussprache,
Herkunft, Grammatik und Stil. Bei dem Kombi-Produkt Buch plus
CD-ROM bietet die CD-ROM 10 000 akustische Ausspracheangaben als
Hilfe für die korrekte Aussprache des Grundwortschatzes. 1892 Seiten.

Dudenverlag
Mannheim · Leipzig · Wien · Zürich